한얼의
밀알이
땅에 떨어져

강성갑의 꿈과 실천, 새나라가 선다

홍성표

도서
출판

출간사

강성갑 목사님의 전기를 출간하며...

책을 읽다가 우연히 '강성갑'이라는 분을 발견한 후 관심을 갖고 연구를 시작한지 약 5년여 만에 저의 부족한 박사 학위논문을 수정·보완하여 강성갑 목사님의 전기를 출간합니다. 저는 2016년 12월 박사 학위논문을 마무리하면서 "제가 감춰진 모든 것을 드러낼 수는 없지만 부족한 대로 목사님의 '역사적 부활'을 시도"했으며, '영예를 포기한 소명의 실천'이 오늘 우리 사회에 주는 울림이 있으리라 생각하기에 계속 연구를 이어가겠다고 다짐했었는데, 이제 전기를 출간하게 되었습니다.

제가 강성갑 목사님에 대해 특별한 관심을 가지고 연구를 시작한 것은, 강성갑 목사님의 꿈과 실천의 삶보다는 한국전쟁 중에 공산주의자로 몰려 희생당했으나 특이하게도 가해자를 처벌한 재판이 있었고, 부통령 등이 참석한 추모동상 제막식이 성대하게 거행되는 등 죽임을 당한 이후에 전개된 과정이 한국전쟁 중에 희생된 다른 분들과는 매우 달랐지만, 그럼에도 여전히 공산주의자라는 누명을 벗지 못하고 있다는 사실 때문이었습니다.

강성갑 목사님에 대한 기억은 제자들과 진영 지역의 많은 분들 사이에 지금도 전해지고 있을 뿐만 아니라, 추모동상은 낡았지만 한얼중학교 옛 터(현재 진영여중) 한쪽 구석에 여전히 남아 있습니다. 약간의 증언만 남아 있을 뿐 관련된 자료는 거의 없었고, 특히 강성갑 목사님 자신이 남겨 놓은 글은 찾아볼 수 없었습니다. 하지만 연구를 진행하면서 힘들었던 것은 자료가 없다는 사실이 아니었습니다. 강성갑 목사님은 오로지 자신의 삶을 통해 자신의 생각을 알리고, 또 그것을 그대로 실천한 분이었기에 그의 삶을 어떻게 이해하고 규정해야 할지 고민할 수 밖에 없었습니다.

강성갑 목사님의 삶을 정리하느라 힘들었지만 행복한 시간을 가졌던 저에게 강성갑 목사님은 제가 본받아야 할 '예수의 제자'입니다. 강성갑 목사님의 짧은 38년의 생애에서 그가 기억되는 것은, 1946년 4월부터 1950년 8월 희생당할 때까지 4년 4개월 동안 진영에서의 특별한 실천 때문입니다. 4년여 남짓한 진영에서의 실천 이외에 그에 대해 알려진 것은 거의 없을 뿐만 아니라, 4년여 동안의 특별한 실천 또한 그와 함께하며 받았던 감동을 잊지 못하는 제자와 지역 사람들의 애틋한 기억으로만 남아 있었습니다. 죽음을 앞둔 강성갑 목사님의 마지막 기도는 예수께서 하신 "아버지, 저 사람들을 용서하여 주십시오. 저 사람들은 자기네가 무슨 일을 하는지를 알지 못합니다.(누가복음 23장 34절)"라는 기도였으며, 그의 죽음으로 이루어졌던 매우 특별한 재판은 한국전쟁 중에 억울하게 공산주의자로 몰려 고통을 받고 있던 많은 사람을 살리는 계기가 되었습니다.

한국전쟁 중에 상상할 수 없었던 특별한 재판과 추모동상 제막식으로 강성갑 목사님의 억울한 누명은 완전히 벗겨졌으나, 남북의 분단과 분열 속에서 강성갑 목사님의 삶과 실천은 잊혀졌습니다. 이제 70년 만에 강성갑 목사님의 전기를 출간하고 그의 꿈과 실천을 기억하는 추모행사가 이루어지는 것을 통해, 굴곡이 많았던 우리 역사에서 고통을 받은 많은 사람들의 아픔이 치유되고, '모두가 행복한 우리나라'를 만들기 위해 새롭게 노력하는 계기가 될 수 있었으면 좋겠습니다.

이 책을 준비하는 과정에 함께 했던 2020년 1학기 「기독교의 이해」 과목 수강생들에게 감사를 전합니다. 예기치 못했던 코로나 사태로 무척 힘들었을 텐데, 비록 온라인으로 진행되는 수업이었지만 학생들은 강성갑 목사님에 대한 강의에 함께 하면서 좋은 의견을 제시하는 등 이 책의 출간을 준비하는 저를 격려해 주었고, 강성갑 목사님의 꿈과 실천의 삶을 이어가겠다는 다짐을 하기도 했습니다. 우리 모두가 '동지'라는 강성갑 목사님의 말씀처럼 새로운 세상을 꿈꾸는 학생 여러분들과 안혜용 선생님의 앞날을 응원하고 또 기대합니다.

과분한 추천사를 써주신 서승환 연세대학교 총장님, 김경수 경상남도 도지사님, 박종훈 경상남도 교육감님, 허성곤 김해시장님께 특별한 감사를 드립니다. 연구를 도와주신 강성갑 목사님의 유가족들과 여러 제자분들, 강성갑선생기념사업회와 책을 출간하는 과정에 많은 도움을 주신 권수영 연세대 신과대학장님, 특별히 『국제신보』 원문 이미지 사용을 흔쾌히 허락해 주신 국제신문사와 좋은 책을 만들어 주신 도서출판 선인의 윤관백 사장님, 이진호 선생님에게도 감사 인사를 전합니다. 사랑하는 가족과 친구들, 열린평화포럼의 여러 선생님들, 신림교회 영아부의 예쁜 제자들에게도 특별한 감사를 전합니다. 제가 미처 다 언급하지 못한 많은 분들께는 앞으로의 삶을 통해 감사를 전하겠습니다.

2020년 6월
홍성표

추천사

'새로운 길'을 걸어가야 할 오늘, 다시 만나는 강성갑 목사

시인 윤동주는 사촌 송몽규와 함께 만주 용정을 떠나 연희전문학교에 입학하면서 "나의 길은 언제나 새로운 길, 오늘도……내일도…… "라고 노래하며 새로운 길을 걸어가는 마음의 다짐과 각오를 우리에게 보여주었습니다. 하지만 윤동주와 송몽규는 뜻을 펼칠 기회를 갖지 못하고 옥사하였기에 우리에게 많은 아쉬움을 줍니다. 저는 윤동주와 송몽규가 해방된 새 나라에서 어떤 새로운 길을 걸었을까? 하는 궁금증과 아쉬움을 이번에 출간되는 강성갑 목사의 전기를 통해 해소할 수 있었습니다.

이 책의 주인공인 강성갑 목사는 윤동주, 송몽규의 연희전문학교 문과 1년 선배로 협성교회를 같이 다니며 학교와 교회에서 '조선의 기독교인'으로 어떻게 살아야 할지 함께 고민하였으며, 학교를 졸업한 이후 일본 교토에서 다시 만나 교류하였던 연세의 자랑스런 동문입니다. 강성갑 목사는 해방공간에 경남 진영에서 우리 민족의 대다수를 차지하고 있던 농민들의 삶의 문제가 해결되는 새로운 나라를 만들고자 기독교 교육운동에 앞장섰으며, 그의 실천은 우리 사회에서 커다란 주목을 받았습니다.

이러한 강성갑 목사의 실천은 연희전문학교에서의 학업을 통해 준비된 것이었습니다. 강성갑 목사는 금융조합 근무를 통해 일제의 식민지 근대화가 갖는 한계를 확인하고, 식민지 조선의 대안을 기독교적 가치를 기반으로 하는 우리 민족의 자주적 근대화에서 찾고자 하였습니다. 강성갑 목사는 구체적 실천방안을 모색하기 위해 연희전문학교 문과에 입학하여 원한경 교장과 최현배 선생으로부터 우리 말과 글, 우리 역사, 페스탈로치의 교육실천 등을 배웠으며, 이들과 각별한 사제관계를 유지하였습니다.

강성갑 목사를 특별히 아꼈던 원한경 교장은 1949년 7월 부인상 중이었음에도 경남 진영을 방문하여 제자를 격려하였습니다. 원한경 교장은 1950년 8월 강성갑 목사가 공산주의자로 몰려 억울하게 희생당했다는 소식을 전해 듣고는 연희가 배출한 가장 큰 인재를 잃었다며 슬퍼했을 뿐만 아니라, 그의 억울한 죽음을 풀어주기 위해 노력하였습니다. 강성갑 목사의 실천은 그 이후 한동안 연세의 혈맥을 이어간 '후세의 정신적 사표'로 학교 안에서 기억되다가, 그의 뜻을 이어가지 못하고 매우 안타깝게도 시간이 흘러가면서 차츰 잊혀지기 시작했습니다. 아마도 강성갑 목사의 실천이 시대를 앞서갔으며, 또 남긴 글 하나 제대로 없는 실천의 사람이었기에 잊혀졌던 것이었다고 생각됩니다.

강성갑 목사님의 서거 70주년을 맞아 오랫동안 잊혀졌던 그의 전기가 출간되는 이 때에 우리 사회는 코로나19 사태로 많은 어려움을 겪고 있습니다. 코로나19 사태는 단순히 일상을 빼앗는 불편함을 넘어 우리에게 엄중한 메시지를 주는 듯합니다. 바이러스의 위협을 극복하는 즉각적인 방법 뿐만 아니라, 이 위기 이후에 살게 될 세상도 예측해야 하는 장기적인 통찰이 필요하기 때문입니다. 이러한 때 우리 연세대학교는 창립 135주년을 맞이하면서 〈진리와 자유를 향한 연세의 도전〉을 새로운 미래를 향한 새로운 연세의 비전으로 천명하고, '공동체 정신을 지닌 혁신적 리더'의 인재상을 구현하는 데 온 힘과 열정을 다할 것을 다짐한 바 있습니다.

바로 이때 오랫동안 잊혀졌던 강성갑 목사의 전기가 출간된다는 것은 매우 뜻깊은 일이라 생각합니다. 총장인 저는 시대의 과제는 다를지라도 새로운 세상을 꿈꾸며 '한 알의 밀알'이 되어 실천의 삶을 살았던 분이 우리 학교의 역사 안에 있었다는 사실을 새롭게 발견하고 놀라지 않을 수 없었습니다. 우리의 비전이 어느 날 갑자기 나타난 것이 아니라 우리 학교의 역사에서 계속 이어져 내려온 것임을 확인할 수 있었기 때문입니다.

이 전기의 저자 홍성표 박사는 코로나19 사태로 온라인 수업을 들을 수밖에 없었던 20학번 신입생들과 강성갑 목사의 실천에 대한 온라인 수업을 진행하면서 이 책의 출간을 준비했습니다. 강의에 함께했던 학생들은 강성갑 목사의 실천이 우리 학교의 창학정신인 기독교 정신을 실천한 대표적인 사례로 이해하였으며, 그의 꿈을 이어서 우리 사회의 미래를 위해 노력할 것을 새롭게 다짐하기도 하였습니다.

이렇듯 강성갑 목사의 꿈과 실천이 시대를 넘어서 오늘 우리에게 깊은 교훈을 주는 것은 저자의 주장처럼 그의 '꿈' 자체가 대안으로서의 의미가 있기 때문입니다. 코로나19 사태 이후 우리의 교육도, 우리의 사회도 이제 '새로운 길'을 걸어가야만 합니다. 해방공간에 새로운 나라의 건설에 앞장섰던 강성갑 목사의 꿈과 실천을 우리에게 알려주며 가슴 뛰게 하는 이 책을 통해, 많은 사람들이 그 '새로운 길'에 함께 하는 동지가 되어 강성갑 목사의 못 다 이룬 꿈을 오늘날 새롭게 이루어 나갈 수 있기를 기대해 봅니다. 그러한 '새로운 길'에 함께 하겠다는 각오를 새롭게 하도록 만들어준 연세대학교 학풍연구소 홍성표 박사의 연구에 깊은 감사의 뜻을 전합니다.

2020년 6월
연세대학교 총장 서승환

추천사

반갑습니다. 경남도지사 김경수입니다. 경남의 대표적인 교육자이자 한얼학교의 설립자이신 강성갑 선생의 전기가 출판되어 기쁘게 생각합니다.

우리나라의 커다란 발전의 바탕에는 뜨거운 교육열이 있었습니다. 그리고 훌륭한 교육자들의 헌신이 있었습니다. 강성갑 선생 역시 그런 훌륭한 교육자 중 한 분이셨습니다.

그동안 강성갑 선생의 삶과 철학은 잘 알려지지 않았습니다. 선생께서는 본격적으로 뜻을 펼치기 시작한 지 얼마 되지 않아 우리 곁을 떠나셨기 때문입니다. 선생께서 실천하신 교육의 성과가 자료로 정리되거나 외부에 알려질 기회가 부족했습니다.

그럼에도 강성갑 선생의 노력이 우리나라 교육에 끼친 영향은 컸습니다. 짧은 시간이지만 선생의 준비와 실천을 보고 감명받은 많은 사람들이 곳곳에서 선생의 교육철학을 확산시켰기 때문입니다.

선생께서는 "막연히 가르치고 배운다고 하는 맹목적 교육"에 대해 "쓸모없는 고등유민만 길러내고 있다"라고 비판하셨습니다. 그리고 특히 청소년에게 꿈이 있어야 한다고 강조하셨습니다. 교육에 목표가 있어야 현실의 문제를 해결할 수 있기 때문입니다. 선생의 철학은 포스트 코로나 시대를 맞아 우리나라를 더욱 발전시킬 대안을 찾는 데 도움이 될 수 있습니다.

훌륭한 교육자이자 실천가이셨던 강성갑 선생은 한국전쟁으로 혼란스러운 시기에 모함을 받아 허망하게 우리 곁을 떠나셨습니다. 그러나 선생의 정신은 지금까지 살아 우리 교육의 나아갈 길을 제시하고 있습니다.

홍성표 박사님은 각고의 노력으로 강성갑 선생에 관한 자료를 수집하고 정리해 책으로 엮어 주셨습니다. 덕분에 선생께서 남기신 교훈, 그리고 선생의 삶과 철학이 더욱 널리 알려질 수 있게 되었습니다. 거듭 홍성표 박사님께 감사드립니다. 강성갑 선생의 삶이 후대에 잘 전해지길 바랍니다.

2020년 6월
경상남도지사 김경수

추천사

긴 여정의 첫 시작이 되길

추천사를 부탁받고 읽은 원고 초안의 마지막을 닫으며, 정말 오랜만에 귀한 보배를 만난 느낌이 들었습니다. 잃어버렸을 수도 있었던 강성갑 목사님의 귀한 삶과 실천을 담아낸 기록이기에 책의 내용만큼이나 보배와 같은 가치를 느꼈을 것이라는 생각이 듭니다.

강성갑 목사님은 오래도록 우리에게 잊혀 왔던 분입니다. 그분이 자기희생으로 헌신했던 김해에서조차 기억하는 분이 많지 않을지 모릅니다. 이름을 쫓기보다, 자신을 필요로 하는 낮은 곳을 찾아다니고, 말을 앞세워 기록을 남기기보다 실천으로 행동하셨던 분이기에 사람들이 기억하지 못하는 것이 어쩌면 당연한 일인지도 모릅니다.

그래서 우리가 그분을 기억하고 추모하는 일이 더 필요합니다. 세상을 바꾸는 것은 변화를 위한 끊임없는 실천입니다. 실천가의 희생과 헌신적 노력으로 만든 세상에 살고 있는 우리가 강성갑 목사님과 같은 분을 추모하고 잊지 않는 것은 당연한 책무라고 생각합니다.

"밀알 하나 이 땅에 떨어져 죽지 아니하면 한알 그대로 있고 죽으면 많은 열매가 맺나니라."

강성갑 목사님이 한얼중학교를 설립하기 위해 교육당국에 제출한 설립취지서에 적힌 구절입니다. 일제강점기에서의 편안한 삶과 해방된 조국에서 일본 유학을 다녀온 최고 엘리트로서 보장받은 대학교수 자리까지 포기하며 당시 우리 사회의 핵심과제였던 농촌 문제와 조국 건설을 위한 교육의 길에 매진하기 위해, 흙으로 벽돌을 굽고 학교를 지으셨던 목사님의 삶이 어떻게 가능한 것이었는지를 알 수 있습니다.

　기록도 거의 없고 너무나 많은 시간이 흘러 증언도 희미해진 시간, 6.25 전쟁이 낳은 억울한 양민학살로 희생되어 자칫 잃어버릴 뻔했던 강성갑 목사님의 삶을 우리에게 보여주신 저자의 수고에 깊은 감사의 마음을 전합니다.

　모쪼록 이 책이 강성갑 목사님의 삶을 우리에게 되살려주는 완성이 아니라, 앞으로 계속될 긴 여정의 첫 시작이 되길 진심으로 기원합니다.

2020년 6월

경상남도 교육감　박종훈

추천사

오늘 우리가 이어가야 할 선생의 꿈과 실천

강성갑 선생에 대해서는 해방 후 우리 김해 진영지역에서 1948년 김해 최초 중학교인 한얼중학교(現 진영여중)를 설립하고, 1949년에는 진례중학교, 녹산중학교를 분교 설립하여, 교육활동에 앞장서시다가 한국전쟁 중에 공산주의자로 몰려 억울하게 희생당한 분으로만 알고 있었습니다. 그러나 이번에 출간되는 강성갑 선생의 전기를 통해 그동안 알지 못했던 많은 사실을 알게 되었으며, 강성갑 선생의 억울한 죽음과 전쟁 중이었음에도 지역의 많은 사람들이 함께 했던 선생의 장례식, 그리고 선생의 죽음 이후 이루어졌던 이례적인 재판을 통해 많은 억울한 사람을 살리는 계기를 만들었다는 사실을 새롭게 알게 되어 놀라웠습니다.

그러나 무엇보다 놀라웠던 것은 강성갑 선생이 이루고자 했던 꿈과 그 꿈을 실천하는 과정이었습니다. 부산에서 목회를 하고 있던 강성갑 선생은 진영교회의 청빙을 받고 "그 교회에 가서 농촌운동을 할 수 있겠습니까?"라는 조건만을 제시하고 진영으로 왔으며, 부산대학 교수로 함께 일을 하자는 부산대학 윤인구 총장의 권유에도 "대학을 만들고 대학교육을 할 사람은 내 아니라도 얼마든지 있지만 농촌사회 개혁사업을 할 사람은 많지 않으니 진영으로 가야하겠습니다."라고 거절하였습니다.

강성갑 선생은 진영교회의 담임목사로 부임하여 당시 우리 사회의 모든 문제가 농축되어 나타난 농촌문제를 근본적으로 해결하고자 한얼중학교(現 진영여중)를 설립하는 등 해방된 새 나라의 새로운 교육운동에 앞장섰습니다. 일제로부터 해방된 우리 민족의 새로운 나라는 농민들이 인간답게 살 수 있는 '사람이 주인되는 나라'가 되어야 한다는 강성갑 선생의 꿈은 선생 혼자만의 꿈이 아니었습니다. 나라의 중심이라는 서울이 아니라 농민들의 삶의 현장인 바로 이곳, 우리 지역의 많은 사람들이 함께 이루어가고자 했던 꿈이었으며 실천이었습니다.

강성갑 선생은 모든 것이 부족했지만 교육개혁의 모범을 보이고자 정규학교 설립을 위해 노력하셨습니다. 선생의 학교 설립취지에 공감한 미군정의 교육당국은 재정 등 설립요건이 미비했음에도 특수목적의 예외를 인정하고 한얼중학교(現 진영여중) 설립을 인가해 주었습니다. 학교설립 인가는 받았으나 부족한 재정과 자재난으로 교사확보에 어려움을 겪고 있던 강성갑 선생은 진영지역에 많이 있던 양질의 흙을 이용하여 직접 건물을 짓기 시작했습니다. 진영 지역 사람들은 강성갑 선생의 노력을 목격하고 교사 신축을 적극적으로 도우면서 그의 교육 실천에 함께하였습니다. 강성갑 선생의 실천은 세상에 널리 알려졌고, 특히 당시 새로운 나라를 세우고자 하는 열정에 불타던 청년·학생들에게 커다란 영향을 끼쳤습니다. 서울에서 멀리 떨어져 있는 우리 지역이 한동안 새로운 꿈을 꾸는 많은 청년·학생들의 핫플레이스 였다는 사실에 매우 놀라웠습니다.

저는 우리 김해시가 "투명하고 공정하며, 청렴한 시정으로 시민의 신뢰를 얻고 우리 시의 모든 사회 구성원이 화합하고 통합하는 도시"가 되어야 한다고 시민들에게 말씀드린 바가 있습니다. 그러나 강성갑 선생의 전기를 통해 우리의 바라는 바가 이미 70여 년 전에 시작했었다는 사실을 확인하고 우리 지역의 놀라운 잠재력을 확인할 수 있었고, 오늘 우리가 꿈과 실천을 어떻게 이어가야 할지에 대한 역사적 교훈을 발견할 수 있었습니다.

작년 강성갑 선생 기념사업회가 설립되고 선생을 기리는 뜻깊은 학술행사가 개최되었고, 이번에 강성갑 선생의 전기가 출간되었습니다. 이제 강성갑 선생이 어떤 분이며 어떤 뜻을 갖고 지역의 많은 사람들과 함께 했는지를 알게 되었습니다. 특히 지방분권이 화두가 되어 있는 요즘, 강성갑 선생의 삶은 지역에서 우리가 무엇을 어떻게 해야 하는지 하나의 모범이 될 것이라 생각합니다. 우리 사회의 변화를 꿈꾸는 이들이 이 책을 통해 많은 것들을 배우고 실천할 수 있을 것입니다.

잊혀졌던 강성갑 선생의 생애를 되살리고자 노력하여 오늘 우리에게 그분의 삶과 뜻을 분명하게 보여준 서사에게 무엇보다 먼저 감사의 뜻을 전합니다. 또한, 단순히 강성갑 선생을 기억하는 데에 그치는 것이 아니라 선생과 지역에서 뜻을 같이했던 분들이 아직 완전히 이루지 못했던 꿈과 실천을 오늘 되살려 우리 사회의 변화를 이루고자 하는 기념사업회의 노력에 감사드립니다. 강성갑 선생 전기의 출간이 그 분의 꿈과 실천을 이어가는 시작이 되었으면 합니다. 우리 사회의 변화가 바로 이곳, 우리 지역에서부터 시작되었으면 좋겠습니다. 이제 우리가 이어나가야 합니다.

2020년 6월
김해시장 허성곤

목차

시작하는 글

시작하는 글

1949년 늦가을, 서울대 사범대 교육실천강연회

일제의 식민통치로부터 해방된 새 나라의 청년·학생들은 자신들이 새로운 나라의 교육을 책임져야 한다는 열정에 불타고 있었다. 후일 교육부 장관과 국무총리 등을 역임했던 정원식[1]은 서울대 사범대에 재학 중이던 1949년, 당시 학생들 사이에 팽배해 있던 교육에 대한 열정을 일종의 시대정신으로 소개하였다.

> 교육에 대한 그런 열정이 팽배했던 요인은 무엇보다도 해방된 조국의 사회 전반에 감돌고 있던 일종의 시대정신을 지적하지 않을 수 없다. 이제 새 나라를 건설해야 할 책무가 우리 젊은이들에게 있다는 일종의 사명감이었다. 그러한 사명감을 느낀 젊은이들은 크게 두 부류로 나뉘었다. 하나는 정치적인 운동에 직접 뛰어드는 부류였고 다른 하나는 교육을 통해 장기적인 국가발전에 기여해야 한다는 부류였다. 당시 후자의 입장을 취하는 분위기가 젊은 세대에 널리 퍼져 있었다. 바로 그러한 분위기가 교육에 대한 열정을 고무시켰다.[2]

교육의 열정에 불타던 학생들은 해방된 새 나라에서 새로운 교육의 실천에 앞장서고 있던 강성갑 목사를 초청하여 교육실천 강연회를 개최하였다. 서울에서 멀리 떨어져 있는 경상남도 김해군 진영읍에서 한얼중학교[3]를 설립하고 새로운 교육운동의 실천에 앞장서고 있던 강성갑의 사례는 지역을 초월하여 당시 청년·학생들 사이에 널리 알려져

그림 1 정원식 회고록 표지
(도서출판 기파랑 제공)

있었으며 세상으로부터 주목을 받고 있었다.

어느 늦가을이었다. 교내에서 강성갑 목사의 교육실천 강연회가 열렸다. 강 목사는 목회자 신분이 아니라 교육자로서의 교육실천 경험을 전하기 위해 왔다. 그는 경남 마산 출신으로 연희전문을 졸업하고 일본 도시샤대학에서 신학을 공부했다. 그는 농민교육의 개척자로서 가난한 농촌의 학생들을 가르치기 위해 경남 진영에 노작교육(勞作敎育; 학생들의 자발적이고 능동적인 정신과 신체의 작업을 중심원리로 행하는 교육)의 실천도장인 한얼중학교를 설립했다. 강성갑 목사의 강연에 학생들은 깊게 감화되었다. 강당을 가득 메운 학생들은 한마디라도 놓칠까 봐 숨죽인 채 경청했다. 강 목사는 한얼중학교를 설립한 경위를 설명하고 흙벽돌을 구어서 농촌의 가옥을 개조하는 노작교육의 실체를 소상하게 소개했다. 강연이 절정에 다다르자 감동을 못 이긴 탄성이 여기저기서 터져 나왔다. 근 두 시간 동안의 강연이 몇 분간의 천둥처럼 느껴졌다.

강연이 끝나도 학생들은 벼락이라도 맞은 양 자리를 떠날 줄 몰랐다. 마침내 상기된 수십 명의 학생들이 강 목사를 밀다시피 빈 강의실로 모셔갔다. 강 목사에게 물어볼 게 너무 많았기 때문이다. 나 역시 그중의 한 사람이었다. 이미 날은 저물어 어둠이 깔리고 있었다. 그래도 학생들은 강 목사를 놓아주지 않았다. 20여 명의 학생들은 학업을 중단하고 강 목사를 따라 당장 한얼중학교에 가겠다고 했다. 이제 막 시작한 노작교육 실천에 참여하겠다는 뜻이었다. 강 목사는 학생들의 청을 거절하면서, 차분하게 타이르기 시작했다. "여러분이 교육을 위하여 헌신하겠다는 열정을 충분히 이해합니다. 그러나 지금은 때가 아닌 것 같습니다. 여러분들은 미래의 교육을 위해 지금은 학업에 열중해야 합니다. 그러니 서울 사대를 졸업한 후에 우리 학교에서 함께 일합시다."라는 요지였다.[4]

강연을 들은 학생들이 당장 학업을 중단하고 강성갑 목사를 따라 진영으로 내려가고자 할 정도로 강성갑 목사의 실천은 해방된 조국의 미래를 위한 우리 교육의 대안으로 충분할 만큼 뛰어난 것이었다. 당시 해방공간에서 강성갑 목사의 사례에 비견할 만한 교육 실천의 사례가 또 있었는지 하는 필자의 질문에 정원식은 '강성갑 목사 이외에는 없었다'고 분명하게 증언하였다.[5]

박형규 목사, 청년 시절에 결정적인 영향을 끼친 분

민주화 운동에 앞장섰던 박형규[6] 목사는 자서전에서 자신의 삶에 큰 영향을 준 사람으로 강성갑 목사를 꼽았다. 해방 후 대립과 갈등 속에서 혼란을 겪고 있던 박형규 목사의 눈에 비친 강성갑 목사의 실천은 그에게 특별한 것이었다.

해방 후 많은 젊은이들이 좌우익의 대립과 갈등 속에서 큰 혼란을 겪고 있었다. 나 또한 그러했으나 좌익운동이나 폭력적인 농민운

그림 2 박형규 회고록 표지
(창비 제공)

동에는 참여하지 않았다. 크리스천으로서 갖고 있던 신앙이 이런 것을 받아들일 수 없었기 때문이다. 아버지도 좌익운동엔 반대하는 입장을 분명히 하고 있었다. 이런 시대상황 속에서 나의 눈길을 끈 것이 강성갑(姜成甲) 목사의 기독교 사회개혁운동이었다. 이분은 덴마크의 사회운동가 그룬트비히(Nikolai F. Grundt-vig)를 매우 존경하여 기독교의 복음정신과 농민운동 및 사회정화운동을 결합해 점진적으로 사회를 개혁해나가야 한다는 생각을 갖고 있었다. 연희전문학교에서 최현배 선생의 지도를 받은 한글학도이기도 했으며, 졸업후 일본 쿄오또에 있는 도오시샤(同志社)대학 신학부를 마치고 귀국하여 부산 초량교회 목사로 시무하고 있었다. 해방이 되자 장로교회는 신사참배 문제로 사분오열되어 주도권 다툼이 치열해졌다. 이때 강 목사는 사표를 내고 교권 싸움에서 물러났다. (중략) 강성갑 목사를 진영교회로 모시자고 주장한 것은 우리 어머니였다. 강 목사는 진영교회에서 목회를 하면서 교육운동을 펼쳤다. 농민들이 사람답게 살려면 우선 깨우쳐야 한다며 흙벽돌로 변두리 지역에 학교를 세웠다. 그 학교들이 진영 한얼중학교의 전신이다. 해방 후의 사회적·사상적 혼란 속에서 나는 강성갑 목사의 영향을 많이 받았다.[7]

박형규 목사는 2012년 강성갑 목사의 유가족이 제기한 손해배상 재판에 제출한 진술서에서 청년 시절 강성갑 목사를 만나 기존에 갖고 있던 사고방식을 뒤바꾸게 되었다고 고백하였다.

나는 강성갑 목사님을 만나 기존의 사고방식을 뒤바꾸게 되었습니다. 기독교에 대한 새로운 시각을 얻게 되었고, 기존의 사회적인 관습을 깨버렸던 강 목사님의 실천 방식 등에 큰 감동을 받았지요. 특히 빈민층에 대한 관심, 그룬트비히 같은 사회활동을 통해서 기독교가 사회적으로 기여해야 된다 라는 생각이 강 목사님의 사상이었고, 그것을 몸소 실천하셨습니다.
저는 그런 실천에 느낀 바가 있어서 무엇이든 하려고 했습니다. 저의 아버님은 한복을 챙겨 입고 다니실 정도로 유교 생활이 강하신 분이었고, 교회나 목사를 무시하셨던 분이셨는데, 강 목사만은 존경했을 정도였습니다. 그래서 아버님도 필요할 때는 강 목사님을 도와드리곤 했지요. 강 목사님은 저에게는 큰 스승이셨고, 그 마음에 저의 재산을 전부 바칠 결심을 할 정도로 저한테는 결정적인 영향을 끼치신 분입니다. 그 때문에 저는 그 후로도 강 목사님이 하신 일을 계속해야 된다는 것을 느꼈고, 그 이후 민주화 운동을 하는 과정속에서 당시의 영향을 느낄 수 있습니다.[8]

박형규 목사의 증언처럼 "그때 대학생들이나 의식 있는 사람들에게는 그 당시의 강성갑 목사님이 학생들의 희망이자 우상과 같은 존재였고, 그래서 많은 사람들이 강 목사님을 의지하고" 따랐다.[9] 당시 강성갑 목사를 의지하고 따랐던 사람들 중에서 연희대학교(현재 연세대학교) 학생이었던 김동길[10]이 있었다.

김동길 교수, 오늘도 흠모하는 언제나 그리운 사람

그림 3 김동길 『백년의 사람들』 표지
디자인 임영한(나남출판 제공)

김동길 교수에게 강성갑 목사가 끼친 영향은 분명히 컸다. 연희대에서 열린 강성갑 목사의 강연에 깊은 감동을 받았던 김동길 교수는, 강성갑 목사의 교육 실천에 함께하기 위해 방학을 이용하여 여러 명의 학생과 함께 진영으로 내려갔다. 김동길 교수는 두어 달의 방학 기간 동안 강성갑 목사의 교육 실천을 직접 목격하였고 가르침을 받았다. 김동길 교수는 이때의 짧았지만 강렬했던 기억을 잊지 못하고 강성갑 목사에 대한 글을 여러 차례 발표하였으며,[11] 2020년 2월 출간한 『백년의 사람들-김동길 인물한국현대사』에도 「내가 오늘도 흠모하는 언제나 그리운 사람」이라는 제목으로 강성갑 목사에 관한 이야기를 수록하였다.[12]

김동길 교수는 『신동아』 1973년 5월호의 「같이 살기 운동의 강성갑 목사」라는 글을 통해 자신이 만났던 강성갑 목사에 대해서 자세히 소개하였다.

1949년 여름 어느 날, 연희대학교의 강당에서 조그마한 강연을 들은 일이 있었다. 연사의 이름은 강성갑. 사회자의 소개에 따르면 그는 일제하에 연희전문학교 문과를 마치고 이어 일본 동지사대학에 가서 신학을 공부하여 목사가 되었으며, 한동안 부산대학에서 독일어를 가르치다가 뜻하는 바 있어 경남 진영에 가서 조그마한 중학교를 경영하고 있다는 것이다. 크지 않은 키에 얼굴은 거무스레하고, 단단한 느낌을 주는 용모와 체구를 갖춘 중년의 시골 목사였다. 초라하다면 초라한 행색이었으나, 자그마한 눈이 유달리 반짝여서 함부로 대할 위인은 아니라는 인상을 주었다. 그런데 그가 강단에 올라서서 입을 여니 세상에 이렇게 똑똑하고 당돌하고 무서운 사람이 또 있을까 하는 생각이 들었다.

그때는 이미 자유당의 부정부패가 걷잡을 수 없는 지경에 이르렀고 민중은 일종 체념에 가까운 무관심으로 기울어지던 때였는데, 그는 잘라서 말하기를 대한민국은 서울 뿐이지 지방은 대한민국과는 아무런 관련도 없는 형편이라고 하여 중앙의 행정이 얼마나 시골을 업신여기고 있는가를 지적하였다. "대학을 나오고 서울 바닥에 눌러앉아 월급쟁이나 할 생각은 버리고 농촌으로 오시오. 농촌을 움직이는 사람이 결국은 조국을 움직이게 됩니다. 한 5년이나 10년, 딴 생각말고 농촌에 묻혀 농민들을 도우며 그들과 더불어 사는 사람만이 대한민국의 주인이 될 것입니다."

그는 진영읍에 「한얼중학교」라는 조그마한 학교를 세우고 교장 노릇을 하고 있는데, 그 학교는 흙벽돌로 세운 초라한 교사밖에 없지만 정신은 살아 있고 기백은 뚜렷하여서, 오랜 전통을 가졌다는 진영읍내의 공립중학교가 무서워할 정도라고 자랑스럽게 말하였다. "집집마다 찾아 다니며 학생들과 함께 감나무 한 그루씩을 심어주니 처음에는 우리의 동기를 의심하고 필요 없다고 거절합디다. 정부에서 하는 일이 매사에 농민을 속이고 빼앗기만 하였기 때문에 이사람이 배후에 무슨 뜻이 있어서 우리에게 이런 호의를 베푸나 생각하고 두려워하는 것 같았습니다. 그러다 점차 불순한 뜻이 조금도 없다는 것을 알고 나서야 고마워하며 협조를 아끼지 않았습니다. 그 감나무가 자라서 가지마다 감이 주렁주렁 열리게 될 때 비로소 이 나라는 부강과 번영을 누릴 수 있다고 믿습니다." 문자 그대로 농민을 위한 학교로 세워진 「한얼」에서는 공부하는 기간도 일반 학교와는 판이하였다. 농번기에는 학교가 방학으로 들어가 학생들이 농사일을 돕고 농한기에는 학교에 모여 집중적으로 학과를 공부하는데, 공부하는 수준에 있어서도 결코 기성 중등학교에 뒤지지 않는다고 장담하였다.

　강연이 끝나고 나는 연사와 더불어 시내로 나오면서 계속 궁금한 문제들에 관하여 질문을 하였다. 일꾼이 필요하니 주저말고 꼭 좀 와서 같이 일하자고 그는 내게 당부하였다. 나도 기회를 봐서 꼭 같이 일하고 싶다고 솔직한 심정을 토로하였다. 그 해 겨울방학에 시내의 몇몇 대학에서 남녀 대학생 7~8인이 진영으로 가기로 결정되었다. 영어, 수학, 사회생활 등등 각기 전공의 분야별로 우리는 약 40일간 그 학교의 임시 교사로 가게 된 것이었다. 우리 숙소는 낡은 일본집이었고 비교적 큰 집이라, 한 끝에는 교장네 식구가 살고 서재로 쓰던 큰 방에는 책이 꽉 차 있어서 강 교장 자신의 학문에 대한 집념이 대단하다는 것을 말하여 주는 듯 하였다. 그 건물 주변에 교사들의 사택(私宅)이 있었고, 학교는 교무실이나 교실이나 다 흙벽돌로 세우고 문에는 창호지를 바른 형편 없는 것이었으나 오히려 한국의 현실에 어울리는 것 같아 일종의 위안과 자부심을 주었다. (중략) "말로만 복음(福音)을 전하던 시대는 이미 지나갔습니다. 우리는 우리의 생활로 행동으로 복음의 진리를 입증해야만 합니다." 그렇게 주장하던 목사는 "나는 대통령이 되기를 바라는 사람이 아니라 이 나라의 사환이 되기를 바라는 사람입니다. 그러나 아무도 어떤 권력도 나를 업신여기지는 못할 것입니다." 그에게 있어서 이런 말은 허세도 아니고 과장도 아니었다. 그의 뒤를 이을만한 투지와 신념의 지성인은 진영에 뿐 아니라 아직 이 나라 어디에도 나타나지 아니하였다.[13]

김동길 교수는 강성갑 목사의 억울한 죽음을 애석해하면서 그의 교육 정신은 높게 평가되어야 하고, "인간 강성갑은 자기의 책임을 다한 사람이라 여겨지며, 그는 속에 참으로 생명이 약동하는 산 사람이었기에 그 현실 속에서 그렇게 힘 있게 살고 갔다고 믿는다."고 강조하였다.

원한경 박사, 연희(연세대)가 낳은 가장 훌륭한 졸업생

연희전문학교를 설립한 언더우드(Horace G. Underwood)선교사의 아들인 원한경(元漢慶, Horace H. Underwood)은[14] 1915년 연희전문의 강사로 출강을 시작하여 1917년 9월 문과 조교수로 부임하였으며, 1934년 9월 연희전문 교장으로 취임하였다. 원한경은 1940년 10월 미국 정부의 선교사 철수 명령을 거부하고 조선에 남아서 조선을 위한 인재양성에 계속 전념하다가 일제의 강요로 1941년 2월 교장직을 사퇴하였으며, 1942년 6월 추방을 당해 미국으로 돌아갔다.

원한경은 연희전문 교장의 취임사에서 연희전문의 목표를 "기독교 정신의 아래 물질적, 정신적, 사회적 문제 등 여러 방면에 걸쳐 있는 동포의 문제를 해결하는 청년"을 길러, 조선의 문제를 주체적으로 해결해 나가고자 노력하는 조선의 인재를 양성하는 것으로 규정하였으며 일제의 탄압에도 불구하고 조선의 인재를 양성하기 위해 노력하였다.

그림 4 민주중보 1949년 7월 15일

이러한 원한경에게 해방공간에서의 강성갑의 실천은 특별한 것이었다. 세 달전 공산주의자 청년의 흉탄에 부인을 잃은 원한경은 부인상(婦人喪) 중이었음에도 1949년 7월, 멀리 진영에까지 내려가 아끼던 제자 강성갑이 설립한 한얼중학교를 방문하고 격려하였다. 진영 방문을 보도한 기사에 의하면, 원한경은 제자 강성갑의 초청을 받아들여 대략 1박 2일의 일정으로 진영 한얼중학교를 방문하였다. 원한경은 진영을 방문한 목적을 묻는 기자의 질문에 "각 방면으로 걸쳐 진영 한얼중학교는 학생 자체의 힘으로서 경제적 건물(교사)을 세웠다 함에 개인 입장으로서 시찰 차"왔으며, 시찰한 소감은 "듣기보다는 와본즉 대단히 훌륭하다. 각 방면에 있어서 이와 같은 방법으로서 건축한다면 대한민국 경제상 많은 도움이 될 줄 안다"고 답하였다."[15] 원한경은 연희전문 재학 중에 자신으로부터 가르침을 받았던 아끼는 제자 강성갑이, 이제 해방된 새 나라에서 한얼중학교를 설립하여 분열과 이념의 대립을 뛰어넘어 조선민족의 주체적 인재를 양성하고자 애쓰는 모습을 직접 확인하고는 이념의 대립속에서 부인을 잃은 아픔을 잠시나마 잊을 수 있었다.

이렇듯 아끼던 제자 강성갑이 1950년 8월 공산주의자로 몰려 억울하게 희생당했다는 소식을 전해들은 원한경은, 연희가 배출한 가장 큰 인재를 잃었다고 슬퍼했으며 그의 억울한 누명을 풀어 주고자 노력했다.

그(원한경)는 제자 사랑도 극진해 경남 진영에 학교를 세우고 아이들을 가르치던 옛날 제자 강성갑 목사가 악한들의 음모로 강변에서 총살됐다는 소식을 듣고 눈물을 감추지 못했다. 그러면서 "연희전문이 낳은 가장 훌륭한 졸업생 한 사람이 무참히 목숨을 잃은 것이 통탄스럽다."고 했다고 한다.[16]

연세대의 학생언론매체인 『연세춘추』는 1975년 3월, 학교창립 100주년을 앞두고 "본 대학교의 근본적인 정신사적인 맥락을 재고하고 전통

그림 5 연세춘추 1977년 4월 4일

으로서의 가치 승계가 어떤 인물들에 의해 어떤 형식으로 쉬임없이 흘려 내려오고 있나를 한 눈에 지켜"보기 위해 「연세혈맥」란을 신설하였다. 『연세춘추』는 「연세혈맥」란을 통해 연희전문 설립자 언더우드를 시작으로 1977년 6월까지, 2년 3개월 동안 모두 70회에 걸쳐 에비슨, 최현배, 정인보, 원한경, 윤동주 등 '후세의 정신적 사표가 될만한' 인물 30명을 선정·소개하였으며,[17] 1977년 4월에는 두 차례에 걸쳐 「강성갑과 한얼정신」이라는 제목으로 강성갑의 실천을 소개하였다.

원한경이 강성갑의 죽음을 매우 안타까워했다는 것과 강성갑의 남다른 실천은 1970년대까지 신학과 교수들에 의해 여러 차례 강의 중에 언급되기도 하였으며 학생들에게 큰 감동을 주었으나, 차츰 잊혀졌다.[18]

해방공간의 시대적 과제와 한국 교회의 사회운동

강성갑 목사가 활동했던 해방공간은, 일반적으로 일제의 식민통치로부터 해방된 1945년 8월부터 대한민국 정부가 수립되고 한국전쟁이 발발하는 1950년까지를 의미한다. 이러한 해방공간은 일본의 식민통치로부터 해방된 이 땅에 어떤 나라를 세울 것인가? 또 시대의 과제를 어떻게 해결해 나갈 것인가를 둘러싸고 격렬한 의견의 대립 끝에 남북으로 분단되어 대한민국이 수립된 우리 역사의 중요한 전환기였다.

해방된 조선의 당면과제는 농민들의 삶의 문제였다. 당시 조선의 가장 중요한 산업은 농업이었으며, 국민들의 대다수가 농업에 종사하였기에 농촌문제가 가장 중요한 문제였다. 토지 소유의 집중에 따른 소수의 지주와 다수의 소작인 사이의 심각한 빈부격차에서 오는 사회·경제적 문제였던 농촌문제는 일제 강점기부터 중요한 문제였다. 일제의 식민지 지배하에서 극심한 농촌의 수탈로 농촌이 파탄되는 심각한 상황이었기에, 많은 사람이 땅을 잃고 조선을 떠나 유랑할 수밖에 없었다. 이러한 농촌의 처참한 현실을 타개하고자 사회주의 운동이 본격적으로 대두되었고, 농민운동 또한 활발하게 일어났다. 일제의 총독부조차 식민지 통치 체제의 안정을 위해 금융조합과 신사(神社) 등을 동원하여 기만적인 농촌운동을 전개할 수밖에 없을 정도로 식민지 조선의 농촌문제는 심각했다.

따라서 해방된 조선에서 농민들은 이제 농촌문제가 해결되어 수탈에서 벗어나 인간답게 살 수 있으리라 기대했다. 해방공간의 지식인들 또한 "나라의 부강이나 모든 정치사상이나가 필연적으로 농촌 생활에서부터 형성되었다는 사실을 알기 때문"에 농촌문제의 해결이 중요한 과제라는 사실에는 대부분 동의하였다.[19] 일제 강점기에 농촌운동을 시작하였으며 해방 후 가나안 농군학교를 설립하고 운영했던 대표적인 농촌운동가 김용기는, 해방공간의 분위기를 "약간의 정치적인 식견을 가지고 있는 사람이면 누구나 농촌문제에 대해서 말들을 할 줄은 알지만, 그것을 실천에 옮기는 사람은 그리 흔하지 않다는 점이다. 그 이유는 뭔가? 그 농촌문제를 걱정하는 식견있는 사람들의 대부분이 현재 도회에서 최소한도 농촌의 그 비참한 생활만은 면하고 안일하게 살고 있는 사람들이기 때문이다."고 지적하였다.[20]

김용기는 농촌문제를 해결하기 위해서는 중농정책이 필요하지만, 그보다 우선되어야 할 것은 교육이라고 주장하였다. 김용기는 "농사일은 사람이 할 짓이 못 된다고 한다. 비단 농사꾼 자신뿐 아니라 전체 국민들이 이런 선입견을 가지고 있다. 이런 사고방식도 고쳐야 한다. 그 방도는 교육뿐이다. 농사꾼은 출세할 수 없다고 한다. 역시 농사가 최고 직업이라는 그 의식을 전 국민들에게 넣어줘야 한다. 그리고 무엇보다 농사가 최고로 애국하는 길임을 가르쳐줘야 한다. 이 모두가 교육과 계몽 외엔 다른 길이 없다."며 농촌문제의 해결을 위해 교육과 계몽을 강조하였다.[21]

이러한 해방공간에서 한국 교회는 매우 중요한 역할을 감당했다. 한국 교회는 정교분리의 원칙에 따라 직접적으로 정치에 참여하는 것을 반대하였으나, 사실상 우익의 정치운동에 적극적으로 참여하였다. 강성갑 목사의 전임으로 초량교회의 부목사로 있다가 안동교회 담임목사로 갔던 김광현[22]은 정교분립주의(政敎分立主義)를 취해 일체 정치적인 일에 가담하지 않기로 작정하고 있었으나, "안동이 인민공화국 천지가 되어 버리는 것을 좌시만 하고 있을 수는 없었다. 그래서 교회가 직접 정치운동을 하는 것은 삼가더라도, 나 개인적으로는 무엇인가를 나서서 하기로" 결심하고, 우익단체 조직에 앞장섰다.[23]

한국 교회는 미군정에 적극적으로 참여했으며 남한만의 단독정부 수립에도 앞장섰다. 이승만의 단독정부 수립은 그의 기독교국가 건설론에 따라 이루어진 것으로 정교분리의 원칙이 지켜지는 가운데 기독교적 가치가 작동하는 근대적인 국민국가를 건설하고자 한 것으로 설명하지만, 단독정부 수립에 기독교 가치가 실질적으로 반영되었는지 하는 것은 전혀 다른 차원의 문제이다. 이렇듯 한국 교회는 해방공간에서 미군정과 대한민국 정부 수립에 중요한 정치적 역할을 담당했으며, 그러한 사실은 비교적 많이 알려져 있다. 그러나 해방공간 한국 교회의 기독교 사회운동에 대해서는 알려진 바가 거의 없다.

한국의 교회는 구한말의 시대적 과제에 응답하여 근대교육의 도입과 실천에 앞장섰으며, 1930년대에는 농촌의 어려움을 해결하고자 기독교 농촌운동에 앞장서는 등 우리 민족의 시대적 과제의 해결을 위해 노력해왔다. 해방공간의 시대적 과제였던 국민의 대다수를 차지하는 농민들의 삶의 문제와 새로운 국가를 건설하기 위한 기초가 되는 교육 문제는 한국의 교회가 오랫동안 관심을 가지고 실천해 왔던 문제였다. 미군정 및 대한민국 정부 수립과정에 직극적으로 참여했던 "어제의 요 시찰 인물이 오늘의 지배층으로" 바뀐 기독교인들은 이러한 우리 사회 의 시대적 과제에 응답할 만한 힘과 역량을 가지고 있었다.[24]

그러나 해방공간에 한국 교회가 1930년대 농촌운동의 경험을 바탕 으로 농촌문제의 해결을 위한 대안을 제시하고 실천한 사례는 많지 않 다. 해방공간의 기독교 농촌운동으로는 유재기의 흥국형제단과,[25] 김 용기의 이상촌 운동 등이 있었으며,[26] 1930년대 후반에 중단된 기독교 농촌운동의 명맥을 다시 잇는 것으로 평가되는 기독교연합봉사회는 정 부수립 이후인 1949년 10월에 창립되어 첫 사업으로 1950년 4월 복음 농민학교를 설립하고 농촌지도자 양성을 위한 단기 교육을 실시하였을 뿐이다.[27]

해방공간 기독교 농촌운동의 실천사례를 찾기 어려운 것은 농촌운 동이 우선순위에서 밀렸기 때문이다. 우리 민족의 대부분이 농민이었 으므로 농촌의 문제는 바로 민족의 문제였다. 농촌의 농민을 대상으로 하는 기독교 사회운동의 한 부분으로서의 농촌운동이지만 당시 조선의 문제는 대부분 농촌의 문제라고 할 만큼 농촌문제는 우리 사회 전체의 문제였으므로, 농촌운동은 다른 무엇보다 중요한, 정치·사회·교육 문 제 등을 포괄하는 시대적 과제로 이해해야 함에도 불구하고 당시의 한 국교회는 그렇지 못했다.[28]

해방공간의 한국 교회는 농촌문제에 대해 적절한 대안을 제시하지 못 하였고 농민의 삶을 외면하였다. 1930년대 장로교 농촌운동의 주역이었 던 배민수는 "과거 농촌운동에서 그가 견지했던 자본주의 비판의식,

경제적 불평등을 해소하고자 하는 지상천국의 사회개조의식은 이 시기 반공의식에 의해 완전히 압도되었다. 그는 대다수 일반 민중, 농민의 삶이 어떠하고 이들이 왜 좌익의 국가건설 노선을 지지하고 있는가를 잘 알고 있었지만, 그것을 민중을 현혹하는 소수 공산주의자의 선동문제로 돌리고 공산주의와의 비타협적 투쟁을 주장할 뿐 민중의 요구를 어떻게 해결할 것인가에 대해 생각할 여유를 갖지 못하고 있었다."[29]

또 한국의 교회는 한국의 근대교육을 시작했고 그 기틀을 닦아왔으며, 일제의 통치에 저항하는 민족교육을 지켜온 중요한 역할을 감당해 왔다고 한다. 그렇다면 해방은 한국 교회에 있어서, 일제의 억압 때문에 이루지 못했던 민족교육을 제대로 실천할 수 있는 절호의 기회였다. 근대교육에 앞장섰던 한국 교회가 해방공간에서 새로운 나라의 새로운 교육을 실시해야 한다는 시대적 과제에 어떻게 응답했는지에 대해서는, 미군정기의 교육정책과 교육 관련 단체를 기독교계가 주도하였으며, 특히 오천석의 '새 교육 운동'이 우리 교육의 기틀을 닦는 역할을 했다는 사실이 강조되고 있을 뿐이다. 새로운 국가의 수립에는 새로운 교육의 건설이 필수적이다. 민주국가의 건설을 위하여 우리 교육은 일제 잔재를 탈피하고 우리에게 맞는 새로운 교육체제를 세워야만 했다.[30] 그러나 해방공간의 한국 교회는 이러한 역할을 감당하지 못했다.

해방공간에서 이루어진 한국 교회의 기독교 사회운동에 대해서는 알려진 바가 거의 없으며, 관련된 연구 또한 많지 않다. 그러나 실천사례가 전혀 없지는 않았다. 오랫동안 잊혀져 왔으나, 해방공간에 청년·학생들의 가슴을 뜨겁게 했던 강성갑 목사의 실천이 있었다.

이 책의 구성 및 사용한 자료들

이 책은 첫째, 증언을 통해 단편적으로만 기억되고 있던 강성갑의 생애와 활동을 체계적으로 정리하여 해방 공간의 청년·학생들에게 깊은 영향을 주었던 그의 꿈과 실천의 구체적인 내용을 살펴보고 둘째, 강성갑의 억울한 죽음과 그 이후에 벌어진 가해자를 처벌한 재판, 추모 행사 및 진실화해위원회의 진상규명 및 손해배상 재판에 이르기까지 그의 죽음을 둘러싸고 이루어졌던 그에 대한 기억과 그 의미를 정리하고자 하였다.

그러나 강성갑의 생애와 활동에 관해 참고할 만한 선행 연구와 자료가 거의 없다는 어려움이 있다. 강성갑에 대한 연구가 거의 없는 이유는 과거에는 강성갑이 '공산주의자'로 몰려 죽었기 때문이며, 지금은 일부의 증언 이외에 관련된 자료가 거의 남아 있지 않기 때문이다. 강성갑에 대한 유일한 연구논문을 발표한 심진구는 연구의 어려운 점을, "본 사례연구는 여러 사람이 관심을 가지고 착수는 하였으나 자료수집이 곤란하여 거의 대부분의 사람이 연구를 중단하였거나 포기하여 버렸기 때문에 참고할 자료"가 많지 않을 뿐만 아니라, 자료수집이 곤란했던 이유는 강성갑이 "공산주의자로 몰려 암살되었을 뿐만 아니라 생전에 부당한 오해로 인하여 그를 미워했던 지방의 유력한 인사가 건재하고 있으니 본 연구를 잘못하다가는 곤경에 빠지지 않을까 하는 연구자들의 필요 이상의 불안감이 작용하였으리라 추측되며 또 6.25 동란 당시 한얼중학교에 피난민이 수용되었기 때문에 학교에 비치되었던 기록물이 거의 없어졌고, 가정에 남긴 자료들도 10수년이란 세월이 흐름에 따라 소실 분산되었고, 구전(口傳)자료를 제공해 줄 사람들도 전국 각지에 흩어져 살고 있기 때문"이라고 설명하였다.[31]

강성갑은 본격적인 활동을 제대로 시작해 보지도 못하고 실천을 위한 준비를 마무리하는 과정에서 희생되었을 뿐만 아니라, 무엇보다 강성갑 본인이 자신의 활동에 대해 남겨놓은 자료가 없다. 관련된 연구를 진행하면서 새로운 자료들을 일부 발굴하였으나 강성갑 본인의 생각을 확인할 수 있는 언론 기고, 설교 등은 찾아볼 수 없었으며, 그의 강연을 듣고 만난 사람들의 기억으로만 남아있었다.

강성갑의 억울한 죽음과 재판에 관한 내용은 비록 왜곡되어 잘못 알려졌을지라도 일부 알려져 있다. 강성갑은 한국전쟁 중에 공산주의자로 몰려 희생되었으며, 민간인 학살사건으로는 매우 드물게 가해자에 대한 처벌이 있었다.[32] 강성갑은 "죽기 직전 기도할 시간을 달라하여 기도를 마친 후" 그 자리에서 총탄을 맞고 죽었으며,[33] 기도의 내용은 "저들의 죄를 용서해 주시고, 나라와 학교 잘 되게 해 달라."는 것이었

그림 6 경남매일 신문 1968년 7월 3일

다.[34] 강성갑의 경우 매우 이례적으로 재판을 통해 가해자에 대한 처벌이 이루어졌으며, 전쟁이 끝난 후에는 함태영 부통령 등이 참석한 강성갑 추모동상 제막식이 있었다.

강성갑의 억울한 죽음 및 생애에 대한 언급은 『경남매일신문』 1968년 7월 3일 「선구자 – 낙동강의 혈맥을 찾는 특별연재 – 강성갑 목사」 기사에서 처음 확인된다. 이외에 정희상의 『이대로는 눈을 감을 수 업소: 6.25 전후 민간인 학살사건 발굴 르뽀』, 김기진의 『끝나지 않은 전쟁, 국민보도연맹: 부산경남 지역』, 한성훈의 논문 「진영지역 학살과 진실 규명: 역사의 법정과 희생자 복원」과 『가면권력: 한국전쟁과 학살』 등이 있으며, 진영의 양민학살 사건을 소재로 한 조갑상의 소설 『밤의 눈』에도 강성갑의 죽음이 언급되고 있다.

강성갑에 관한 연구논문은 1968년 심진구의 「향토교육의 선구자 강성갑에 관한 사례연구」가 유일하다.[35] 심진구는 1950년 부산사범학교 재학 중에 졸업반을 대상으로 했던 강성갑의 강연을 직접 들었으며, 이때의 강연내용을 정리해 둔 것을 자료로 중요하게 사용하였다. 강성갑의 활동에 대한 교육학 분야에서의 평가와 기록은 강성갑과 뜻을 함께한 사이라고 자신을 소개하는 교육학자 허현[36]에 의하여 처음 이루어졌다. 허현은 『새교육』 1957년 1월호부터 6월호까지 6회에 걸쳐 「지역사회 학교」라는 제목의 글을

그림 7 새교육 1957년 6월
(국립중앙도서관 소장)

연재하였으며, 6회에서 강성갑의 한얼중학교를 '지역사회 학교'이론을 실천하는 모범적 사례로 소개하고 있다. 허현의 제자인 이문원은 허현으로부터 강성갑의 교육 실천을 접하고 그의 실천에 큰 감동을 받아, 『한국의 교육사상가』라는 책에서 강성갑을 근·현대의 대표적인 교육사상가로 소개하였다.

강성갑이 희생된 후 백낙준과 김재준, 강원룡 등의 권유를 받아들여 한얼중학교 교장으로 재직했던 조향록[37]은 1984년 서울시교육위원회에서 연수자료로 발간한 『스승의 길』에 「농민교육의 개척자 강성갑」이라는 제목으로 강성갑의 생애, 교육내용 및 사상 등을 정리하여 소개하였으며,[38] 이 글은 1987년 출간된 『11인의 교육수상(敎育隨想)』에도 수록되어 있다. 강성갑의 제자인 심사수[39]의 글과 증언도 중요한 자료이다. 심사수는 한얼중학교 동문회에서 지난 2000년에 발간한 『위대한 스승 강성갑 교장(그 생애와 사상)』에 「강성갑 목사님의 교육활동」이라는 글을 썼고,[40] 1982년에는 최갑시[41]의 증언을 청취하는 등 강성갑에 대한 자료를 수집·정리하는데 많은 노력을 기울였다.

이외에 김재준 전집 13권 『새 역사의 발자취』, 박형규의 회고록 『나의 믿음은 길 위에 있다』, 정원식의 회고록 『변혁의 시대에서』, 이상철의 회고록 『블라디보스토크에서 토론토까지-열린세계를 가진 나그네』, 이규호의 『삶의 철학』, 김형석의 『인생의 길, 믿음이 있어 행복했습니다』, 문희봉의 『두무산 민들레』, 김희보가 쓴 황광은 목사의 전기 『사랑을 받느니보다 사랑을 주게 하소서』, 이춘우의 『율원록』 등에도 강성갑에 대한 증언이 남아있다.

강성갑의 생애와 활동을 객관적으로 정리하기 위하여 우선 관련된 증언들을 수집·정리하였으며, 가능한 경우에는 필자가 직접 면담을 통해 증언을 청취하였고, 수집된 증언들을 검증하고 재구성하기 위하

여 관련된 자료를 수집·확인하는 문헌조사 등을 실시하였다. 강성갑의 한얼중학교 설립과 관련하여 국가기록원에 소장되어 있는「재단법인 삼일학원 및 한얼초급중학교 설립인가신청서」,[42] 학교법인 설립과 관련한 기본재산의「폐쇄된 토지등기부 등본」등을 입수하여 분석하였고, 소위 진영살인사건 재판과정의 전모를 자세히 보도한『국제신보』기사를 최초로 발굴하여 강성갑의 억울한 죽음과 관련한 재판의 전 과정을 새롭게 확인하였다.[43] 조선금융조합연합회에서 발간한『금융조합통계연보』를 참고하여 강성갑이 근무하던 당시의 장유금융조합 현황을 파악하였으며, 강정택[44]이 1933년에 쓴 동경제국대학 농학부 졸업논문「금융조합에 대하여(金融組合に就いて)」를 통해 1930년대 조선의 농촌과 금융조합의 관계를 살펴보았다.[45]

이 책은 모두 6장으로 구성되었다. 1장부터 4장까지는 강성갑의 꿈과 실천의 배경이 되는 그의 성장과 학업과정을, 5장에서는 강성갑이 해방공간에 경남 진영에서 새로운 나라의 교육개혁 방향을 제시하고 한얼중학교를 설립·운영하는 등 그의 꿈과 실천의 구체적인 내용을, 6장에서는 강성갑의 죽음과 그 이후에 죽음을 둘러싸고 이루어진 기억에 대해 살펴보았다. 일반적인 전기에서는 죽음과 그 이후의 내용은 중요하게 다루지 않지만, 강성갑의 경우에는 그의 꿈과 실천 못지않게 그의 죽음 이후에 벌어졌던 사건들이 오늘 우리에게 특별한 의미가 있으므로 자세하게 살펴보았다.

그러나 이 책은 한계가 분명하다. 강성갑의 삶, 특히 그의 성장 과정에 대하여는 일부 증언만 남아 있을 뿐 관련 자료는 찾아보기가 어렵다. 따라서 일반적인 전기와는 달리 그와 관련된 사건의 배경을 살펴보는 것을 통해 그의 삶을 추측하는 방법 등을 사용할 수밖에 없었다. 다만 해방공간에서의 그의 활동에 대하여는 활동을 직접 목격한 사람들의 증언들을 폭넓게 사용하였으며, 필요한 경우 다른 자료들을 통해 검증하는 과정을 거쳤다.

아직 강성갑에 대한 우리의 관심은 이렇듯 몇몇 사람들의 증언에 그치고 있을 뿐 본격적인 연구가 없었기에, 강성갑에 대한 이 책은 그에 대한 전기와 연구서, 자료집을 겸하여 기획되었다. 이후 강성갑의 꿈과 실천에 대한 우리의 관심이 더욱 확대된다면, 새로운 자료가 발견되고 새로운 증언이 찾아지는 등 보다 깊은 그리고 보다 분명한 연구가 이루어질 수 있을 것으로 생각한다. 따라서 이 책의 한계는 분명하지만, 강성갑의 꿈과 실천에 감동을 받은 누군가가 후일 제대로 된 강성갑의 전기를 쓰고자 할 때 최소한의 안내자 역할이라도 감당할 수 있도록 노력하였다.

제1장

식민지 조선 사람으로
어떻게 살아야 할지 고민하다

01. 마산에서 신학문을 배우기 시작하다

마산창신학교에 입학하다

강성갑은 1912년 6월 21일 경남 의령에서 아버지 강봉석(姜鳳碩), 어머니 손온천(孫溫川)의 3남 2녀 중에서 둘째 아들로 태어났다. 강성갑의 부친은 근면 성실한 농부였고, 모친은 새 사조에 민감한 기독교인으로 열정적이며, 자녀교육에 특별한 관심을 갖고 있었다. 강성갑은 13살에 의령보통학교에 입학하여 약 6개월간 다니다가 어머니의 교육적 배려로 마산 사립 창신학교 4학년으로 전학하여 17세에 졸업하였다. 창신학교로 전학할 무렵에 사서(四書)를 독파하는 등 보통학교에 입학하기 전까지는 한학을 공부하였으나 새 사조에 민감한 모친의 배려로 학교에 입학하여 신학문을 배웠으며 기독교인이 되었다.[1]

가정형편에 대해서는 일제 강점기 농촌이 대부분 그렇듯 강성갑 또한 가난한 농가에서 자랐기 때문에 배움의 기회를 거의 얻지 못했다는 증언

그림 1 동아일보 1926년 12월 1일

과,[2] 약 3만 6천 평의 토지를 가진 자작농의 살만한 가정이라는 상충되는 증언이 있다.[3] 현재 강성갑의 가정형편이 어떠했는지 분명하게 확인할 수 없지만 참고할 만한 자료가 남아 있다. 강성갑이 졸업한 마산상업학교 학적부에는 자산이 '밭(田) 30두락', 가정상황은 '빈곤(貧困)'으로 기록되어 있다. 이 기록에 의하면 강성갑의 집안은 밭 9,000여 평 정도를 소유한 자작 소농으로 경제적 형편은 그렇게 넉넉하지 못했으나 자녀의 교육에 관심이 많고 교육의 중요성을 인식한 부모 특히 어머니의 배려로 마산으로 나와 교육을 받을 수 있었던 것이다.

창신학교 재학 중의 학적부 등 강성갑의 학창 생활을 살펴볼 수 있는 관련 기록은 전혀 남아 있지 않다. 강성갑의 연희전문 학적부에는 1923년 4월 1일 마산 사립 창신학교에 입학하여 1927년 3월 23일 졸업한 것으로 기재되어 있으며, 마산상업학교 학적부에는 '사립 창신학교 6년 졸업'한 것으로 기록되어 있다.[4]

강성갑이 졸업한 창신학교는 1906년 호주 선교사와 지역의 기독교 관련 인사들이 설립한 학교로서 마산지역을 대표하는 신식학교였다.[5] 당시 『동아일보』, 『조선일보』 등 언론은 창신학교와 관련된 기사들을 많이 보도했는데, 보도에 의하면 창신학교는 "단순히 학교로서가 아니라 지역사회의 대변자이자 자부심이고 근대문명의 전파자이자 민족교육의 상징으로까지 인식"되었으며,[6] 3.1 운동을 비롯하여 크고 작은 항일운동에 앞장섰던 민족의식이 투철한 학교였다.[7]

창신학교의 교육이념은 "1.기독교의 박애정신 위에 교육의 기초를 두고, 2.애국사상을 함양하며 새로운 지식을 습득함으로써 사회에 봉사할 수 있는 인재를 양성하며, 3.쇠퇴한 윤리도덕을 바로잡고 연약한 신체를 강건히 하는 덕육과 체육에 주력한다."였으며, 교육과정에 성경을 주당 2시간, 체조를 주당 3시간 교수하는 것으로 규정되어 있었다.[8] 사립창신학교 규칙 제11조의 학생명심세칙(學生銘心細則)에는 "一. 상제(上帝)를 숭사(崇事)하며 구주(救主)를 독신(篤信)하여 영성을 배양함. 一. 매일 기도시에 일제(一齊) 내참(來參)하여 진성기도(盡誠祈禱)함. 一. 주일(主日)과 삼일예배(三日禮拜)에 참여 예배함."등 기독교 신앙과 관련되는 것부터 30여 가지 이상의 내용을 세밀하게 규정하여 당시 학생들의 생활을 규제하였다.[9]

창신학교는 체육을 강조하는 교육 이념에 따라 특히 병식(兵式)체조와 목아령(木啞鈴)체조가 유명했다. 병식체조는 구한국(舊韓國) 군인 출신이었던 현완준이 담당하였는데 학생들의 체력을 단련하고 강인한 정신력을 기르는 훈련이었으며, 목아령체조는 현홍택이 고안하어 학생들에게 보급한 것으로 단결심, 협동심을 기르는 집단체조였다.[10] 창신학교는 이러한 체조 교육 등을 통해 극일(克日)을 전제로 학력뿐만 아니라 체력의 강화에도 관심을 기울였고, 운동회를 개최하여 마산 지역사회에 그 활동을 공개하였다.[11] 강성갑이 재학중이던 1923년 10월 18일, 창신학교와 의신여학교[12]의 연합 추계운동회를 마산구락부 운동장에서 개최하였고, 1925년 5월 16일에는 창신학교 제17회 개교기념일 행사로 축하식 겸 학생 대운동회를 마산구락부 운동장에서 수천 관중이 운집한 가운데 40여 종목의 경기를 오전 8시부터 오후 6시까지 개최하였다.[13] 1926년 5월 19일에는 창신학교와 의신여학교의 연합춘계대운동회를 개최하여, 남·여학생 5백여 명이 행렬을 이루어 군악을 울리면서 마산 시가지를 일주한 후 마산구락부 운동장에서 연합체조 등 60여 종목을 진행하였다.[14]

증언에 의하면 강성갑은 강인한 체력을 갖고 있었다.

그는 어린 시절의 농촌 생활과 청년기의 중노동을 통해서 몸을 강철같이 단련하였다. 그의 필승의 투지력, 불굴의 의지력, 검소한 생활관, 대아(大我)를 위한 희생정신, 그 침착성, 끝이 없는 사회개혁욕(社會改革欲) 등이 모두 그의 강건한 신체에서 울어난 것이라고 믿어진다.[15]

이러한 강성갑의 강인한 체력은 창신학교에서 현완준 등으로부터 가르침을 받은 체조와 운동을 통해 단련되기 시작했던 것으로 보인다. 강성갑은 해방 후인 1948년 12월 최갑시와 함께 '마산 창신학교 스승 현완준 선생 사은회'에 진영 지역의 발기인으로 참여하였다.[16]

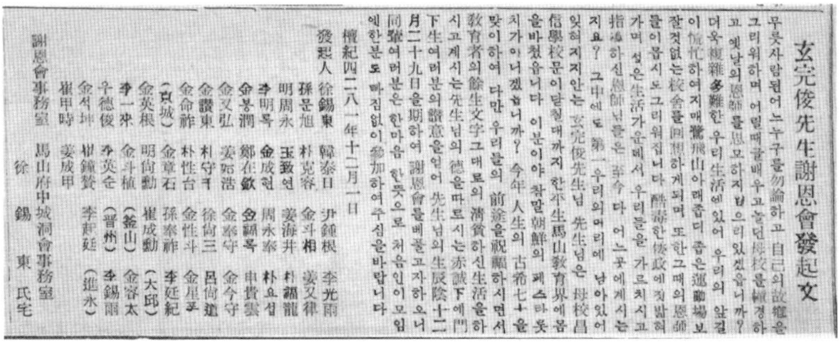

玄完俊先生謝恩會發起文

무릇사람된어느누구를勿論하고自己의故鄕을 그리워하며 어릴때글배우고놀던母校를憧경하고 옛날의恩師를思모하지않으리있겠읍니까? 더욱複雜多難한 우리生活에있어 우리의 앞길이恍忙하여지매鷲飛山아래좁디좁은運動場보잘것없는校舍를回想하게되며 또한그때의恩師를이몹시도그리워집니다 酷毒한倭政에짓밟혀가며설은生活가운데서 우리들을 가르치시고 指導하신恩師님들은 至今 다 어느곳에게시는지요? 그中에도第一우리의머리에 남아있어 잊혀지지안는 玄完俊先生님 先生님은 母校昌信學校문이닫칠대까지 한平生馬山敎育界에몸을바쳤읍니다 이분이야 참말朝鮮의 페스타롯치가아니겠읍니까? 今年人生의古希七十을 맞이하여 다만우리들의前途을祝福하시면서 敎育者의餘生文字그대로의淸貧하신生活을하시고계시는先生님의德을따르시는赤誠下에門下生여러분의謝意을얻어 先生님의生辰陰十二月二十九日을期하여 謝恩會를베풀고자하오니 同窓여러분은한마음 한뜻으로 처음인이모임에한분도 빠짐없이參加하여주심을바랍니다

檀紀四二八一年十二月一日

發起人 徐錫東 韓泰日 尹鍾根 李光雨
孫문旭 朴克容 金斗相 姜又律
明周永 玉致연 姜海井 朴福龍
李明록 金成현 周永奉 朴요섭
金봉潤 鄭在欽 金福록 申貴雲
金又弘 姜始浩 金泰守 金今守
金讚東 朴守ㅋ 徐尙三 呂尙道
金命祚 朴性台 金性斗 金星字
(京城) 金章石 孫奉祚 李廷紀
金英根 明尙勳 崔成勳 (大邱)
李一來 金斗植 (釜山) 金容太
우德俊 李英순 (晉州) 李錫雨
金석坤 崔鍾贊 李현廷 (進永)
崔甲時 姜成甲

謝恩會事務室 馬山府中城洞會事務室
徐錫東 氏宅

그림 2 남조선민보 1948년 12월 12일

강성갑은 창신학교 재학 중에 수학여행을 다녀왔다. 1923년 10월에는 부산에서 개최된 수산공진회(水産共進會)를 견학하였으며,[17] 1926년 5월에는 교원(敎員) 이일래의 인솔하에 재학중인 학생 33명이 동아일보를 견학하였다.[18] 창신학교는 1925년 12월에는 학예회를 개최하여 아동연설(兒童演說), 독창(獨唱), 이과실험(理科實驗), 동화 지역담(童話 地歷談) 등 10여 종의 행사를 일반인과 학부형 앞에 선보였다.[19]

졸업을 앞둔 강성갑은 1927년 2월 23일 마산불교소년회가 개최한 마산소년현상웅변회에 참가하여 3등을 했으며,[20] 창신학교의 졸업식은 1927년 3월 22일 오전 10시 학교 강당에서 있었고, 졸업생 39명 중에서 18명이 상급학교에 진학하였다.[21]

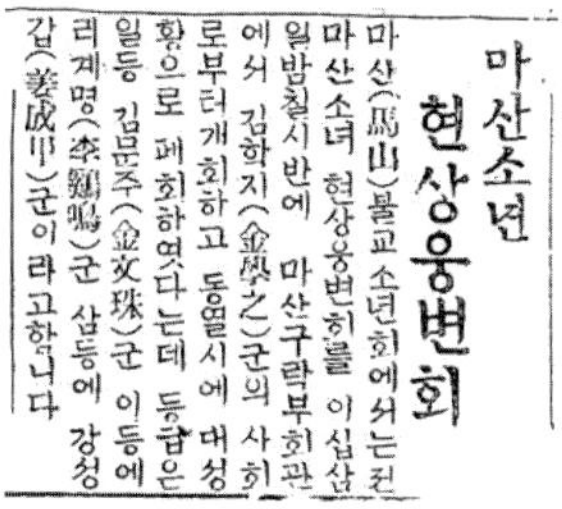

마산소년
현상웅변회
마산(馬山)불교소년회에서는 권
마산소년 현상웅변회를 이십삼
일밤칠시반에 마산구락부회관
에서 김학지(金學之)군의 사회
로부터 개회하고 동열시에 대성
황으로 폐회하엿다는데 등급은
일등 김문주(金文珠)군 이등에
리계명(李鷄鳴)군 삼등에 강성
갑(姜成甲)군이라고합니다

그림 3 동아일보 1927년 2월 27일

강성갑은 창신학교 재학 중에 교과과정에 따라 성경을 배웠으며, 학생명심세칙(學生銘心細則)에 따라 마산예수교회[22] 예배에도 참석하였을 것이다. 하지만 기독교인으로 자신의 정체성을 규정하지는 않았다. 다수의 증언에 의하면 강성갑이 기독교를 받아들인 것은 마산상업학교에 입학하던 때부터이다. 창신학교 재학중의 강성갑에게 특히 영향을 끼쳤을 것으로 생각되는 것은 격렬했던 창신학교의 동맹휴학이었다.

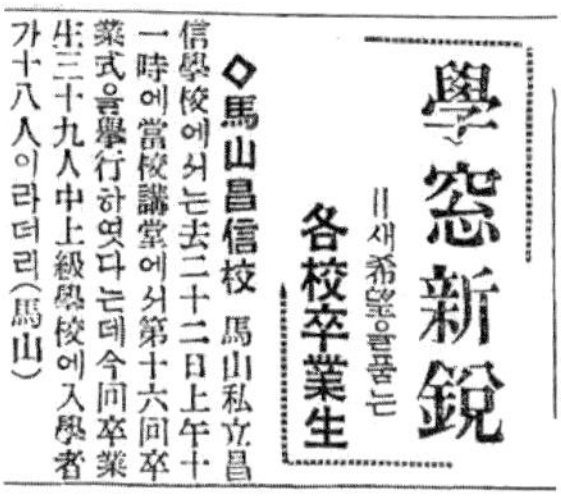

學窓新銳
새希望을품는
各校卒業生
◇馬山昌信校 馬山私立昌
信學校에서는去二十二日上午十
一時에當校講堂에서第十六回卒
業式을擧行하엿다는데今回卒業
生三十九人中上級學校에入學者
가十八人이라더라(馬山)

그림 4 동아일보 1927년 3월 26일

격렬한 동맹휴학을 목격하다

강성갑이 창신학교를 다니던 1920년대에는 창신학교를 비롯한 식민지 조선의 많은 학교들에서 동맹휴학이 빈번하게 일어났다. 이러한 동맹휴학은 기본적으로 항일적인 성격을 내포하는 것으로 당시의 시대적인 특징이라고도 할 수 있다.[23] 창신학교의 동맹휴학은 처음에는 교육조건의 개선을 목표로 일어났으나, 1925년 이후에는 창신학교 고등과[24]의 고등보통학교로의 승격 문제, 교사의 자질 문제, 마산예수교회 당회의 학교 경영의 문제, 마산예수교회의 분규 등이 서로 복합적으로 작용하여 일어났다. 강성갑이 재학중이던 1925년 1월에는 학교를 경영하는 마산예수교회 당회와 학감 이상소 장로 등의 문제로 등교하는 학생들을 돌려보내는 일이 벌어졌다.[25] 강성갑이 졸업한 직후인 1927년에는 1년 내내 교원 3명의 강제퇴직, 복식수업, 시설 미비 등 학교운영과 관련한 문제를 두고 학생들과 학교 당국, 마산예수교회 당회, 학부모회, 동창생회 등의 대립이 이어졌다.[26]

창신학교를 운영하던 마산예수교회의 분규 또한 학교에 커다란 영향을 미쳐 교회와 학교는 장로파와 독립파로 나뉘어 대립하였다. 강성갑은 마산예수교회의 분규의 결과로 독립파가 설립했던 독립마산예수교회를 다니면서 학교 분규의 모든 과정을 직접 목격하였다. 강성갑은 이러한 경험을 통해 학교의 경영이 단순히 학생과 학교, 그리고 운영하는 교회만의 문제가 아니라 지역사회 모두의 문제임을 인식하게 된 것으로 보인다. 특히 1928년 격렬하게 전개된 고등보통학교 승격 무산과 관련된 창신학교의 동맹휴학 과정은 강성갑에게 있어서 학교 운영과 학생 및 지역사회의 열망 그리고 기독교 학교의 설립 목적과 종교교육 등에 대해 생각해 보는 좋은 기회가 되었다.[27]

당시에 격렬했던 창신학교 등 기독교 학교의 동맹휴학은 종교교육을 둘러싸고 일제 당국과 선교사들, 학생들 사이의 대립에서 벌어진 일이었다. 일제는 신교(信敎)의 자유는 인정하지만 종교와 교육은 분리시켜, 학교에서의 종교교육을 금지하겠다는 의지를 분명히 하였다. 그러나 선교사들이 학교를 설립한 목적은 기독교 선교와 교회 지도자 양성에 있었기에 종교교육의 금지는 받아들일 수 없는 정책이었다. 따라서 선교사들은 종교교육이 금지된 정규학교로의 승격을 거부하고 각종학교로 남아, 상급학교 진학 등 학생들의 장래에는 어려움이 있을지라도 종교교육을 계속하는 방법을 택하였다. 각종 학교에 재학 중이던 학생들은 성경을 배우는 대가로 상급학교 진학에 문제가 생기자 이에 반발하여 동맹휴학을 일으켰다. 강성갑은 창신학교 등 기독교 학교의 동맹휴학 과정을 지켜보면서 '조선'의 기독교인과 조선에 있는 '기독교인', 그리고 기독교 '신앙'과 기독교 '가치'의 관계 등에 대해 깊이 생각해 볼 기회를 가지게 되었다.

02. 마산상업학교에 진학하다

강성갑은 1927년 4월 마산공립상업학교에 입학하여 1930년 3월 8일 졸업하였다.[28] 강성갑이 사립 창신학교, 즉 보통학교를 졸업하고 진학할 수 있는 중등학교는 고등보통학교와 실업학교 두 종류 중의 하나였다. 일제는 교육령을 통해 교육과정을 보통교육, 실업교육, 전문교육의 삼원체제로 분류하고, 보통교육은 보통학교, 고등보통학교, 여자고등보통학교 등으로 구성했으며, 실업교육은 2-3년제의 실업학교를 중심으로 편제했다.[29] 보통학교를 졸업한 후 진학할 수 있는 중등 교육기관으로는 고등보통학교와 실업학교가 있었으며 보통학교를 마친 강성갑은 이 중의 하나에 진학을 해야 했다.[30] 마산 인근의 고등보통학교로는 진주고등보통학교와 동래고등보통학교 등이 있었으나 경제적 상황, 지리적 여건 등을 감안하여 마산상업학교로 진학한 것이다.

마산상업학교는 공립실업학교 중의 하나인 상업학교로서,[31] 학교의 규모는 1929년말 기준으로 직원 7명(조선인 1명, 일본인 6명)이었으며, 3개 학급에 조선인 124명, 일본인 26명의 학생들이 재학 중이었다.[32] 마산상업학교는 마산지역의 유일한 중등 교육기관이었으나 당시 3년제 을종학교였으므로 상급학교 진학에 어려움이 많았다. 마산상업학교는 5년제 갑종학교 승격을 위해 노력하였으나 승격이 좌절되었으며, 3개 학급 50명 정도의 정원으로는 진학하고자 하는 학생을 모두 받을 수 없었기에 입학경쟁이 매우 치열하였다.[33]

그림 5 동아일보 1927년 3월 1일

창신학교를 졸업한 강성갑은 마산상업학교 입학시험에 응시하여 합격하였다.[34] 공고에 의하면 모집 인원은 약 50명이었으며 입학 시험은 3월 11일부터 4일 동안 일본 역사와 지리, 이과(理科), 국어와 산술(算術) 및 구술, 신체검사 등을 실시하였다. 강성갑은 1927년 4월 7일 입학했으며, 학업성적은 대체로 중상위권이었으나, 상급 학년으로 진급하면서 더욱 좋아졌다. 출석일수는 1학년 240일, 2학년 245일, 3학년 218일이었으며, 지각이 1학년 때에 2번 있었으나 졸업식 때 전근생(專勤生)으로 선정되었다.

강성갑의 마산상업학교 학창시절을 확인할 수 있는 자료로는 마산상업학교 학적부가 남아있을 뿐이다. 학적부에 의하면 강성갑은 마산상업학교에서 3년 동안 수신(修身), 일본어(강독, 작문, 습자(習字)), 수학(산술, 대수, 상업산술, 주산), 지리, 이과, 영어, 법제경제, 상업(요항(要項), 실천, 상업부기, 은행부기, 상품), 체조 등을 이수하였으며 조선어는 2학년까지 2년 동안만 이수하였다.[35]

학적부를 통해 마산상업
학교 교사들이 강성갑을 어
떻게 평가했는지를 확인할
수 있다. 일제 강점기의 학
적부는 학생 개인의 모범과
불량을 기록하고 유통시키
고자 하는 의도로 작성된
것으로, 학적부는 입학 또
는 입직 지원자 가운데 이
른바 '불량' 학생이 입학이
나 입직 관문을 통과하는
일이 없도록 상급학교와 취
직처에 미리 알려주는 신원
조회 장치 역할을 하였다.[36]
학적부의 개인평가 항목은
성질(性質), 지조(志操), 거동

그림 6 중외일보 1930년 3월 9일

(擧動), 재간(才幹), 언어복장(言語服裝), 기호(嗜好), 장소(長所), 단소(短所),
근타(勤惰), 정표(旌表), 상벌(賞罰), 가정상황(家庭狀況) 등 모두 12개 항
목으로 각 항목별로 '기재 예'를 참고하여 매 학년마다 기재하게 되어
있다.[37]

학적부의 평가에 의하면 강성갑은 온순하면서도 지조가 굳고 근면·
성실하였으나, 거동이 오방(傲放)으로 표현되어 있는 것으로 보아 자신
감이 넘치고 당당한 학생이었던 것으로 생각된다. 과묵하고 단정하지
만 자신의 의견을 발표하거나 주장할 때에는 당당하고 자신감이 넘쳤
으며, 운동을 좋아하면서도 내면적으로 감성이 풍부한 학생이었다.

증언에 의하면 강성갑의 성격은 원만하고 인자하였으며, "항상 감정에 움직이지 않고 냉정한 판단에 따랐다. 그는 감정에 강한 사람이 아니라 의지에 강한 사람"이었다.[38] 김동길은 연희대 채플에서 처음 만났던 강성갑의 인상을 "크지 않은 키에 얼굴은 거므스레하고, 단단한 느낌을 주는 용모와 체구를 갖춘 중년의 시골 목사였다. 초라하다면 초라한 행색이었으나 자그마한 눈이 유달리 반짝여서 함부로 대할 위인은 아니라는 인상을 주었다."고 기억하고 있으며,[39] 강성갑의 좌우명은 "소처럼 꾸준하게!"였다.[40]

그림 7 동아일보 1930년 1월 14일

강성갑이 마산상업학교 3학년에 재학 중이던 1929년 11월 광주학생운동이 일어났다. 마산상업학교에서도 이에 호응하여 만세운동을 벌이고자 준비하였으나, 1930년 1월 12일 밤 일제 경찰에 발각되어 만세운동을 준비하던 3학년 학생 3명이 체포되었고 준비했던 격문은 압수당하였다. 마산경찰서 고등계에서는 "형사를 들여가지고 주야(晝夜)를 불구하고 각 학교와 학생들의 숙소 기타 사회단체 관계인물의 집들을 엄중 경계"하여 마산상업학교의 만세운동은 결국 무산되었다.[41] 강성갑 또한 만세운동에 참여했으리라 생각되지만 그의 학교생활에 대해 따로 알려진 것은 없으며, 신앙에 대한 증언만 남아있다.

03. 독립마산예수교회 교인이 되다

평신도 중심의 민중교회가 설립되다

마산상업학교 학적부에 강성갑의 종교는 기독교로 기입되어 있으며, 증언에 의하면 강성갑의 "사상행위에 직접 간접으로 깊은 영향을 준 것은 기독교였다. 모친이 열렬한 기독교 신자"였고, "마산상업학교 재학시에는 독립교회(현 마산중앙교회)에 나가 종교적 조직 속에서 만사에 솔선"하였으며,[42] 교회에서 없어서는 안 될 일꾼이었다.[43] 강성갑은 창신학교에서 성경을 배웠고 예배에도 참석하는 등 기독교를 접하였으나, 본인의 의지로 기독교인이 되었던 것은 마산상업학교에 입학한 이후 독립마산예수교회에 다니면서부터이다. 현재 독립마산예수교회는 마산중앙감리교회로 남아 있으나 교회설립 당시의 자료는 찾아보기 어렵다. 청소년기 강성갑의 교회 활동은 자세히 확인할 수 없지만 독립마산예수교회의 성격, 특징, 설립 과정 등을 통해서 강성갑의 신앙생활에 끼친 영향을 확인할 수 있다.

일반적으로 강성갑이 다녔던 독립마산예수교회는 자치·자유교회의 한 사례로 알려져 있다. 선교사들의 우월의식과 제도권 교회의 교권(敎權)에 저항하다 이단 시비에 몰린 소수 기독교인들이 '자치' 또는 '자유'를 주장하며 조직한 별도의 교회를 자치·자유교회라 설명하고,[44] 1928년 마산교회 박승명 목사 중심의 반(反)선교사적 교인들이 마산예수교회를 창설했다고 한다.[45] 이들이 제창한 4대 강령에 의하면 이 교회의 성격은 형식적 교리와 교권적 정치를 부인하는 순수한 '자유' 신앙을 표방했다는 점에서 다른 자치·자유교회와 유사했으나, 마산 이외의 다른 지역과 교회로 확산되지 않고 단일교회로 유지되었다고 설명하고 있다.[46]

또 다른 연구에 의하면 마산교회의 분열은 지역성과 선교부 간의 갈등에 있었다고 한다. 박승명 목사 사건이 발생한 경남 마산지역은 오스트레일리아(호주) 선교부 관할 지역으로, 한국교회의 주도세력인 미국 북장로교의 세력권 밖에 있었다. 경남 지역의 독특성을 유지하기 위하여 호주 선교부 소속의 선교사들은 미국 북장로교 선교사들과 자주 갈등했고 특히 이북(以北)출신 교역자들에 대해 배타적이었다.[47] 한국 교회에 내재해 있던 지역 대립의 역사, 즉 서북(西北)과 비서북(非西北) 지역 세력 대결의 역사가 박승명 목사에게까지 소급해 올라간다는 주장도 있다.[48]

이러한 연구들에 의하면 강성갑이 다닌 독립마산예수교회는 성추문 등의 문제로 마산교회에서 축출된 서북출신인 박승명 목사가 중심이 되어 설립한 반선교사·반교권적 교회라는 것이다. 그러나 강성갑이 청소년기에 스스로 선택하고 출석했던 독립마산예수교회는 단순한 반선교사·반교권적 교회는 아니었다. 독립마산예수교회가 반선교사·반교권적 성향을 띠고 있는 것은 분명하지만, 교회의 특징으로 반선교사 경향을 특별하게 강조하는 것에는 문제가 있으며 더욱이 일반적으로 알려진 것처럼 박승명 목사가 주도하여 교회가 설립된 것도 아니었다. 이러한 독립마산예수교회의 설립과정 및 활동에 대한 재검토는 강성갑의 삶을 이해하는데 있어서 중요한 의미를 갖는다. 강성갑이 처음 접한 교회가 어떤 교회였는가 하는 것이 강성갑의 삶과 이후의 목회 활동에 중요한 의미를 가지기 때문이다.

마산교회의 분규와 독립마산예수교회 설립 및 활동에 대하여 당시의 언론들은 깊은 관심을 가지고 그 전말을 상세히 보도하였다. 언론의 보도에 따라 독립마산예수교회의 설립 과정을 요약하면 다음과 같다.

박승명 목사와 마산교회 당회내 반대파의 대립에 경남부인총회 문제를 둘러싼 박승명 목사와 부인 전도사와의 대립, 그리고 박승명 목사의 성추문과 박승명 목사의 사임을 둘러싼 당회와 노회, 총회[49]의 대립 속에서 마산교회의 분열은 오랫동안 계속되어 왔다. 이러한 분열과정에서 마산교회 교인들은 적극적으로 공동처리회 개최를 요구하였고, 공동처리회의 논의를 거쳐 자신들의 요구사항을 당회와 노회 등에 전달하였으나 교인들의 요구는 당회와 노회로부터 계속 무시당하였다. 즉 문제의 시작은 박승명 목사와 당회, 여 전도사와의 갈등, 박승명 목사의 성추문 폭로였으나, 마산교회 교인들은 이러한 상황에서 주체적으로 교회에 제기된 문제의 해결을 모색해 왔던 것이다.[50]

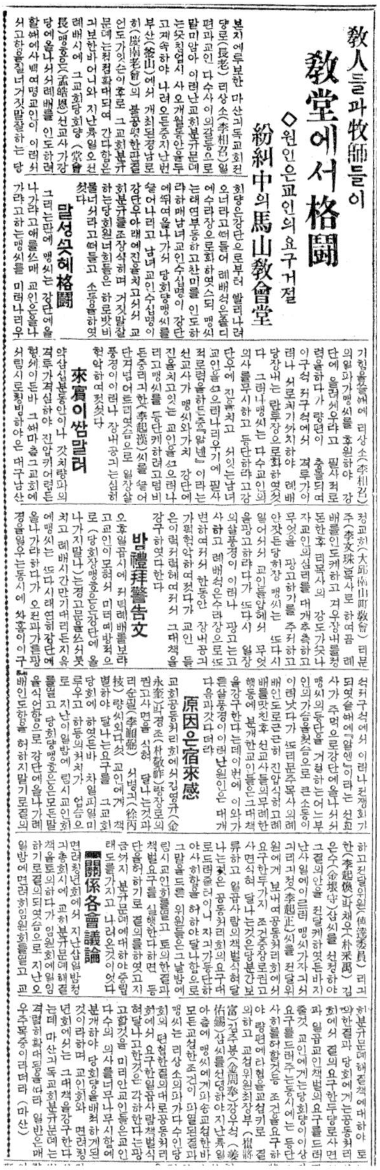

教人들과牧師들이

教堂에서格鬪

◇원인은교인의요구거절

紛糾中의馬山教會堂

말성끗헤格鬪

來賓이쌈말려

밤禮拜警告文

原因은宿來感

關係各會議論

그림 8 동아일보 1927년 2월 10일

경남노회에서 박승명 목사에 대한 유죄판결이 내려지자 박승명 목사를 지지하던 일부 교인들이 자치를 선언하고 교회를 떠난 1차 분열이 먼저 이루어졌다.[51] 1차 분열 이후에도 계속된 교회의 분규를 해결하고자 애쓰던 마산교회 교인들의 주체적 노력을, 당회와 노회·총회가 인정하지 않고 교인들의 의사를 무시한채 자신들의 정치적 이해관계와 입장에 따라 교회 분구의 일방적 해결을 시도한 것이 2차 분열의 원인이 되었다.[52] 결국 최종적인 2차 분열은 교회분쟁 과정 중에 중재 노력을 해오던 마산교회의 원로이며 마산 지역사회의 지도자였던 손덕우를 중심으로 한 다수의 교인들이, 교인들의 의사를 배제하고 자신들의 입장에 따라 문제를 해결하고자 하는 당회와 노회로부터 독립을 선언하고 자율적 교회를 설립하는 것으로 이어졌다.[53]

이러한 독립교회의 설립 과정에 박승명 목사는 특별한 역할을 하지 못했다. 총회는 교회의 분립 이후 대구에서 열린 총회 회의에서 박승명 목사의 문제에 대해 갱사개정위원(更査改正委員)을 파견하여 조사하고자 했으나 경남노회의 거부로 뜻을 이루지 못하고 독립교회 교인들만을 만난 자리에서 이루어진 대화를 통해 이를 분명하게 확인할 수 있다. 독립교회 교인들은 교회의 분리는 박승명 목사와의 관계에서 이루어진 것이 아니며, 다만 그것으로부터 발단되어 조선교회의 내부 흑막을 발견한 까닭임을 분명히 하였다.

그들(총회)은 하는 수 업시 독립교회에 멧가지 만을 물은 후 다시 합동(合同)할수 잇고 업슴을 무름에 독립교회에서 측에서는 어디까지지든지 금번의 분리가 박 목사의 관계가 아니며 그것으로 발단되어 조선교회의 내부 흑막을 발견한 까닭인즉, 장로파에서 몸소 그 교정을 부인하고 그것을 혁신한 후 이쪽의 자치제도를 찬동한다면 어듸 까지든지 합동하야 주겠다 하야 장로교회 암흑면을 여디업시 폭로하얏더라.[54]

박승명 목사를 지지한 일부 교인들이 먼저 1차로 분열하여 자치파를 결속하고 따로 예배를 드렸으나, 이들이 손덕우를 중심으로 한 독립파에 통합을 선언하고 흡수되는 과정을 거쳐 1927년 11월 27일 독립마산예수교회가 설립되었다.[55] 결국 독립마산예수교회의 설립은 박승명 목사를 중심으로 한 것이 아니라 손덕우를 중심으로 한 마산교회 교인들의 자율적, 자발적, 자치적 결정으로, 목사 중심의 교회에서 벗어나 평신도들의 의사가 반영되고 평신도의 삶을 중심으로 하는 민중적 교회를 설립한 것이었다. 다시 말하면, 그간의 교회가 교인들 중심이 아니라 목사가 중심이 된 교회였으며, 반교권, 반선교사를 주장한 교회들 또한 목사들이 중심이 되어 벌어진 운동이었을 뿐 평신도들의 삶이나 신앙과는 무관한 것이었으나, 독립마산예수교회는 이를 탈피한 것이었다. 독립마산예수교회의 강령에는 이러한 교회의 성격이 분명하게 나타난다.

독립마산예수교회 강령

1. 우리의 유일한 신조는 하나님은 아버지요, 예수는 구주시오, 세계인류는 형제라 한 3조1관(三條一貫)의 신경(信經)외에 또다시 엄다.

2. 우리는 개인의 자유신앙을 절대공인하는 동시에 자유신앙에 방해되는 편협된 고정적 신경조례(信經條例)를 부인함

3. 우리는 예수교회의 연합통일을 주장하는 동시에 연합통일에 장해되는 각 교파의 번폐(煩弊)한 교정조례(敎政條例)의 교황, 주교, 감독, 장로 등의 과두정치를 부인함.

4. 우리는 예수의 근본주의인 민중본위의 교회를 수립하는 동시에 일체의 조직과 교권의 평신도화를 주장함.[56]

독립마산예수교회의 실천적·민중적 신앙

독립마산예수교회 설립 당시에 선출된 위원은 손덕우, 김산, 김은수, 김주봉, 이일래, 최종안, 박덕우, 이기한, 이호림, 윤종근, 구복남 등 9명이었으며, 김산[57]을 담임 목회자로 하여 예배를 드렸다.[58] 독립마산예수교회는 교회설립 이후 마산교회의 문창예배당에서 계속 예배를 드렸으나, 장로파와 예배당 소유권을 놓고 분규가 계속되었다. 독립마산예수교회는 교인대회를 개최하여 장로파와 예배당 건물을 두고 분쟁하는 것이 진정한 기독교 이상에 위배되므로, 비록 독립파가 교인의 다수파이지만 예배당 건물을 포기하는 동시에 독립교회의 장래를 위하여 예배당 신축을 결의하였다.[59] 이들은 1928년 봄에 "문창예배당을 호의로 장로파에 양보하고 교회당을 신축키로 결의되어 수천원의 의연금을 모집"하여 금년 여름부터 예배당 신축공사에 착수하였고, "남녀교인은 염천(炎天)을 불구하고 자수(自手)로 토목공사에 진력한 결과" 예배당을 완공하고 9월 30일부터 신축 예배당에서 예배를 드리게 되었다.[60]

독립마산예수교회는 설립 이후 활발한 활동을 전개하여 마산 지역 사회의 주목을 받았다. 특히 청년회 활동이 활발했는데 1928년 1월 29일 십자청년회(十字青年會)를 조직하여 마·창 사회단체협회(馬·昌社會團體協會)에 가맹하기로 결의하였으며,[61] 청년회 활동을 위한 자금을 모으기 위해 노력하였다.

마산독립예수교 소속의 십자청년회에서는 마산의 야앵(夜櫻)을 리용하야 그회의 긔본금을 세우고저 근 일주일간 신마산 앵정(櫻町)에서 식료픔 행상을 하야 적지안흔 도음을 어덧는데 일부 청년들은 술마시고 계집끼고 놀애하는 퇴폐의 봄에 잇서 일부청년은 엇개에

짐을 지고 물건을 파는 것은 실로 이십일세긔가 아니면 못볼 호상대라 하야 일반은 야릇한 속크를 늣기엇는데 마산의 유식자 계급에서는 이들의 분투 노력을 칭송하며 마지안햇다 한다.[62]

독립마산예수교회는 황치헌 목사를 강사로 하여 1928년 2월 부흥강연회를 개최하였다. 부흥강연회는 "과거에 신앙하든바 그 미신적 교리를 떠나 참된 신앙의 새로운 기초를 확립시키겠다는 방침"으로, "평소의 신자가 아닌 무종교인의 출석이 빈다(頻多)하야 매야(每夜) 성황을 일우키는 중"이었으며, 연제(演題)는 6일-새로워지라, 7일-한루혈(汗淚血), 8일-천국의 발견, 9일-청년혁명가 세례요한, 10일-기독교와 사회개량, 11일-조선과 기독교, 12일-합리적 생활, 13일-조선기독교의 장래 등이었다.[63]

1928년 11월 27일 독립마산예수교회 일주년 기념식을 "김산 씨 사회로 개최하고 삼백여 교인으로 성대히 거행"하였으며 지방 유지들의 축사가 있었고 밤에는 십자청년회 주최로 축하연예회를 개최하였는데, "마산 일류악사의 출연을 비롯하야 성극 '순목자(循牧者) 베드로'를 공연"하였다.[64] 또 1929년 2월에는 김산, 한좌건, 김근석 등 3인을 강사로 하는 신춘대강연회를 5일 동안 개최하였고,[65] 1929년 4월에는 "교내 급(及) 사회 일반 무산자 가정의 아동을 위하여 교당 내에 유치원을 설립코자 준비"하여 40여 명의 원아들을 모집하였다.[66]

독립마산예수교회의 신축 예배당에서는 교회의 행사뿐만 아니라 마산지역 사회단체들의 활동 또한 활발하게 이루어졌다. 마산소년동맹 현상동화대회가 독립교회당에서 1929년 1월 5일 성황리에 개최되었으며,[67] 마산소년동맹 주최의 조선소년총동맹 제1주년 축하식이 독립교회당에서 열렸다.[68] 마산청년동맹 제2회 임시대회,[69] 마산청년동맹 3주년 기념식이 독립교회당에서 열렸으며,[70] 신간회 마산지회 제3회 정기대회,[71] 마산청년동맹이 주최하고 신간 마산지회, 근우 마산지회가 후원한 하기위생강연회(夏期衛生講演會) 등이 독립교회당에서 성황리에 개최되었다.[72] 이외에도 경북지역에 발생한 기근 구제를 위한 마산소년동맹 주최의 경북기근소년구제대연예회(慶北飢饉少年救濟大演藝會),[73] 마산 경북기근구제회에서 개최한 자선음악회 등이 독립교회당에서 열리기도 했다.

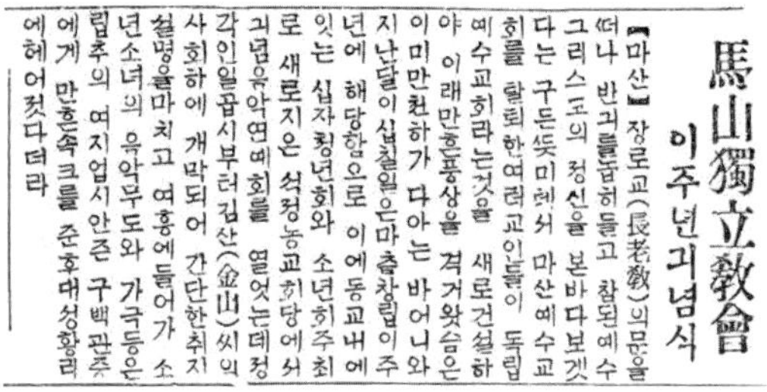

馬山獨立敎會 이주년긔념식

【마산】장로교(長老敎)의문을떠나 반긔를놉히들고 참된예수그리스도의 정신을 본바다보겟다는 구든뜻미헤서 마산예수교회를 탈퇴한여러교인들이 독립예수교회라는것을 새로건설하야 이래만흔풍상을 격거왓슴은이미만천하가 다아는 바어니와지난달이십칠일은마츰창립이주년에 해당함으로 이에동교내에잇는 십자청년회와 소년회주최로 새로지은 석정농교회당에서긔념음악연예회를 열엇는데정각인일곱시부터김산(金山)씨의사회하에 개막되어 간단한취지설명을마치고 여흥에들어가 소년소녀의 음악무도와 가극등은립추의 여지업시안즌 구백관중에게 만흔속크를 준후대성황리에헤어젓다더라

그림 9 동아일보 1929년12월 2일

『동아일보』는 독립마산예수교회 2주년 기념식 기사에서 "장로교의 문을 떠나 반기를 높이 들고 참된 예수 그리스도의 정신을 본받아 보겠다는 굳은 뜻 밑에서 마산예수교회를 탈퇴한 여러 교인들이 독립예수교회라는 것을 새로 건설하여 많은 풍상을 겪어 왔음은 이미 만천하가 다 아는 바"이며, 창립 2주년을 맞아 십자청년회와 소년회 주최로 창립 기념 음악연예회를 개최하였는데, 소년·소녀의 음악, 무도(舞蹈)와 가극 등은 입추의 여지없이 자리한 900여 관중에게 많은 쇼크를 주었다고 보도하였다.[74]

마산지역의 원로 언론인 김형윤[75]은 "마산문창장로회에서 벗어 나온 교인 일단이 신앙의 자유와 자활적 정신에 입각하여 모든 교파를 초월하고 그리스트에게로, 인위적 조직과 제도를 떠나 성서 중심으로 돌아가자는 이념을 내어 걸고 독립 마산예수교회를 창설"했으며, 당시 "교인 총수(總數)는 손덕우 장로를 비롯하여 남녀 200여 명, 초대 교역자

로서 김산 목사(중국 남경 금릉대학 출신)를 추대"하였고, 1928년 11월 27일 헌당식을 거행했으며, "1929년 4월 5일 예배당 뒤 대지 54평을 추가 매수하고 교회 부대사업으로 중앙유아원을 신설, 보모 김현경 씨를 초빙하여 많은 어린이를 기독교 정신으로 보육"했다고 소개하는 등 독립마산예수교회는 마산 지역사회로부터 높은 평가를 받았다.[76)]

강성갑은 이러한 분규과정을 거쳐 설립된 평신도 중심의 민중 지향적 교회라는 독립마산예수교회의 설립취지에 적극적으로 공감하여 독립마산예수교회의 교인이 되었으며 교회당 건축 등 교회 활동에 적극적으로 참여했다. 강성갑은 독립마산예수교회에서의 신앙생활을 통해 기독교 신앙과 교회의 역할 등에 대한 자신의 가치관을 정립하게 되었으며, 마산지역의 민족지도자였던 손덕우와 김산 등으로부터 깊은 영향을 받았다.

제2장

식민지 조선 농촌의 현실을 목격하다

제2장 식민지 조선 농촌의 현실을 목격하다

01. 장유금융조합에 다니면서 농촌운동에 참여하다

마산상업학교를 졸업한 강성갑은 일본으로 건너가 빗, 양말 등을 팔거나 노동으로 생계를 꾸려가며 약 1년 6개월 정도 학업을 이어가기 위해 노력했으나 결국 뜻을 이루지 못하고 돌아와서,[1] 1931년 9월 1일부터 경상남도 의령군 지정면사무소에서 근무하였다. 1932년 1월 5일 지정면사무소를 그만 둔 강성갑은 경상남도 김해군 장유금융조합에 취직하여 1932년 1월 7일부터 1937년 2월 2일까지 약 5년동안 근무하였다.[2]

장유금융조합은 1930년 김해군 장유면 무계리에 김해금융조합 장유출장소로 설치되었다가 장유지소로 승격되었고, 1931년 11월 장유금융조합으로 독립한 것이다. 장유금융조합 설립을 위하여 1931년 11월 5일 장유금융조합 창립준비 상담회를 개최하였고, 금융조합원 50명을 선발하여 조합장과 감사 선거를 실시하였다.[3] 선거 결과 초대 조합장으로는 초대 장유면장 출신인 배상진이 선출되었으며, 실무를 총괄하는 이사로 일본인 후쿠다 도시스케(福田利助)가 임명되었다.[4] 1937년에 발

그림 1 강성갑의 자취기념
(1932년 6월 4일)

간된 『조선금융조합과 인물(朝鮮金融組合と人物)』의 장유금융조합 소개란에는 장유금융조합 직원으로 강성갑의 이름이 기록되어 있으며, 조합장은 윤대룡, 이사는 쿠리바야시 미츠오(栗林光雄)였다.[5]

조선인을 위한 변변한 직장이 없던 일제 강점기에 금융조합은 많은 사람들이 선망하던 좋은 직장이었으며 직원들에 대한 대우도 좋았다. 당시 금융조합 직원들은 "위에서 사무를 통괄하는 정부 임명의 이사는 상당한 급료를 받으며, 그 밑에 있는 부이사, 서기도 관리 이상의 대우"를 받았다.[6] 일부 이사들의 비뚤어진 우월의식은 대단하였으며, 이러한 우월의식과 전횡은 서기들도 마찬가지여서 당시 조합 직원들은 '조합 영감'들이라는 비난을 받기도 했다.[7]

더욱이 지방 금융조합에는 금융조합의 간부만 되면 조합원을 초개(草介)가티 대함은 물론이어니와 미말(微末) 서기, 용원의 직을 가진 자라도 창구에 온 조합원에 대하야 『저리가!』『싯그러워!』하는 것을 상투어로 한즉 이야말로 현대 자본제도하의 채권자의 권능을 여실히 표현한다. 소위 대합실이란데는 의자 한개 변변한 것이 업고 종일 기다리는 조합원에 대하야 직원 영감들이 『가만잇서!』『좀더 기다려!』하는 호령으로 짜증만 내이며 안에서는 잡담만 하니 대체 이 직원 영감들은 누구의 사용인으로 누구의 사무를 보아주기에 이와 가티 건방진지 알 수가 업다.[8]

강성갑이 장유금융조합에서 어떤 역할을 했는지 분명하게 확인할 수 없으나, 조선금융조합연합회 조사과에서 편집하여 매년 발간한 『금융조합 통계연보』를 참고하여 정리한 장유금융조합의 현황[9]과 금융조합과 관련된 언론 보도를 통해 간접적으로 살펴볼 수 있다. 먼저 1930년대의 금융조합 관련 언론 보도로 쉽게 찾아 볼 수 있는 것은, 당시 농민의 어려움을 확인시켜 주는 금융조합원의 부채와 관련한 기사이다.[10] 언론 보도에 의하면 1932년 2월 진영금융조합 조합원 1인에 대한 평균 대부액은 136원이라는 엄청난 금액이었으며,[11] 1933년에도 줄어들지 않은 136원이었다.[12] 장유금융

그림 2 동아일보 1932년 6월 11일

조합의 조합원 1인당 평균 대부액은 1933년에 130원으로 진영금융조합과 비슷한 수준의 높은 금액이었고, 1934년에는 133원, 1935년에는 139원으로 증가하였으나 금융조합의 채권회수는 쉽지 않았다. 김해읍 금융조합은 채권회수를 위해 경매를 실시하였고,[13] 황주군 귀낙면 덕우금융조합의 경우에는 무리한 채무상환 독촉으로 인해 조합원들의 원성이 높았다.

조합원에게 대하야 채무를 속히 환상하라는 의미하에 지불명령(支拂命令)으로 독촉하는 일방 부동산(不動産)을 차압하야 경매수속까지 하얏다한다. 일반 조합원간의 말을 들으면 농촌경제가 극도에 달할 이때

에 이런 가혹한 수속을 할줄은 꿈에도 생각지 아니하얏다하며 농촌으로써 지금이 제일 곤난한 시긔인 것은 조합당국에서도 자세히 알것이며 또는 지금 정부에서도 농촌구제를 하기위하야 현재 대부금(貸付金)에 대하여도 3년간 지불유예를 주어야되겟다는 말이 잇는 이때에 채무상환연긔는 못해주나마 도리여 이러한 가혹한 수단으로 독촉함은 금융조합 자체로써 본의에 어그러진일이라 한다. 동조합원 전부가 탈퇴할 모양이라 한다.[14]

금융조합은 채무회수를 위해 아직 논에서 자라고 있는 벼를 대상으로 하는 입도차압(立稻差押)에 나섰다. 『동아일보』는 김해 지역의 입도차압 현황을 보도하면서 '채귀(債鬼)'들이 날뛰고 있다고 지적하였다.

경남 김해군(慶南 金海郡)에는 추수기를 목표로 각 채권자들은 서로 다토아 농촌에 지불명령을 나날이 발송하며 립도차압도 발서 수백통에 달한다는 바 당지 우편소에서 취급한 지난 4월로부터 9월까지 6개월간 통계가 실로 3천4백건에 달하며 9월중에만 8백12건이며 당지 금융조합에서 추수물 집행을 목표로 발서 발송한 지불명령이 3백30여통에 달한다하니 농촌구제를 부르짓는 오늘날 농촌에서 채귀들의 날뛰는 것이 실로 전긔사실로 증명된다 한다.[15]

채귀(債鬼)로 불리우며 농민들의 원성을 사던 금융조합은 습격을 받기도 했다. 공산운동 자금조달을 위하여 은행과 금융조합을 습격하고자 했던 평양 권총사건이 발생했으며,[16] 의주금융조합을 습격하여 거금을 강탈한 사건도 있었다.[17]

1931년 마산상업학교를 졸업하고 함안금융조합에 취직했던 아동문학가 이원수는 대부금 이자를 받으러 다녔던 금융조합 재직시절, 가난한 농민들의 아픔을 기억하였다.

    처음 취직을 경남 함안의 금융조합에 한 나는 거기서 농민들의 생활을 직시하고 제하(帝下)의 농민의 빈궁상(貧窮相)에 마음 아픔을 근할 수 없었다. 춘궁(春窮)에 대부금 이자를 받으러 가는 일이 많았다. 여항산 높은 재를 넘어 산골 마을에 가면 그 궁해 빠진 사람들의 모습들이 내 가슴을 아프게 했었다. 여항산의 높은 고갯길을 오르면 먼 산줄기에서 붙어오는 솔바람 소리가 비가(悲歌)처럼 들리고, 고개 너머 산골짝에 까마득히 게딱지같은 집들이 보인다. 낮닭우는 소리가 들린다. 이 산을 넘어다니며, 나는 농촌아이들의 노래를 생각했었다. 나는 그런 농촌 아동들을 위해 즐겁고 유쾌한 시를 써서 그들을 기쁘게 해 줄 마음을 먹지 못했다. 그들과 같이 슬퍼하고 괴로워 하는 것이 그들을 위해 바른 일이라 생각했던 것이다.[18]

해방 이후 농림부 차관을 역임했던 강정택은 1933년에 쓴 동경제국대학 농학부 졸업논문 「금융조합에 대하여(金融組合に就いて)」에서 당시 조선의 금융조합을 "한마디로 금융조합은 형식적으로 신용조합으로서의 조직을 구비하고 있으면서 그 조직은 아무런 역할도 하지 않는 장식품"이며,[19] 조합원의 구성은 다분히 지주적이며 소유자 중심의 구조이므로 "조선농가의 약 절반을 차지하는 소작농과 궁농(窮農), 법정지가 소유 100엔 이하인 67.1% 연소득 400엔 이하인 75.2%의 소농·빈농(小農·貧農)은 금융조합을 가장 절실히 필요로 하는 입장이면서도 신용의 물적 기초가 없기 때문에 조합으로부터 배제"되어 아무런 도움을 받지 못하고 있는 금융조합의 본질적인 한계를 지적하였다.[20] 이러한 조합원 구성의 문제를 일부 인

정한 금융조합협회가 하층계급에 조합원의 문호를 개방하고자 시도했으나, 1931년에 소득 하층 조합원의 비율이 급증한 것은 금융조합의 가입자 증가 운동의 결과가 아니라 오히려 사회계층의 하락으로 인한 것이었다.[21]

금융조합의 설립 목적 자체가 지주층과 독점자본에 기반하여 일본 자본주의의 이해관계를 실현하겠다는 계급적이고 반민족적인 성격을 내포하는 것이었으며,[22] 설립 의도 또한 "지주제를 유지하고 그것을 근대적으로 제도화하면서 사회혁명세력으로 커가는 농민층의 불안정성을 일정하게 완화시켜 지배체제를 유지하기 위한 방법"에 불과하였다.[23] 따라서 금융조합은 일제의 관치조직이라는 본질적인 한계를 갖고 있었다.

근대적 조직은 개인주의 의식의 토대 위에서 만들어져야 한다는 것은 말할 것도 없다. 이미 행정적인 목적에서 엉뚱한 기반 위에 조합을 건립하고, 농민의 현실을 변화시켰다면 그 정신 훈련과 의식개발은 당연히 금융조합의 임무이어야 한다. 그런데 조합은 이것을 하지 않았고 또 할 능력도 없었다. 그렇다. 조합의 취지 선전은 입으로 붓으로 수십만 번이나 했다. 그것은 비용의 낭비일 뿐이다. 구체적인 사실과 이익에 맞추어 조합원을 이끌고, 조합은 조합원의 것이라는 사실을 실증적으로 보여야 한다. 성인에게 실제적인 교육을 실시하지 않으면 안 된다. 그러나 조합에서는 이런 일들을 하지 않았고, 또 그러한 조직이기 때문에 할 수도 없었다. 가령 지금의 조직으로는 이러한 일들을 할 수 있었다고 해도 그 효과는 의심스럽다. 조합과 조합원과의 융합을 저지하는 커다란 장벽이 양자 사이에 놓여 있기 때문이다. 그것은 앞에서 말한 관치조직이다. 농민은 항상 행정관청에 대해 두려움과 반감과 의심을 가지고 있다. 정도의 차이는 있지만 조합에 대해서도 같은 감정

을 가지고 있다. 그 감정을 농민에게서 제거하지 않고는 진정한 조합
이 될 수 없다.[24)]

일제는 소작문제를 경제·사회문제일 뿐만 아니라 정치문제 곧 민족문
제로서 중대하고 심각하게 발전될 소지가 크다고 인식했으며, 특히 농민
의 8할을 차지한 소작농민의 생활 안정이야말로 내선융화 실현의 일차적
관건으로 간주하기도 했다. 또한 만주 침략을 통해 식량 공급지의 역할이
만주로 떠넘겨지고 식민지 조선에서는 일본 자본주의 분업구조에 적합한
식민지 공업화가 추진됨에 따라, 종전의 지주 위주의 정책을 수정하고 지
주와 농민의 융화를 통한 식민지 체제의 안정을 도모하기도 하였다.[25)]

이러한 배경에서 총독부는 자작농지(自作農地) 설정 사업을 시작하였다.
소수 설정농가의 성장 본보기를 제시하는 것을 통해 일제의 식민농정을
충실히 따르기만 하면 누구나 잘 살 수 있다는 정치적 선전효과를 노린
것이었으나, 농촌갱생의 모범을 보이는 데에는 실패했다.[26)] 강정택은 이러
한 자작농지 설정 사업 등 일제의 농촌진흥운동이 자력갱생을 표방하고
있지만 그것은 전혀 방향을 못 잡고 있음을 분명하게 지적하였다. 강정택
은 "자력갱생의 참뜻은 형식본위와 관방주의로 이루어진 하급행정관청의
간섭과 강제에 있는 것이 아니라 협동조합이 중심이 되어 밑에서부터 타
오르는 자치적인 부활운동"이어야 하므로, "당국에서 진정으로 농촌의 자
력갱생을 원한다면 금융조합의 조직을 전적으로 개혁해서 이것을 농촌자
치의 중심기관"으로 만들어야 한다고 대안을 제시하였다.[27)]

1930년대 이후 관제 농촌운동의 결과로 금융조합의 조합원은 늘었지
만, 조합원들의 금융조합에 대한 인식은 여전히 가까이 할 수 없는 존재
라는 것이었다. 그것은 금융조합이 신용조합이라는 형태를 갖추고는 있
지만, 실제 경영방침으로 보면 소규모의 은행이라 할 수 있어 조합원의

뜻대로 조합의 사업이 진행되지 못하였고, 조합원들이 금융조합을 당국 또는 조합 이사들의 기관으로 받아 들였기 때문이다. 그 결과 금융조합은 조합원에 대해 고리대금의 채권자였고, 조합원은 금융조합에 대해 머리를 조아리고 허리를 굽히는(低頭鞠躬) 존재에 불과했다.[28] 『조선일보』는 사설 「금융조합과 민중」에서 금융조합의 위상을 "그 업적은 조선은행, 식산은행에 버금가고 보통은행의 전부를 합한 것보다 많은 조선 제 3위의 금융기관"이므로, 그 위상과 목적에 걸맞게 조합원 본위로 운영할 것을 요구하였다.[29] 또 「금융조합과 서민」이라는 제목의 논설에서 조합은 협동부조의 정신이 없고 관료적 지배정신만 충만함으로 조합원간의 상호부조의 기관이 되어야 함을 강력하게 주장하였다.[30]

그림 3 금융조합 재직중의 강성갑과 가족

강성갑은 장유금융조합에 근무하면서 조선 농촌과 농민의 참상을 직접 목격하였으며, 호구지책(糊口之策)이었을지라도 자신 또한 농촌의 참상에 일정 정도의 역할을 하게 되었다. 강성갑은 이러한 장유금융조합에서의 경험을 통해 무엇보다 식민지 조선 농촌의 현실을 직접 체득하였고, 농민에 대한 죄책감과 동시에 책임감을 느끼고 기독교 농촌운동에 참여하였다. 강성갑은 장유면 무계리교회[31]에서 김희도[32] 등 동지들과 함께 청년회 활동에 앞장섰다. 증언에 의하면 강성갑은 "박봉을 털어 처를 서울 경성보육학교에 보내고 또 동생도 일본 경도제국대학 공학부에 보내고 있었으니,[33] 자신의 생활은 그야말로 어려운 경지에 처해 있으면서도 밤에는 야간학교를 개설하여 우리 말과 글을 가르쳤다"고 한다.[34] 해방 후 이루어진 강성갑의 실천을 좀 더 깊이 이해하기 위해서는 강성갑의 눈 앞에 펼쳐졌던 1930년대 식민지 조선 농촌의 침혹한 현실과 그러한 농촌 의 어려운 상황을 타개하고자 이루어졌던 기독교계의 농촌운동에 대한 이 해가 필요하다.

02. 식민지 조선 농촌의 현실

1930년대 식민지 조선 농촌의 가장 큰 문제는 소작 문제(小作問題)였다. 일제는 1922년부터 소작 문제를 '농촌사회의 문제이자 농정을 초월한 문 제'로 인식하기 시작했으며, 지주들 또한 이때부터 일상화된 농민운동에 위기의식을 느끼고 지주(地主) 단체를 조직하였고 총독부에 대책을 요구 하기 시작하였다.[35] 특히 1930년대 초에 불어 닥친 대공황과 농업공황은 농촌경제에 큰 타격을 주었다. 대공황과 농업공황의 여파로 농산물가(農 産物價)의 폭락, 특히 쌀 가격의 하락으로 농가 경제의 타격은 심각했다. 농산물가는 하락했으나 일제 총독부의 재정적 수탈과 각종 명목의 공과 금 징수는 오히려 가중되었다. 지주계급은 농산물 가격하락에 따른 손실 을 메우기 위해 농사 과정에 대한 개입을 강화하는 등 지주경영을 강화하 였고, 소작권 몰수를 무기로 삼아 소작 농민에게 노동력 투입 증대와 판 매하는 비료의 사용을 강요하였다. 지주계급은 소작 농민 사이의 치열한 차지(借地)경쟁을 이용하여 소작료를 인상하였으며, 소작료를 체납한 소 작민의 소작권을 가혹하게 박탈하였다. 특히 일본인 지주들은 공황 타개 책의 일환으로 위탁경작제(委託耕作制)라는 새로운 농업경영양식을 도입했

고, 대공황을 기회로 삼아 토지의 매수에 열을 올렸다.[36]

　일본인 지주들에게 토지를 빼앗기며 몰락해 가고 있는 조선인들의 상황을 『동아일보』는 전북 김제지역의 사례를 들어 자세히 보도하였다.

　　전 조선에서 삼남이 제 일이요 삼남에서도 김제(金堤)평야라면 인후지(咽喉地)라고 할만한 농업창고(農業倉庫)인대 축년하야 조선인의 소유지가 일본인의 소유로 점화(漸化)된다는데 (중략) 일본인 소유가 4할 조선인 소유가 6할로 2할이 만타하나, 조선인 토지는 동척회사(東拓會社), 식산은행(殖産銀行), 금융조합(金融組合), 기타 일본인 부호에게 1번 2번으로 저당되어 불원한 장내에 일본의 소유로 넘어갈 것이 만흔 현상이라는데, 작년 재작년 한해와 전무후무한 곡가폭락에 년부금(年負金)을 정리치 못하는 점으로 보아서 조선인의 참상은 날로 심하야 대지주는 소지주, 자작은 소작으로 전환되어, 소작인수만 날로 증가된다는데(이하 생략).[37]

　당시 조선 농가의 현실을 실증적으로 조사했던 강정택은 조선농회의 농가경제조사를 참고로 하여 1931년 당시 농촌의 경제사정을 다음 표와 같이 정리하였다. 강정택은 조사대상 농가의 경지면적이 평균 1.97정보로 조선 농가의 평균경지 면적 1.11정보에 비해 두 배에 가까울 뿐만 아니라, 양잠을 겸하고 있고 수리조합세 부담도 없는 당시 조선에서 가장 우량하고 안정된 농가임에도 상황이 이렇게 어렵다면, 보통농가의 참상은 말할 필요가 없다고 지적하였다.[38]

〈1931년 전남 나주군 나주면의 농가소득과 가계비 비교 (단위: 엔)〉

구 분	농가소득	가계비	차액 과부족	농가외 순소득	차액
자작	443.79	543.79	△100.00	35.64	△64.36
자소작	405.91	484.86	△78.94	78.59	△0.35
소작	332.55	434.55	△102.00	69.20	△32.80
평균	394.09	487.73	△93.65	59.91	△33.74

출전: 강정택, 박동성·이문원 역, 『식민지 조선의 농촌사회와 농업경제』, YBM Si-sa, 2008, 130.

『동아일보』는 "미증유의 미가(米價)폭락은 쌀을 지어먹고 사는 조선 농민의 사활문제다. 조선 농민은 이 쌀갑의 폭락으로 어떤 생활을 하고 잇는가 손을 묵고 그대로 안저만 잇는가 그래도 살길을 찾기 위하야 무슨 대책을 강구하고 잇는가."라는 문제 의식을 가지고 각 지역 농민의 실정을 조사하고 대책을 강구하였다.[39] 기사에서 소개하고 있는 각 지역의 상황을 제목을 통해 살펴보면, 선천 경제학사 송의정은 '저리자금은 부자의 소용(所用), 쌀의 정부 매상이 필요'하며, 춘천지국에서는 '소작 몰락은 필연의 형세', 목포지국에서는 '수확 전부가 채무도 부족', 개성의 임한선은 '곡가(穀價)수입으론 흉년을 난면(難免) 지주나 작인이 모다 곤난', 강계지국에서는 '천혜의 농원에도 애성(哀聲)이 창일(漲溢)' 등이었다. 이어진 「미가폭락과 농촌실정(2)」 기사의 제목은 평양지국의 '숫자가 증명하는 소농의 파멸 아모러케 해도 속수무책', 울산지국의 '곡가(穀價)타격은 각반(各般)에 파급', 강릉지국의 '중농계급의 몰락이 급격', 사리원 지국의 '농채(農債)에 몰려 남북에 유리(流離) 새로지는 빗이 평균 백원' 등이었으며, 이러한 제목만으로도 당시 식민지 조선 농촌의 참상을 확인할 수 있다.[40]

이러한 상황에서 대부분의 농가는 빚더미의 구렁텅이로 더 깊이 빠져들어갔다. 주로 상층농가를 대상으로 한 농가경제조사에 따르더라도, 1930년 현재 경기, 전남, 경남 지방 대다수 농가의 수지는 적자 상태였고,

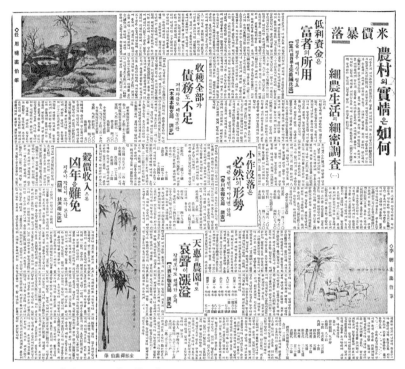

그림 4 동아일보 1931년 1월 1일

1929년 현재 자소작농, 소작농을 대상으로 한 조사에 의하면 부채농가는 조사대상 농가의 75%였으며, 충남, 전북, 경남지방은 82~85%의 높은 비율을 보였다. 1930년 현재 전체 농가의 절반가량, 소작농가의 70%가량이 춘궁(春窮)농가였다. 그리하여 농민 중에 전업하는 자가 속출하였고 특히 농업실패로 전업하는 농민의 수가 급증하였으며, 지주들이 공황에 따른 피해를 최소화하기 위하여 그 손실을 여러 가지 방법으로 전가하였기 때문에 자소작, 소작 농민층의 경제사정은 더욱 악화되었다.[41] 『동아일보』는 「전조선의 농업부채 총 경지가의 약 6할 여실한 조선 농촌의 파멸상, 물경! 5억원을 돌파」라는 제목의 기사에서, 농촌의 부채를 추계해 보면 전

경지가격의 6할에 달하는 등 "조선의 농촌은 파멸과정에 잇다고 하나 실상은 벌서 파멸되엇다고 하야도 과언이 아니니 완전히 농촌은 '마이너스' 생활을 하고 잇다."고 보도하였다.[42]

강성갑의 주된 활동 지역이었던 김해 지역은 이러한 식민지 조선 농촌의 모순이 더욱 극대화되어 나타난 지역이었다. 김해 지역은 부산에 인접한 낙동강 유역의 비옥한 평야 지대로 낙동강 수운을 이용하여 편리하게 접근할 수 있다는 지리적 장점 때문에 일본인 대지주에 의한 토지 점탈의 집중적 대상이 되었다. 일제의 토지조사사업의 결과로 조선인으로부터 몰수한 토지를 일본인에게 염가로 불하하는 것에 편승하여 수많은 일본인 농장이 설치되었다. 이러한 일본인 농장의 대표적인 사례가 진영을 중심으로 인근 창원군 동면과 대산면에까지 이르렀던 하자마 농장(迫間農場)이다. 특히 하자마 농장에서는 1929년부터 1932년까지 무려 3년 동안 치열한 소작쟁의가 일어나 전 조선의 주목을 받았다. 『동아일보』는 하자마 농장의 소작쟁의를 자세하게 보도하였을 뿐만 아니라,[43] 특파원을 파견하여 실지조사를 통해 5회에 걸쳐 하자마 농장의 소작쟁의에 대한 분석 기사를 싣기도 하였다.[44]

김해 지역 농민들의 현황을 좀더 자세하게 살펴보면, 1930년 장유의 인구는 조선인 1,591호 8,709명, 일본인 22호 97명이었으며, 농업경영 형태는 자소작농과 소작농을 합치면 농가 1,572호 중 1,482호로 소작인 비율은 94%에 달하였다. 진영의 인구는 조선인 1,961호 9,909명, 일본인 128호 541명이었고, 농업경영 형태는 자소작과 소작농을 합치면 농가 1,475호 중 1,429호로 소작인 비율은 무려 96.8%에 달하였다.[45] 장유와 진영은 소작농의 비율이 김해 지역의 다른 곳에 비해 높지만, 지주의 숫자는 상대적으로 적다. 이러한 사실은 장유와 진영지역이 소수의 대지주들과 다수의 소작농 사이의 모순과 갈등이 인구가 비슷한 김해 지역의 타 읍면지역

보다 훨씬 더 심각하다는 것을 의미하지만, 장유는 하자마 농장 쟁의가 일어난 진영과는 달리 대지주가 조선인이라는 점에서 토지를 둘러싼 민족모순은 상대적으로 덜했다.[46]

농민들의 어려운 사정은 김해 지역도 예외가 아니었다. 1931년 김해 지역의 요구급민(要救急民) 현황을 통해 농민의 어려운 사정을 확인할 수 있다. 요구급민은 '말 그대로 초근목피로 연명하는' 즉 구호가 시급한 사람들로 장유는 36호 295명, 진영은 105호 470명이었다. 이들은 자작이나 소작 수입, 혹은 노동 수입으로 능히 생활을 유지할 수 없는 자, 노동능력이 있음에도 불구하고 직업을 잃은 자, 천재지변에 의하여 생로(生路)를 잃은 자 등으로 한마디로 말해서 일제 식민통치로 인해 토지로부터 쫓겨나 생존의 위협에 시달리는 사람들이었다.[47]

그림 5 동아일보 1932년 9월 10일

03. 1930년대 기독교 농촌운동

기독교 농촌운동과 덴마크 그룬트비

1930년대 이후의 농민운동의 특징을 일반적으로 농민조합의 빈농 주체화(貧農主體化)와 소작쟁의의 혁명적 전개, 그리고 농민운동의 민족해방 운동적 성격의 고조로 설명한다.[48] 1920년대의 농민운동이 주로 경제권익 투쟁을 중심으로 일어난 것에 비해, 1930년대의 혁명적 농민조합운동은 소작료 및 각종 공과금을 불납(不納)하거나 고리대(高利貸) 상환을 거부하는 등 식민지 수탈 경제체제에 도전하였고 나아가 식민 수탈기관을 습격·파괴하거나 각종 기념일 투쟁, 구속동지 탈환투쟁 등 폭력적이며 혁명적인 투쟁을 펼쳤다.[49] 이러한 혁명적 농민조합 운동은, 농민의 경제적 이익을 옹호하는 운동 뿐만 아니라 사회주의자들의 혁명적 지도 아래 토지혁명을 비롯한 민족혁명의 주요한 과제를 해결하려는 것이었다.

혁명적 농민조합 운동은 당국의 철저한 탄압과 여러 장애요인에도 불구하고 활발하게 이루어져, 1930년대 전국 220개 군·도 가운데 80개 정도의 지역에서 조직화를 이루었다. 김해 지역의 경우 혁명적 농민조합운동은 경남적색농민조합건설 동부위원회가 군 단위 조직사업의 하나로 시도한 것으로, 1931년 10월 28일 김해농민연맹이 농민조합으로 개편되었다. 김해농민조합은 군내 모든 면·동리에 하부 조직을 두었으며 조합원 수가 1932년 4월경에는 2,000여 명으로 증가하여, 조합원 수로는 경남지역의 최대 규모였다.[50] 김해농민조합의 구체적인 활동 내용은 확인할 수 없으나 하자마 농장 소작쟁의에 일정한 역할을 수행한 것으로 알려져 있다.[51]

이와 동시에 민족주의 운동 계열의 농민운동 또한 활발히 전개되었다. 민족주의 운동계열의 농민운동으로는 조선농민사, 기독교계의 농촌운동과 『동아일보』·『조선일보』 등이 주도한 농촌계몽운동, 협동조합사가 추진한 협동조합운동 등이 있었다. 이들은 농촌진흥을 구호로 내걸었고, '농촌을 구하면 조선은 있고 농촌을 못 구하면 조선은 없다.'고 외쳤다.[52]

1930년대 전후 기독교의 농촌운동은 농촌경제가 악화되어 농촌교회가 피폐해짐에 따라 시작된 것이었다.[53] 기독교 민족주의자들이 주도했던 기독교청년회(YMCA)는 사회주의자들의 농민운동과 반기독교운동, 그리고 민족주의자들의 실력양성운동 등에 영향을 받아 농촌사업에 착수하였고, 장로교, 감리교 등 기독교 교단들은 농촌교회의 피폐로 말미암아 1925년부터 크게 감소되기 시작한 교세를 회복하기 위해서 농촌운동을 시작하였다.[54]

기독교 농촌운동에 큰 영향을 끼친 것은 1928년 예루살렘에서 개최된 국제선교협의회 및 교회 지도자들의 덴마크 시찰이었다. 예루살렘 국제선교협의회는 1928년 3월 24일부터 4월 8일 부활 주일까지 있었으며, 조선대표로 신흥우, 김활란 등 6명이 참석했다.[55] 이들은 선교협의회에서 큰 영향을 받았고 『기독신보』, 『청년』 등의 기독교 언론매체에 선교협의회에 대한 글을 발표하고 강연을 하는 등, 기독교가 농촌운동에 적극 참여할 수 있도록 분위기를 조성하였다. 조선대표단장으로 참가한 양주삼은 『기독신보』에 「예루살렘 회의의 특색」이란 글을 발표하고, 예루살렘 회의에서 "선교사업에 농촌과 농민을 중요시하여야 되겠는 것"을 강조했음을 밝혔다.[56] 김활란은 『청년』 1928년 11월호에 「예루살렘 대회와 금후 기독교」라는 글을 기고하고, 이 대회는 "기독교가 인생에 대한 독특한 사명이 무엇이냐? 선교국과 피선교국간에 관계는 엇더케하랴? 현존한 산업문제, 인종문제, 농촌문제에 대하여는 기독교가 엇더한 태도를 취할 것이냐? 종교교육은 엇지하랴?"는 등의 주제를 놓고 토의하고 결의문을 작성하였으며, 농촌문제에 대하여는 "세계에 전인구 2/3가 농민인 이상 그 다수를 본위로 삼은 농촌교육 순서가 필요한 것을 절실히 늣기고 모든 교회기관은 문제해결을 위하야 노력하라는 제의"가 있었다고 소개하였다.[57]

이들은 예루살렘 선교협의회를 전후하여 덴마크를 방문하고 덴마크의 현황을 살펴보았다. 홍병선은 "불행중에 잇는 농촌의 친구들을 이르켜서 그 생활, 그 문화, 그 정신을 향상식히는 것이 우리 조선을 위하야 하는 사업중 제일사업이 아닌가. 그럿타. 우리 농촌이 언제나 격양가(擊壤歌)를 부르게 될때가 올가. 우리가 힘쓰고 하면 올 것이다."는 각오를 새롭게 하며 덴마크로 떠났다.[58] 홍병선은 덴마크를 방문하고 돌아와, 보고 느낀 것을 정리하여『정말(丁抹)과 정말 농민』을 출간하였으며, 양주삼 또한 국제선교협의회를 마친 후 덴마크를 방문하고 돌아와『농민의 낙원인 정말』이란 책을 출간하였다.

기독교계는 덴마크의 농업국가 성장을 우리 조선 농촌의 성공 모델로 삼고, 덴마크와 그룬트비를 배우고 따라야 할 존재로 널리 알리는데 앞장섰으며,[59] 언론·출판을 통한 농민계몽운동을 벌였다. 『기독신보』는 농촌운동에 관한 사설과 기고를 자주 실어 분위기를 고조시켰고, 1928년 10월부터 농촌난을 신설하여 농업기술과 농촌경제에 대한 전문가의 글을 연재하였다. 하지만『기독신보』의 농촌난에는 농촌운동의 방향을 다룬 글들은 있으나, 총독부의 농업정책을 비판하거나 소작문제에 관심을 가진 글은 찾아 볼 수 없다.[60] YMCA의『청년』또한 1928년 11월부터 농촌난을 설치하였고, 이외에도 농촌운동을 보다 효과적으로 전개하기 위하여 1929년 2월 YMCA에서는『농촌청년』을, 5월 장로교회에서는『농민생활』이라는 농민을 위한 전문잡지를 발간하였으며, 배민수 등 장로교 농촌부 임원들은『농촌통신』을 발간하였다.[61]

당시의 기독교 지식인들은 농촌운동에 적극적으로 참여했다. 전국 각지의 주요 집회에 강사로 참석하는 등 농촌운동에 적극적으로 참여하였던 백낙준은 당시의 교회에서 전개한 기독교 농촌운동을 농촌계몽운동, 농민의 생산증가 등을 위한 협동조합 운동, 잡지와 서적 간행 등 세 가지 유형으로 정리하였다. 백낙준은 이러한 기독교 농촌운동의 성격을 일제에 맞서던 민족주의 활동임과 동시에 사회주의 등 좌익운동에 대항하여 이루어졌다고 회고하였다.

이때 기독교회로서 취한 운동은, 대내적으로 우리 인구의 대부분을 차지하는 농민에게 교회의 세력을 널리 펴려는 운동으로서 세 가지 형태로 나뉘어 있었다.

하나는 농촌계몽운동이었다. 이 운동은 주일학교 확장운동으로서 취학의 기회를 가지지 못한 농촌 청소년들에게 교육을 보급시키는 일이었다. 다른 하나는, 농촌운동으로 농민들의 생산의 증가, 소비의 합리화, 조합의 조직, 위생생활의 장려 등으로 나타났다. 또 한가지는, 이러한 사업을 지원하는 데 필요한 문헌의 공급으로 잡지와 서적의 간행이었다. 주일학교운동은 당시 동아일보가 주동하여 하기방학에 귀향하는 학생들로 하여금 계몽사업에 종사하도록 일으켰던 소위 '브나로드'운동의 일환이요, 농촌사업은 왜정(倭政)이 추진하던 소위 '자력갱생'과 맞서던 민족주의의 활동인 동시에, 또한 좌익사상의 파괴공작을 상대하던 운동이었다. 기독교 문헌의 출판도 역시 총독부의 정책과 좌익운동의 상대로서 진행되었다.[62]

김활란 또한 농촌운동에 큰 관심을 갖고 있었다. 김활란은 1930년 컬럼비아대학 사범대학에 유학중일 때 자신의 가장 큰 관심은 우리나라의 농촌이었으며, 「조선의 부흥을 위한 농촌교육(Rural education for the re-generation of Korea)」이라는 제목의 논문을 제출하고 1931년 박사학위를 받았다. 김활란은 자신의 박사 논문에 대하여 "높은 이상과 투철한 이념은 아닐지라도 우리나라의 형편으로는 실제로 절박한 문제가 아닐 수 없었"기에, "결코 학문만을 위한, 이론을 펴기 위한 공부"는 아니었다고 회고하였다.

우리는 조상 대대로 농사에 의지하여 살아왔다. (중략) 그 농촌에 개혁을 가져오지 않는 한 우리의 앞날에 발전이 있을 것 같지 않았다. 덴마크의 농촌에 있는 고등학교를 구경할 때도 깊이 느낀 일이지만 우리나라의 농촌운동은 너무도 시급한 문제라고 생각하고 있었다. 나의 이 관심은 변함없는 진리였다. (중략) 한국 농촌의 새로운 운동에 적합한 교육은 어떤 것이며 그것을 어떻게 계획해야 하는가? 도시생활과 농촌생활의 그 현격한 차이를 어떻게 메꾸어 나갈 것인가? (중략) 나는 사범대학에서 고등교육과 농촌교육에 관한 과목을 선택했다. 논문도 그 두 가지를 연관시켜서 한국과 또 그와 비슷한 형편에 있는 여러 가지를 비교하는 것을 연구내용으로 삼았다.

　　논문 제목은 「한국의 부흥을 위한 농촌교육」이었다. 그것은 비록 높은 이상과 투철한 이념은 아닐지라도 우리나라의 형편으로는 실제로 절박한 문제가 아닐 수 없었다. 자랑은 아니다. 그러나 나의 학문 속에는 사랑과 성실이 있었다. 그것은 결코 학문만을 위한, 이론을 펴기 위한 공부는 아니었다. 가난한 조국의 정경, 그것을 눈물로 바라보기만 하고 주저앉아서는 안 된다는 생각이었다. 나의 이러한 관심은 많은 사람들에게 끊임없는 격려와 동정을 불러 일으켰다.[63]

농촌운동의 대안을 모색하다

강성갑은 장유금융조합에 다니면서 어려움을 겪던 농촌의 실상을 직접 체험하였고, 이를 극복하고자 대안을 모색하는 가운데 장유면 무계리교회에서의 청년회 활동을 통해 기독교 농촌운동에 참여하였으며 덴마크 그룬트비의 사상을 접하였다. 그러나 기독교 농촌운동은 일제가 1932년 7월부터 지배체제 안정을 목적으로 이른바 농촌진흥운동을 벌이기 시작하면서부터 차츰 막을 내리게 되었다. 일제의 농촌진흥운동은 내용적으로 YMCA의 농촌운동과 유사했을 뿐만 아니라, 일제는 YMCA의 농촌운동

그림 6 청년시절의 강성갑과 친구들

을 관제 농촌진흥운동으로 끌어들이고자 했으며, 결국 YMCA 농촌부는
1938년 2월 이른바 흥업구락부사건의 여파로 해체되었다. 장로교의 농촌
사업 또한 일제의 탄압 등으로 1937년 총회에서 농촌부 폐지를 결의하였
으며, 농촌운동에 참여하는 것이 교회의 본분이 아니라는 비판 등으로 말
미암아 결국 사회경제적 차원의 기독교 농촌운동은 사라졌다.[64]

　기독교 농촌운동에 대해 비록 소극적일지라도 항일(抗日)성격을 갖고 있
었음은 인정할 수 있을 것이다. 토지 및 소득의 공정한 분배라는 근본적
문제를 해결하기 위한 노력은 부족하였지만, 경제적 측면에서 농사개량,
부업장려, 협동조합 설립, 관련서적 출판 등 종합적이고 체계적인 활동을
전개하였다. 사회적 측면에서는 문맹퇴치와 농민계몽, 특히 여성계몽에 적
지 않은 성과를 올렸으며, 종교적 측면에서는 교회로 하여금 사회문제에
관심을 갖도록 하는 중요한 계기가 되었다고 평가한다.[65] 그러나 교회와

YMCA가 공적인 차원에서 전개한 기독교 농촌운동이 그 성격 자체에서 합법적 범위 내에서 이루어질 수밖에 없다는 성격을 인정하더라도, 기독교 농촌운동은 분명한 한계를 갖고 있었다. 소작농들의 정당한 요구인 소작 쟁의를 부정적으로 인식했을 뿐만 아니라, 토지 및 소득 분배의 개선을 위한 노력이 절대적으로 미흡하였다. 특히 교회가 농촌운동에 착수한 직접적 원인 가운데 교세 감소라는 측면이 있었던 만큼, 전개과정에서 적극성을 띠었을지라도 동기 자체에 이미 한계를 갖고 있었던 것이다.[66]

결국 기독교 농촌운동은 대체로 덴마크를 참고로 하여 신용조합과 국민고등학교 등의 제도를 배우고 실현하고자 하는 것이었다. 즉 예루살렘 선교협의회에서 농촌운동의 필요성과 중요성, 시급성을 인식하게 되었고 덴마크 농촌시찰을 통해 농촌운동의 구체적 모델을 발견한 것이었다.[67] 이러한 기독교 농촌운동을 한국 교회는, 토지문제나 소작문제의 직접해결을 위한 저항이나 투쟁보다 경제조직으로서 협동조합을 조직하여 내부적 역량을 도모하고 이를 통해 점차 농촌사회의 문제들을 해결해 가는 방식을 지향했던 것으로 이해하고 있다. 기독교 농촌운동을 소자본, 소생산자가 대자본, 대생산자에게 대항할 수 있는 '자주적' 조직으로서 협동조합을 건설하여 살 길을 개척해 나가자는 것으로 설명한다.[68] 그러나 일제는 자율적인 농민조직을 원하지 않았을 뿐만 아니라, 합법적인 농촌운동 조차도 농민들이 자신의 문제를 인식하고 자율적인 해결책을 모색하는 경우에 즉시 탄압을 가했던 식민지 조선의 현실에서는 이러한 주장을 받아들이기는 어렵다. 일제로부터 해방된 후에도 정부는 주체적인 농민조직의 형성을 원치 않았다. 해방된 이후 금융조합을 농민 중심의 조직으로 개편하려는 시도는 좌절되었고, 금융조합의 후신인 농업협동조합은 오늘날까지도 관치 금융조직이라는 논란에서 자유롭지 못하다.

근대화 이후 일제강점기 및 분단체제 형성에 있어서 농업개혁, 농업근대화의 방안은 중요한 의미를 가진다. 농업은 거의 모든 한국인들의 삶과 결부되어 있었고 그 시기의 사회 모순이 집약되어 있었기 때문이다. 따라서 농업구조의 모순을 해결하고자 하는 노력은 한국사회 전체의 변동방향과 밀접한 관계를 가진다. 농촌사회의 구조적 모순을 어떻게 해결할 것인가 하는 것은, 구한말 그리고 일제강점기를 거쳐 분단체제가 형성되는 과정에서 때로는 잠복하고 때로는 격렬하게 대립하면서 분단의 중요 원인으로 작용하였다.[69] 일제하의 기독교 농촌운동이 농민들의 요구에 적절한 대안을 제시하는 등 해방공간에서 새롭게 계승되지 못했던 이유는 이러한 기독교 농촌운동의 근본적 한계 때문이었다.

한국 기독교의 덴마크에 대한 관심과 이해 또한 매우 피상적이었다. 일제강점기 때부터 덴마크와 그룬트비에 깊은 관심을 갖고 있었으며, 1958년 주옥로와 함께 풀무학교를 설립하여 그룬트비의 정신을 교육에서 실천하고자 했던 이찬갑의 아들인 이기백은 한국 사회에서의 덴마크와 그룬트비에 대한 관심이 매우 피상적이며, 그룬트비 사상의 본질은 교육에서의 실천임을 강조하였다.

그림 7 『새역사의 창조』 표지
(국립중앙도서관 소장)

오막사리로써 상징되는 「한국」의 농촌은 어떻게 하면 갱생할 수 있을 것인가? 이것은 비단 「한국」의 농촌에 관심을 가지는 일부의 인사들에게만 짊어지워진 과제가 아니라 실로 민족적인 과제인 것이다. 농촌의 갱생없이는 민족의 갱생은 있을 수 없을 것이기 때문이다. 「한국」농촌의 갱생을 부르짖는 소리가 높으면 높을수록 「덴마크」에 대한 관심도 높아지고 있다. 그것은 하나의 모범적인 길을 우리에게 보여 주는 것이기 때문이다. 그러나 거의 대부분의 사람들은 「덴마크」의 현실적인 생활 개선에 관하여 관심을 가질 뿐이다. 가령 한 농가에서 토지를 얼마, 소, 돼지, 닭 등을 몇 마리 가지고 있다든가, 또 얼마만한 건물에 몇 식구가 살고 있다든가 하는 식의 것인 것이다. 더 나아간대야 협동조합(協同組合)의 조직이거나 국제무역(國際貿易)에 관한 것 등인 것이다. 비유를 한다면 사람의 인격 자체에 대한 것보다는 그 입은 옷에 대하여 더 관심이 큰 것이다. 능히 그 중심에 살아서 꿈틀거리고 있는 것, 그리하여 다른 모든 것이 그로부터 산출되고 이루어져 간 근본에 대한 관심은 오히려 적은 편이라고 해야 할 것이다.[70)]

특히 기독교 농촌운동의 중요한 사업이었던 협동조합에 대하여는, 강성갑 자신이 금융조합에 재직하고 있었기에 상당한 관심을 가졌을 것이다. 강정택은 금융조합의 본질적 문제는 조합원들이 협동조합을 만들 만한 수준에 도달하지 못하도록 당국이 수수방관하고 있을 뿐만 아니라 금융조합 조직자체의 결함에 있다고 지적하였다.

다른 나라의 협동조합은 먼저 강고한 인적 조직이 생기고 거기에 자본이 따른다. 조합원이 있고 후에 조합이 생긴다. 이 경우 조합은 조합원간의 결합 유대가 객관화한 것일 따름이다. 그런데 조선의 금융조합은 그것과 완전히 반대이다. 자본이 있고 후에 인적 조직이 따른다. 먼저 조합이 독립적으로 생기고 조합원을 규합한다. 조합은 독립 기업체이며 조합원은 나중에 그 주위에 모인 자본이용자에 지나지 않는다.

거의 모든 조합원의 가입 동기는 단순히 자금을 융통하기 위한 것이다. 조합은 자기 업무의 발전을 위해 자본력이 있는 조합원을 정선하여 받아들인다. 조합원과 조합원끼리가 아니라 조합과 조합원과의 상호 이용이다. (중략) 이와 같은 결과는 조합원이 자본주의에 대해 잘 알지 못하고, 의식이 협동조합을 만들 만한 수준에까지 이르지 못했기 때문일 것이다. 그러나 대부분의 책임은 조합조직의 결함과 당국자의 무성의 때문일 것이다.[71]

강성갑은 장유금융조합에 근무하면서 기독교 농촌운동에 참여했던 경험을 통해 이러한 금융조합의 한계, 그리고 기독교 농촌운동의 한계는 농촌문제의 해결에 농민을 주도적으로 참여하지 못하게 하는 것, 즉 농민을 농촌문제의 주체가 아니라 대상으로 여기는 것임을 확인할 수 있었다. 따라서 농촌문제의 본질은 식민지 수탈경제체제에 있으며, 이를 해결하기 위해 필요한 것이 농민의 문제는 농민이 주체적으로 해결할 수 있는 실력임을 깨닫게 되었다.

제3장

민족운동의 실천을 준비하다

제3장 민족운동의 실천을 준비하다

01. 평생의 동지 오중은과의 결혼

강성갑은 장유금융조합에 근무하던 중인 1933년, 오형선의 첫째 딸인 오중은과 결혼하였다.[1]

오형선(1875-1944)은 경남 거창 출신으로 1909년 주남선과 함께 거창읍교회를 설립하는 등 장로교 경남노회의 여러 교회를 설립·운영하였으며, 기독교 전도를 통한 항일운동을 전개하였다. 오형선은 1990년 정부로부터 독립운동의 공적을 인정받아 건국훈장 애족장을 추서받았다.

그림 1 강성갑·오중은의 결혼식

독립유공자 공훈록에 의하면, 오형선은 "1909년 10월부터 경상남도 지방에서 교회 설립과 기독교 전도를 통한 항일운동을 전개하였다. 1919년 4월 민족의식과 독립사상을 고취하고 선전할 목적으로 『신한별보(新韓別報)』라는 지하신문을 만들어 「동양의 평화를 위해서는 먼저 조선의 독립의 이루어져야 한다」는 기사와 「일본제국의 멸망과 조선의 독립」이라는 내용의 기사를 등사판을 이용하여 60여 매를 인쇄하고 경상남도 안의와 합천군내 그리고, 경상북도 김천 군내에 배포하여 독립운동을 전개하다가 일제 경찰에 피체되었다. 1920년 11월 29일 대구지방법원 의성(義城)지청에서 소위 출판법 및 제령 제7호 위반으로 징역 2년형을 언도받고 상고했으나 1921년 3월 2일 대구복심법원에서 상고가 기각되어 옥고를 치렀다."[2]

강성갑과 오중은의 결혼식은 매우 간소하게 이루어졌으며, 강성갑이 장유금융조합을 사직하고 연희전문학교에 진학하는데 중요한 계기가 되었다.

망국지폐풍(亡國之弊風)인 관혼상제를 솔선수범으로 간소화시키겠다고 신부댁과 신랑댁의 중간에 위치한 창녕교회에서 그 교회의 목사의 주례로 결혼식을 올리기로 하고 너울도 못 쓴다. 가마를 타지 말고 걸어 나오라. 새로 나온 값싼 인조로 신부복을 해 입어라. 식을 마치면 처녀, 총각으로 그대로 돌아간다. 양가 모두 특별한 음식을 준비하지 않기로 한다. 자기는 평소의 의복 그대로 식장에 나타난다. 예물교환은 없기로 한다. 식장에 갔을 때 이런 것들이 지켜지지 않았으면 자기는 그대로 돌아온다. 그리고 자기는 결혼식 하루 전에 모친에게 결혼일이 내일이라는 것을 알린다 등을 편지로 모두 결정을 하였다는 것이다. 자기의 부모님들도 그의 생각이 옳다고 찬성을 하였기 때문에 그의 계획대로 식을 올렸다고 한다. 그래서 인조견의 신부복을 만들기 위한 천 값과 자기의 버스비 15전이 그들의 결혼비용이었다고 한다.[3]

오중은은 1921년 4월 거창공립보통학교에 입학하여 1927년 3월 졸업하였으며, 1927년 4월 동래일신여학교에 입학하여 1931년 3월 졸업하였다. 오스트레일리아 장로교 선교회가 1895년 10월 부산진일신여학교를 설립한 이후, 1909년 3년제 고등과를 함께 설립하였다. 1915년 학제 개정에 따라 초등과와 고등과를 각각 4년제로 개편하였고, 1919년에는 부산지방에서 최초로 3·1운동을 주도하였다. 교세의 발전에 따라 1925년 고등과를 현재 위치인 동래로 옮기고 교명을 동래일신여학교로 바꾸었다.[4]

동래일신여학교를 졸업한 오중은은 1932년 4월 경성보육학교에 입학하여 1935년 3월 졸업하였다. 유일선은 1926년 자신이 운영하던 갑자유치원 내에 1년제 유치원 사범과를 설치하였으며, 유치원 사범과는 1927년 8월 학무국의 인가를 받아 2년제 경성보육학교로 승격되었다.[5] 오중은이 입학하던 1932년에는 본과 50명, 선과 10명을 모집하였으며, 오중은은 4월 1, 2일 양일간에 걸쳐 치러진 일본어, 조선어와 한문, 산술, 음악(기악) 등 4과목의 입학시험에 응시하여 합격하였다.

경성보육학교는 특히 음악활동이 매우 활발하여 음악회가 자주 개최되었고, 유치원 교사를 위한 음악강습회와 학생들의 전국순회음악회 등을 개최하였다. 미국 시카고 셔우드(Sherwood) 음악학교를 졸업하고 귀국한 홍난파는 1933년 4월 경성보육학교 음악 주임 교유(敎諭)로 부임하였으며, 오중은은 홍난파로부터 음악교육을 받은 뛰어난 오르가니스트(organist)였다.

증언에 의하면, 강성갑은 결혼 후 오중은을 서울의 경성보육학교로 유학을 보냈다. 강성갑이 당시로선 무척 어려웠던 이런 결정을 내린 것은 "자기 부인을 평생의 교육동지로 삼으려 했던 그의 선구적인 면모를 보여주는 일이었다. 하지만 또 한편으로는 그가 안정적으로 학업을 계속하기 위한 방편을 마련하는 길"이었다고 한다.[6] 그러나 증언과는 달리 강성갑과 오중은의 결혼은 오중은이 경성보육학교에 재학 중

그림 2 고흥유치원 보모 시절의 오중은

이었던 1933년에 있었던 것으로 보인다. 오중은이 결혼 등의 사유로 휴학을 하였기에 2년제였던 경성보육학교를 3년 만에 졸업하게 된 것이다. 강성갑은 결혼 이후 오중은의 학업을 적극적으로 후원하였으며, 경성보육학교를 졸업한 오중은의 적극적인 동의와 후원이 있었기에 연희전문학교에 진학하여 공부를 계속할 수 있었다. 오중은은 강성갑의 연희전문학교 재학중에 전남 고흥의 유치원에서 보모로 근무하면서 남은 가족들의 생계를 책임졌다. 강성갑의 연희전문학교 졸업앨범에는 주소지가 전남 고흥읍 서문리로 기록되어 있다.[7] 오중은은 이후 강성갑이 설립한 복음중등공민학교와 한얼중학교에서 음악을 가르쳤으며, 한얼중학교에서의 교사와 학생들이 함께 하는 공동식사를 준비하는 등 강성갑의 삶과 실천을 함께 한 가장 중요한 평생의 동지였다.

02. 금융조합을 사직하고 연희전문에 입학하다

연희전문의 기독교주의

강성갑은 장유금융조합을 사직하고 1937년 4월 연희전문학교 문과에 입학하여 1941년 3월 졸업하였다.[8] 증언에 의하면 강성갑은 연희전문 재학 중에는 가정교사 생활을 했으며, 연희전문과 도시샤대학의 학업을 통해 농촌사회 개혁을 통한 기독교적 이상을 구현해 보겠다는 정열을 가슴에 품게 되었다. 기독교 학교인 연희전문, 도시샤대학 신학과를 나와 목사가 되었기에 그는 농촌사회 개혁을 통한 구국구민(救國救民)을 하는 것이 바로 기독

그림 3 연희전문학교 졸업앨범(1941.2)
(연세대학교 박물관 소장)

교적 이상을 구현하는 것이라고 생각했다는 것이다.[9] 해방공간에서의 강성갑의 실천의 배경을 이해하기 위해서는 강성갑이 연희전문에 진학한 이유와 목적, 그리고 연희전문에서 누구에게 무엇을 배우고 익혔는지를 이해하는 것이 중요하다. 관련된 자료가 부족하다는 한계는 있으나 유가족이 제공한 사진 및 학적부 등 관련 자료를 참고로 하여 강성갑이 연희전문에서 무엇을 배우며 실천을 준비했는지를 살펴보고자 한다.

강성갑이 고민 끝에 금융조합을 사직하고 연희전문학교에 입학하게

된 것은 그의 기독교 신앙 및 실천과 관련하여 중요한 의미를 갖는다. 강성갑은 마산상업학교 재학 중에 평신도 중심의 실천적, 민중 지향적 교회로 설립된 독립마산예수교회를 다니면서 자신의 신앙관을 정립하기 시작하였다. 강성갑은 기독교 전도를 목적으로 교회지도자 양성을 위한 종교교육에 주로 관심을 갖고 있었던 선교사들과, 식민지 조선 민중의 삶과는 유리되어 내세를 강조하며 기독교 신앙을 절대화하는 교회를 보면서 자신의 신앙에 대해 생각해 보는 시간을 가지게 되었다. 특히 장유금융조합에 재직하면서 조선 농촌의 현실을 직접 체득했던 강성갑은 '식민지 조선'의 기독교인으로 어떻게 살아갈 것인지를 심각하게 고민하게 되었다.

강성갑이 선택했던 연희전문학교는 설립과정에서부터 강성갑의 입학을 전후하여 벌어진 일제의 신사참배 강요에 대한 대응에 이르기까지 조선에 있던 대부분의 다른 기독교계 학교들과는 다른 길을 걸었다. 선교사들은 기독교계 학교의 설립 목적을 두고 조선교회의 지도자 양성과 조선민족의 지도자 양성, 교육을 통해 추구하는 가치를 두고 기독교 '신앙'과 기독교 '주의(정신)'로 나뉘어 대립했다.

연희전문학교는 일제하 식민지 조선교회의 지도자 양성을 목적으로 선교사들이 설립한 다른 기독교계 학교와는 달리, 기독교 정신을 바탕으로 조선 민족의 지도자를 양성하기 위해 언더우드가 중심이 되어 설립한 학교였기에 종교교육에 대해 유연한 자세를 갖고 있었다. 일제는 1911년 조선 교육령을 통해 실업교육과 보통교육 중심의 저급한 식민지인 차별교육을 조선 교육정책의 방침으로 삼았다. 이러한 조선교육령 체제하에서 1911년 10월 사립학교규칙을 공포하여 신교(信敎)의 자유는 인정하지만, '종교와 교육은 분리' 시키겠다는 뜻을 분명히 하였다. 기독교학교가 정규학교가 아닌 각종 사립학교에 머물러 있는 경우에는 종교교육의 자유를 인정하지만, 상급학교 진학 등 학생들의 장래를 위해 정규학교에 편입되고자 한다면 종교교육을 포기해야 했다. 이어서 일제는 1915년 개정 사립학교규칙을 공포하여 각종 사립학교 또한 종교교육을 전면적으로 금지하였고, 전문학교를 설립하기 위한 재단법인의 설립을 의무화하였다. 개정 사립학교규칙에 따른 전문학교의 재단법인 설립과 종교교육의 금지는 언더우드가 설립을 준비하고 있었던 연희전문학교에 적용될 규칙이었으며, 기독교계 전문학교의 설립을 막는 주요한 장애물이 되었다.

일제의 종교교육 금지에 대해 적극적으로 반대 입장을 드러낸 장로교와 이를 수용했던 감리교의 대응에 상당한 차이가 있었음에도 불구하고, 기독교계 고등교육기관이 필요하다는 인식과 학교법인의 조직을 위한 재정의 협력 때문에 기독교계(장로교와 감리교)의 연합 교육사업은 계속되었다. 언더우드가 조선민족의 지도자 양성을 목적으로 하는 세속적인 교육기관의 필요성을 적극적으로 강조하였고, 서울지역 장로교 선교사들이 연합대학 설립을 위해 적극적으로 노력하였으며 감리교 선교자들의 지원을 받은 결과, 언더우드는 평양지역 장로교 선교사들의 반대에도 불구하고 1917년 3월 연희전문학교 설립인가를 받을 수 있었다.

연희전문학교는 개정 사립학교규칙에 따라 학생들에 대한 직접적인 종교교육이 금지되었기에 그 대안으로 성경과(Biblical Department)를 설치하고 '성경(Bible)' 과목을 개설하였으나, 성경 과목의 수강여부는 학생들의 자발적인 결정에 따랐다. 학교 재단법인의 목표는 '기독교의 원칙(Christian principles)에 따라' 학교를 세우고 유지하는 데에 있었으며, 학교의 목표는 '조선의 남학생들에게 전문교육을 실시'하는 것이었기에,[10] 연희전문학교는 다른 기독교계 전문학교와는 달리 비기독교

인에게도 입학을 허가하였으며 대략 20% 정도의 비기독교인 학생들이 재학하고 있었다.[11)]

이러한 과정을 거쳐 설립된 연희전문학교는 종교교육을 금지하는 제2차 조선교육령 하에서 기독교적 성격을 유지하고자 노력하면서 대학과정에 준하는 교육을 실시하였으며, 1930년대에 '기독교주의에 근거한 동서고근(東西古近) 사상의 화충'을 지향하는 교육방침을 천명하였다.

본교 교육방침

본교는 기독교주의하에 동서고근(東西古近)사상의 화충(和衷)으로 문학, 신학, 상업학, 수학, 물리학 급(及) 화학에 관한 전문교육을 시(施)하야 종교적 정신의 발양(發揚)으로써 인격의 도야를 기(期)하며, 인격의 도야로부터 독실(篤實)한 학구적 성취를 도(圖)하되 학문의 정통에 반(伴)하야 실용의 능력을 병비(並備)한 인재의 배출(輩出)로써 교육방침을 삼음

연희전문에 입학한 학생들은 일제하 식민지 조선의 현실 속에서 '기독교주의'에 근거한 교육을 받으며 실력과 인격을 양성하였다.[12)] 그러나 연희전문의 학생들은 학교 당국이 표방한 '기독교주의'의 해석을 둘러싸고 학교 당국과 대립하기도 하였다. 학생들은 민족운동의 실천을 위해 당시 사회로부터 비판을 받고 있던 조선 기독교회의 문제를 지적하고 개혁을 촉구하는 등 '올바른 기독교주의의 실천'을 민족문제 해결의 대안으로 제시하였으며, 당시 민족운동의 대안으로 널리 받아들여졌던 사회주의를 무작정 배척했던 대부분의 조선 기독교회와는 달리 민족운동의 수단으로 사회주의를 받아들이기도 하는 유연한 태도를 보였다.

연희전문의 학생들은 조선학생과학연구회와 함께 1926년 6.10만세 운동을 주도하였으며, 민족운동을 실천하는 과정에서 1929년 6월에는 성경 수업시간에 불온한 태도를 보였다는 이유로 학생을 퇴학시킨 학교 당국의 조치에 반대하여 동맹휴학을 벌이기도 하였다.[13] 6.10만세 운동에 앞장섰던 보성전문 학생 이천진은 연희전문학교에 대하여 "26만여평의 교지(校址)는 원대한 포부를 말하며 반도의 건아를 한 품에 안고 쓰림과 깁쁨을 가티하려는 그의 사명은 10여 년의 빗나는 역사가 증명"하고 있지만, 작년 6월의 동맹휴학으로 90여 명의 희생자를 내게 된 것은 "연전이 기지고 잇는 영원의 암흑면"이라고 지적하였다.[14]

이러한 과정들을 거치면서 연희전문 학생들은 일제 통치하의 식민지 '조선'의 기독교인으로서 자신의 역사적, 사회적 책임을 어떻게 다해야 할지 고민하였으며, 이러한 노력은 당시 사회로부터 높은 평가를 받고 있었다. 1930년 11월에 발간된 『삼천리』 10호의 기사에 의하면, 연희전문은 3.1운동 이후에 알려진 학교로서 "창립 당초에 선언한 동기와 정신이 오로지 조선 민중의 문화적 향상과 정신적 도야를 그 사명"으로 하고 있으므로 앞으로 기대하는 바가 크며, 특히 부유한 재정을 가졌을 뿐만 아니라 뛰어난 학자들이 많이 있어서 연전의 인텔리겐치아(intelligentsia)를 양성하고 있다고 소개하였다.

연전은 기미 이후에 알려진 학교이다. 조선인을 중심으로 한 교화기관의 하나로서 미국 선교부의 경영이니 조선교육계에 잇서서 사학으로서는 최고학부이다. 역사가 짧은 만큼 조선인에게 기여한 바가 깁지 못하다. 그러나 동교가 창립 당초에 선언한 동기와 정신이 오로지 조선 민중의 문화적 향상과 정신적 도야를 그 사명으로 한데 잇는 이상 현재에 잇서서나 미래에 잇서서 기대하는 바 적지 아니하다. 시외 구릉지에 약 30만명의 기지를 갖고 게다가 즐비한 근대식 건물은 타교의 추수(追隨)를 허치 안는 천연적 풍경속에 웅대하게 솟아 잇다. (중략) 조선의 현실에 잇서서 이만한 풍족한 재정을 쓰는 기관이 멧치나 되며 이러한 대우를 밧는 사람을 멧치나 헤일 것인가 오직 이 연전학원을 제(除)해 노코는 다른 곳에서 구할 수 업는 호경기일 것이다. 이처럼 연전의 교수들은 운이 터진 분들이다. 이처럼 연전학원은 부유한 재정을 가젓다. 그러면 이러한 분위기만으로도 타교와의 구별을 가를 수 잇스려니와 내처 들어가 교수 조교수 강사들을 소개한다면 얼마나 이 거대한 재단이 조선학계에 중견을 일우는 연전의 인테리켄챠를 양성하고 잇다는 사실을 파악할 것이다.[15]

민족정서를 살리기에 가장 알맞은 배움터

강성갑이 뚜렷한 목표의식을 갖고 연희전문에 입학한 것은 연희전문의 학풍과 강성갑의 목표의식에 일치하는 부분이 있었기 때문이다. 강성갑 자신이 연희전문에 입학한 이유 등을 남겨놓은 기록은 없으나 연희전문의 학풍을 통해 강성갑의 목표의식의 일단을 살펴보고자 한다.

윤동주의 후배인 장덕순이 윤동주로부터 직접 전해 들은 연희전문은 "그 전통과 교수, 그리고 학교의 분위기가 민족적인 정서를 살리기에 가장 알맞은 배움터"라는 것이었다.[16] 강성갑과 같은 해에 연희전문 상과를 졸업했으며 강성갑과도 밀접한 교류가 있었던 라익진[17]에게도 가장 인상적이었던 것은 "학교 교정에는 태극기가 돌에 새겨져 있으며 정원에는 무궁화가 가득히 심어져 있어 민족 감정을 불어넣어 주고" 있었던 교정의 분위기였다.[18] 돌에 새겨져 있었다는 태극기는 1927년 미국의 교포들이 보내준 성금으로 만들어진 돌층계(뉴욕에 있는 우리 겨

그림 4 연희전문의 태극문양이 새겨져 있는 돌층계
(연희전문학교 졸업앨범(1941.2) 연세대학교 박물관 소장)

레로부터 붙여줌)에 새겨져 있던 태극 문양을 말한다. 미국의 교포들이
보낸 글의 원문은 'Korean Friend'였으나 이 글의 번역을 맡았던 최현
배와 정인보가 이를 '민족'으로 하느냐 '겨레'로 하느냐 고심하다가 민
족의 옛말이며 순 우리말인 '겨레'로 번역하여 새겨놓은 것이었다.[19]

　윤동주의 동기생인 유영은, 일제 식민지하에서 민족운동의 본산으
로 알려진 연희전문에 입학하고자 하는 학생들은 분명한 뜻이 있는 젊
은이들이었다고 회고하였다.

　당시 식민지의 가혹한 학정 하에서 일제의 증오의 대상이 된 연
희전문을 찾는다는 것은 그리 쉬운 일이 아니었다. 밖으로 중일전쟁
이 확대되어 가기에 안으로는 한국인에 대한 경계가 심하였고, 특히
지식인에 대한 증오는 더 말할 나위 없었다. 이러한 때에 민족운동
의 본산인 연희 동산을 찾아오는 이들은 다 제각기 뜻이 있어 온 젊
은이들이었다고 할 수 있다. 학생들이 그러한 자세와 정신에서 찾아

왔고, 또 교수 역시 우리 겨레의 학문과 정신을 지도하는 가장 유명한 인사들이었다는 것은 더 말할 나위 없다. 더우기 언더우드 일가의 개교정신이며 또 선교자측의 정신적인 뒷받침과 국제적인 관심도 이 학원의 발전과 학문연구에 크나큰 밑받침이 되었음이 물론이다.[20]

유영의 회고처럼, 강성갑은 '어떤 뜻'을 가지고 연희전문에, 그것도 문과에 입학한 것이다. 강성갑의 문과 1년 후배인 윤동주는 연희전문 문과에 입학하고자 "생활상의 실패를 아들에게 물려주고 싶지 않으셨던" 아버지와 몇 달간에 걸친 대립 끝에 겨우 문과에 입학할 수 있었다.[21] 이러한 윤동주의 사례에 의하면 강성갑이 연희전문의 문과에 입학한 것은 대단히 어려운 결정이었을 것이다.

당시 연희전문 문과의 교육내용은 사실상 학문의 전 영역을 포괄하는 일반교육이 이뤄지는 교양분과를 의미하는 것이었다. 연희전문 문과는 식민지 체제하에서의 기독교 학교라는 특수성을 가지고 학문연구의 토대가 될 수 있는 교양교육을 실시하고 발전시킬 수 있었던 대안적인 아카데미즘을 일정하게 추구하였다.[22] 연희전문 문과는 제도적으로 한계가 있을 수밖에 없었으나, 제국대학에서 추진된 관학(官學)으로서의 조선학을 비판하면서 학술운동으로서의 조선학을 전개하였다.

한편으로 연희전문 문과는 자유교양대학(通才敎育)을 지향한 열린 기독교 학교로서, 일제의 식민지 근대 논리에 저항할 수 있는 서구적 근대를 직접 수용·전파하는 사상적 거점으로 작동하는 등 조선 사회 내부의 요구에 자율적으로 부응하기 위해 노력하였다.[23] 특히 조선인의 측면에서 이루어진 문과의 학문(어문학, 역사)과 교육은 식민지 학문에 저항하면서 형성된 한국의 근대학문이었다. 당시 지식인의 신문화운동과 국수보전론(國粹保全論)의 전통 위에서 이루어진 것으로, 최현배가 『조선민족갱생의 도』를 통해 민족개조의 길을 모색한 것 또한 이런 문화운동의 일환이었다.[24]

이러한 연희전문 문과의 학풍에 의하면, 강성갑이 연희전문 문과에 입학한 것은 당시의 민족문제, 곧 자주·독립을 달성하기 위한 길을 찾기 위함이었다. 강성갑은 장유금융조합 근무를 통해 일제의 식민지 근대화가 갖는 한계를 확인하고, 식민지 조선의 대안을 기독교적 가치를 기반으로 하는 조선 민족의 자주적 근대화에서 찾았으며, 그러한 대안의 구체적 실천 방안의 모색을 위해 연희전문 문과에 입학한 것이다.

03. 억지입학으로 왜곡되어 알려진 연희전문 입학

대부분의 증언은 강성갑의 연희전문 입학을 '억지입학'이라고 하며, 이러한 증언의 영향으로 강성갑의 억지입학은 거의 기정사실로 받아들여지고 있다. 증언에 의하면 강성갑은 상업학교를 졸업하였을 뿐만 아니라 졸업한지도 이미 7년이 지났고, 또 연희전문 입시를 보기 전까지 주간에는 금융조합 업무를 보고 야간에는 야학에 나가 지도하느라 좋아하는 영어 과목을 제외하고는 입시 준비를 전혀 하지 못했다. 강성갑은 불합격될 줄 알면서도 입학시험에 응시하였고, 시험에 낙방했으나 교장에게 자신의 포부를 호소하여 파격적으로 가입학이라는 특혜를 받았다고 한다.[25] 『경남매일신문』 기사에서는 강성갑의 연희전문 입학을 '억지와 눈물로 애원하여' 이루어진 불합격생의 파격 입학으로 그의 성격의 일단을 드러낸 사건이었으며, '배우겠다는 사람에게 떠밀어 내는 교육'을 통박한 끝에 가입학의 특혜를 받았다고 소개하고 있다.[26]

『연세춘추』 기사에서는 강성갑의 연희전문 입학과정이 매우 흥미롭다고 전제하고 그 과정을, 입학시험에서 영어 때문에 낙방을 한 강성갑은 당시 교장을 찾아가 입학을 간청했으며, 그의 열의와 신념에 감복한 교장의 호의로 연전에 들어올 수 있었다고 소개하고 있다.[27] 『국민보』에 수록된 허현의 글에서는 강성갑이 연전에 입학하는 과정을, 입학시험 경쟁에서 인문중학 졸업생과 경쟁이 안 될 것을 알고 있었으므로 학교 당국자를 찾아가서 이 학교에 들어오기 위해서 사직하였으며 교복, 교모, 교과서를 이미 준비하였음을 말하였고 학교 당국은 그의 성의를 양찰(諒察)하여 가입학 형식으로 출석을 허가하였다고 전한다.[28] 또 『우리교육』 기사에서는, 입학시험을 제대로 준비 할 수 없었기에 낙방하였으나, 기필코 입학하고야 말겠다는 각오로 이미 교표와 교복을 준비해 왔던 그는 학교를 찾아가 배우고자 하는 자신의 뜻을 끈질기게 설파했고, '배우겠다는 사람을 떠밀어 내는 교육'을 반박하는 그의 노력에 감동한 학교에서는 첫 학기 성적이 85점 이상이면 정식입학을 허가한다는 조건으로 가입학을 허가해 주었다고 한다.[29]

그러나 강성갑의 연희전문 '억지입학'은 사실과 다르다. 연희전문 학적부에 의하면 강성갑은 입학시험을 거쳐 1937년 4월 9일 연희전문학교 문과 별과(別科)에 입학하였다.[30] 강성갑이 입학한 별과는 1922년 개정 조선교육령에 따라 전문학교 입학자격을 구비하지 못한 사람에게도 널리 고등교육을 개방하기 위해 만든 제도였다. 별과에 입학할 수 있는 자는 연령 만 17세 이상으로서 구 조선교육령에 의한 고등보통학교를 졸업한 자 또는 이와 동등 이상의 학력을 가진 자로 하였으며, 특별한 규정이 없는 경우에는 모두 본과에 준하여 운영하였다. 강성갑이 졸업한 마산공립상업학교가 3년제 을종학교였으므로 강성갑은 별과에 입학한 것이다. 강성갑의 입학 사실은 언론보도를 통해서도 확인할 수 있으며,[31] 학적부에는 시험에 합격하여 입학한 것으로 분명하게 기록되어 있다.

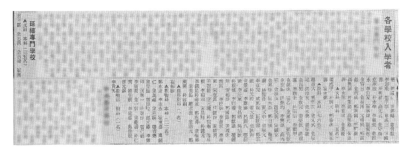

그림 5 매일신보 1937년 4월 3일

당시에 무시험 전형이 있기는 했지만, 강성갑은 입학정원이 소수였기에 본과 입학시험보다 훨씬 경쟁이 치열했던 별과 입학시험에 응시하여 당당하게 합격하였으며, 증언과 같은 가입학 제도는 없었다. 당시 무시험 전형은 두 종류가 있었다고 한다. 하나는 자기가 졸업한 학교 학생수의 10% 이내에 드는 성적 우수생으로 이 경우 성적 우수 이외에도 교회의 추천서가 첨부되면 유리했다. 또 하나는 성적은 10%에 들지 못하더라도 교회에서의 특별추천이 있으면 입학이 가능했는데 이때 특별추천이란 목사, 장로, 전도사 혹은 유력한 신도의 아들, 또는 교회에서 유년주일학교나 청년회 같은 데서 열심히 일한 청년들이 혜택을 입었다고 한다. 그러나 증언과 같은 가입학 등의 제도는 없었다.

이런 억지입학 증언이 당연시된 것은 만학도로서의 강성갑의 입학이 갖는 특별한 의미가 강조되어 나타난 것과 별과 입학을 오해한 것에서 비롯된 것으로 생각된다.[32] 그럼에도 강성갑의 억지입학이 대부분의 증언에서 의심의 여지없이 받아들여진 것은, 그의 억지입학은 비록 사실은 아니지만 후일 한얼중학교를 운영할 때 '학비는 없어도 뜻이 있는 사람은 누구나 오라, 와서 배우라'고 외쳤던 그의 특별한 실천과 관련되어 이해되었던 것으로 보인다. 강성갑은 학교운영에 어려움을 겪으면서도 배우고자 하는 뜻을 가지고 모여든 학생들을 학비와는 상관없이 가르쳤다. 그러한 특별한 실천이 어떻게 가능했는지에 대한 질문에 대한 답으로 '배우겠다는 사람을 떠밀어 내는 교육'을 반박했다는 일화가 사용되었을 것이다.

억지입학이 아니더라도 강성갑의 연희전문 입학과정은 일반적인 연희전문 입학생들과는 달랐다. 당시 연희전문 졸업생들이 선호하였던 직장인 금융조합을 강성갑은 오히려 사직(辭職)하고 연희전문 문과에 입학한 특이한 경우였다.[33] 그런 면에서 강성갑은 눈에 띄는 존재였다. 강성갑은 안정적인 직장인 금융조합에 재직 중이었고 자식을 둘이나 둔 가장이었으며, 마산상업학교를 졸업한지도 오래되어 입학시험을 준비하기에는 어려움이 많았다. 억지입학 주장이 사실로 받아들여질 만큼 강성갑은 많은 어려움이 있었으나 이를 극복하고 연희전문에 입학하였으며, 중퇴자가 거의 절반에 달하였던 당시의 상황에서도 중도에 포기하는 일 없이 학업을 마쳤다.[34] 이것은 그의 성격의 일면을 나타내는 것이기도 하고, 강성갑이 뚜렷한 목표의식을 갖고 연희전문을 선택하고 공부를 시작했다는 사실을 증명해 주는 것이기도 하다.

04. 연희전문에서의 학창 생활

실력을 쌓고 실천을 준비하다

강성갑이 연희전문에 입학했을 때 교장은 원한경이었으며, 문과의 과장은 최현배였다. 재학 중에 여러 차례 교과과정의 개편이 있었으나, 강성갑은 연희전문 문과에서 4년 동안 수신(修身), 성서, 조선어, 일본어, 영어. 한문, 역사, 중국어, 경제원론과 법학통론, 논리학, 문학개론, 사회학, 철학, 독일어, 체조, 음악 자연과학 등 다양한 과목을 수강하였다.

〈표 1〉 연희전문 문과에서 이수한 교과목(1937~1940년)

과목 1학기		1학년(1937)		2학년(1938)		3학년(1939)		4학년(1940)	
		2학기	1학기	2학기	1학기	2학기	1학기	2학기	
수신(修身)		1	1	1	1	1	1	1	1
성서		2	2	2	2	2	2	2	2
일본학								1	1
조선어	조선어	3	3						
	조문학			3	3	/	/		
일본어	국어	2	2	2	2				
	국문학					2	2		
	국문학사							2	2
영어	영문법	4	4	3	3				
	영독(英讀)	3	3	5	5	2	2	4	4
	영작(英作)	2	2	2	2	2	2	2	2
	영회(英會)	2	2	2	2	2	2	2	2
	영문학사					3	3		
	영문학					2	2	3	3
	성음학	1	1						
한문	한문			2	2	2	2	2	2
	한문학	2	2						

과목 1학기		1학년(1937)		2학년(1938)		3학년(1939)		4학년(1940)	
		2학기	1학기	2학기	1학기	2학기	1학기	2학기	
역사	사학개론							2	2
	일본사								
	동양사	3	3			3	3		
	서양사			3	3				
지나어(중국어)								2	2
사회학				2	2				
법제 경제	경제원론			2	2				
	법학통론					2	2		
논리학				2	2				
문학개론		2	2						
철학								3	3
교육								3	3
제2외국어						3	3	3	3
심리학						3	3		
자연과학		2	2						
교련						1	1	1	1
음악		1	1						
체조		1	1	1	1	1	1	1	1
수업시간		31	31	32	32	31	31	34	34

출전: 강성갑의 「연희전문 학적부」를 참고하여 정리한 것이며, 숫자는 주당 수업시간이다.

강성갑이 1937년 입학하여 1학년 때 이수한 조선어 및 역사 교과목
은 조선어 3시간과 동양사 3시간이었다. 연희전문 문과의 1937년도
조선어 및 역사 교과목 현황에 의하면, 1학년 학생들은 최현배로부터
조선어 문법과목으로 주당 2시간 동안 조선어의 음성학, 어원학, 구문

론, 철자법 연구, 새로 적용된 조선어 철자법 등을 지도 받았고, 조선어 개론 과목으로 주당 2시간을 조선어의 일반적 특질과 세계 언어상의 위치, 조선어와 자음 모음 발달의 역사, 조선어의 체계적 연구의 역사, 현재와 미래의 문제 등을 배웠다. 강성갑의 학적부에 의하면 조선어를 주당 3시간 교수한 것으로 되어 있어서 조선어 및 역사 교과목 현황과는 차이가 있으나 수업 내용은 거의 같았을 것이다. 동양사는 1937년 1학년 때 손진태가 담당하였다. 주당 3시간의 동양사 과목의 교수내용은 동양 국가의 발달개관, 선사시대와 사회, 정치, 문화적 제도의 발달에 대한 시도도 포함, 강의와 수업 이외의 독서 등이었다.[35]

강성갑이 2학년으로 진급하던 1938년 3월, 일제는 조선교육령을 개정하였다. 제3차 조선교육령은 교육 분야에서 황국신민화(皇國臣民化)를 목적으로 한 것으로 국체명징(國體明澄), 내선일체(內鮮一體), 인고단련(忍苦鍛鍊) 등 세 가지 교육방침을 천명하였다. 황국신민화의 목적을 달성하기 위하여 수신과 일본어, 일본사 수업을 강화하는 한편, 조선어를 교과과정에서 배제하기 위하여 각 학교에서 자진하여 개설하지 않도록 하였다.[36] 연희전문은 일제로부터 학교 내의 민족적인 분위기를 없애도록 강요받았고, 영어 수업에도 제한을 받았다.

1938년 4월에는 학무국으로부터 본교 재래의 교기, 교가, 응원가는 물론 이 밖의 민족적인 학교 제반 시설을 개조하고, 또 외국어(영어)로써 표시하는 것을 피하고 일본의 입장에서 표시하도록 통첩받았다. (중략) 일제는 1938년 5월에 영어교육에 비상 신호를 내렸다. 소위 그들의 국책, 사상, 풍토상에 맞지 않는다 하여 양서(洋書) 수입을 억제하였고, 영어교재에 있어서 미·영 작가의 작품을 제한하였다. 그러므로 본교에서는 중일전쟁 후 일본을 악선전한 러셀

(B.Russell)과 《자유론》의 저자 밀(J.S.Mill) 등을 가르칠 수 없었다.[37]

연희전문은 개정된 조선교육령에 근거하여 1938년 11월 22일 학칙을 개정하고 교과과정을 변경하였으나 문과는 조선어 강좌를 종래대로 유지하였으며,[38] 강의시간은 매주 1, 2학년 각 3시간, 3, 4학년 각 2시간이었다.[39] 강성갑은 3학년이 되던 1939년 1학기부터 변경된 학칙에 따라 수업을 들었다. 강성갑은 선택과목으로 동양사를 주당 3시간, 영문학을 주당 2시간 수강했고, 제2외국어로 독일어를 주당 3시간 수강했다. 그런데 이때 개정된 문과의 교과과정과는 달리 조선어 과목은 '조문학(朝文學)'이라는 과목명으로 학적부에 주당 2시간을 수업하는 것으로 표기는 되어 있으나 점수는 1, 2학기 모두 사선을 그어 공란으로 남아 있다. 교과과정과 학적부의 성적이 달리 표기된 것은 교련 과목이다. 교과과정에는 교련 과목이 개설되어 있지 않으나 학적부에는 주당 1시간으로 교련 과목이 개설되어 있으며 점수가 기록되어 있다.

일제의 전시 총동원체제가 한층 강화되는 시점이었던 1940년에는 1938년보다 더 큰 학사개편이 이루어 졌다. 연희전문은 1940년 3월 19일 학칙을 개정하여, 학칙 제1조의 교육목적을 "전문교육을 실시한다"는 것에서 전문교육을 실시하며, 특히 "국민도덕을 함양함으로써 충량(忠良)한 황국신민을 양성하는 것을 목적으로 한다."로 변경하였으며,[40] 학과목과 학과 과정에도 큰 변화가 있었다. 조선어 과목은 폐지되었고 주당 1시간의 일본학 과목과 주당 2시간의 중국어가 신설되었다. 체조 과목이 1시간에서 2시간으로 주당 수업시간이 늘었으며, 교련이 1시간 포함되었다. 교련 과목은 1939년 9월부터 실시되었다고 하는데,[41] 강성갑의 학적부에 의하면 1939년 1학기부터 실시되었고 성적을 부여한 것으로 확인된다.

강성갑의 학업성적은 매우 좋았다. 강성갑의 성적은 1학년 때 평균 $85_{13/31}$점으로 35명 중 2등이었고, 2학년 때는 $88_{14/32}$점으로 25명 중 3등이었다. 3학년 때는 $87_{21/31}$점으로 19명 중 1등이었으며 4학년 때는 $86_{23/34}$점으로 20명 중 4등이었다. 연희전문은 1932년 4월부터 장학금제도를 확장하여 학년 평균성적 80점(종래에는 90점) 이상의 학생으로 학자(學資)가 부족한 자에게 연액 75원 내지 120원씩의 장학금을 지급하였는데 그 인원은 대략 15명 정도였다.[42] 강성갑은 평균성적이 80점 이상이었으므로 장학금을 받았으며, 많지 않은 금액이었을지라도 장학금은 어려운 사정에서 공부를 하고 있던 강성갑에게 큰 도움과 격려가 되었다.

연희전문은 특히 음악교육이 활발하였다. 연희전문은 설립 초기부터 음악과를 설치하고자 했으며, 문과 1학년 과목으로 음악 과목을 개설하는 등 음악에 깊은 관심을 갖고 있었다. 강성갑 또한 1학년 두 학기 동안 음악 과목을 수강하였다. 연희전문의 음악 활동은 1929년 9월 현제명이 음악강사로 부임하면서부터 더욱 활발해 졌다. 현제명은 1932년부터 일본의 초청을 받아 연희전문 사중창단과 함께 연희전문학교 교가, 응원가, 유랑민의 노래, 조선의 노래, 흑인의 망향가 등을 녹음하여 음반으로 발매하는 등 음악교육과 활동을 통해 민족정신을 고취하였다. 증언에 의하면 강성갑의 애창곡은 'Carry me back to old Virginny'였으며, 강성갑은 오르간 연주자였던 오중은의 반주로 이 노래를 자주 불렀다.[43]

강성갑의 애창곡이었던 'Carry me back to old Virginny'는 연희전문 사중창단에서 1936년 3월 '흑인의 망향가'라는 제목으로 녹음하여 음반으로 발매되었으며, '내 고향으로 날 보내주'라는 제목의 윤동주의 애창곡으로도 널리 알려져 있다. 윤동주의 여동생 윤혜원은 "오

그림 6 연전 사중창단 취입음반 가사지
(연세대학교 박물관 소장)

랫동안 유학생활을 하느라 타지를 떠돌던 오빠가 고향 북간도와 부모 형제를 그리면서 자주 부르던 노래였죠. 서울과 일본에서 유학생활을 하다 방학을 맞아 북간도에 돌아오면 동생과 동네 아이들을 모아놓고 '아리랑' '도라지' 등의 민요와 함께 그 노래를 가르쳐 주었습니다."고 회고하였다.[44] 그러나 증언과는 달리 강성갑과 윤동주의 애창곡이 같은 것은 떠난 고향을 그리워하던 개인의 사정과 취향이 반영된 것이 아니라 연희전문의 음악교육 및 활동과 깊은 관계가 있는 것이었다. '흑인의 망향가'는 진정한 고향, 즉 "위계로 나뉘는 부조리한 현실을 뛰어넘어 진정한 자유를 성취할 수 있는 미래"를 꿈꾸는 노래였기에 강성갑과 윤동주, 더 나아가 연희전문 학생들의 애창곡이 되었다.[45]

연희전문 재학중에 강성갑은 가정교사 생활을 하면서 어렵게 학교를 다녔으나,[46] 겸허하고 점잖은 모범생으로 보통학생과는 다른 위엄까지 지니고 있었다.

그림 7 연희전문 문과 졸업생. 강성갑은 오른쪽 끝 가운데
(연희전문학교 졸업앨범(1941.2) 연세대학교 박물관 소장)

　　이미 25세의 만학도였던 그는 입학 후에도 남다른 신념과 의지로
서 교우(交友)들의 존경을 받았으며 독실한 크리스찬이었고 공부도
썩 잘했다고 한다. 특히 사리에 밝고 원칙에 어긋나는 일이 없어 한
번은 교우중 한 친구가 결혼을 하게 되어 모든 학생들이 수업을 빠
지고 결혼식에 참가했으나 그 혼자만이 수업에 남았다는 에피소드
도 있다. 그와 연희전문학교 문과 동기생인 정희석 음대 학장은 『강
성갑은 겸허하고 점잖은 모범생으로 보통학생과는 다른 위엄까지
지니고 있었다』고 술회하고 있다.[47)]

　　강성갑은 연희전문 재학중에 상과의 라익진 등 다른 과의 학생들과
도 좋은 교우 관계를 유지했다. 자세한 사정은 확인할 수 없으나 강성
갑이 해방 후 미군정기에 상과 졸업 동기생인 라익진과 미군 군속으로

그림 8 상과의 라익진과 함께

보이는 인물 등 세 사람이 함께 촬영한 사진이 남아있다. 라익진은 연희전문 상과를 졸업하고 해방 후에 상공부 차관, 한국산업은행 총재, 학교법인 연세대 재단 감사를 역임하였다. 라익진의 회고에 의하면 연희전문 상과 재학 중일 때 공부에만 열중하여 친구가 없었고 기독교인도 아니었다.[48] 해방 후 깅성갑과 같이 사진을 찍을 정도의 친분을 가진 것으로 보면, 연희전문 재학 중에 가까운 사이였거나 교류가 있었음은 분명하다. 구체적으로 확인할 수는 없으나, 금융조합을 다녔고 농촌문제에 관심이 많았던 강성갑이 상과의 학생 자치단체인 경제연구회 등 학생회 활동과 상과의 학문 등에도 관심을 갖고 있었기에 이를 통해 알게 된 것으로 보인다.

강성갑은 연희전문에서 최현배, 이양하 등으로부터 가르침을 받았다.

당시 연희전문에는 백낙준 박사가 교장이었고(주: 당시 교장은 원한경이었다) 최현배, 차경덕, 이양하. 이묘묵 교수 등이 있었는데, 1학년때는 이양하 교수가 가르치는 코난 도일(Conan Doyle)의 셔얼록 호움즈(Sherlock Holms)가 하도 어려워서 책 한 권을 완전히 외워서

시험을 치루었다 한다. 특히 최현배 선생의 「우리말본」 강의는 민족
주의적인 정신을 일깨워 후에 그의 농촌부흥운동의 정신적인 기조
를 이루는데 크게 영향을 주었다.[49]

유영은 당시 연희전문에서 "외
솔 선생의 『우리말본』 강의를 들었
을 때 우리는 얼마나 감격했고 또
영광스러웠고 연희동산이 얼마나
고마운 곳인가를 뼈지리게 느꼈으
며." 하경덕, 이양하, 손진태 등의
명강의를 기억하였다.[50]

강성갑은 유영의 문과 1년 선배
이지만 유영과 거의 같은 강의를
들었을 것이다. 또 연희전문은 농
촌문제에도 깊은 관심을 갖고 있
었다. 연희전문은 폐지되었던 농
과를 신설하여 실제 농업기술을

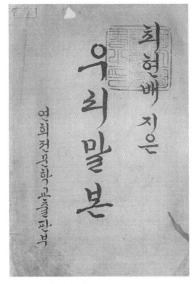

그림 9 『우리말본』 표지
(국립중앙도서관 소장)

가르치고자 시도했고, 1930년대에는 YMCA와 함께 정말(丁抹, 덴마크)
식 농업수양소를 개설·운영하였다. 원한경은 1934년 연희전문 교장
취임사에서 학문과 실용을 익히는 학생들에 대하여 언급하면서, 도서
관 한쪽에서는 조선농촌문제를 연구하는 학생들을 볼 수 있을 것이라
고 강조하였다.[51] 강성갑은 연희전문에서 특히 원한경과 최현배의 가
르침을 받았으며 이들의 사제관계는 해방 이후까지 계속 이어졌다.

원한경·최현배의 가르침

대부분의 증언들은 연희전문 재학중의 강성갑이 백낙준과 친밀한 사제관계를 유지했다고 하지만, 백낙준은 강성갑 재학 중에 연희전문을 떠나 미국에 있었기에 연희전문에서의 직접적인 관계는 없었다. 백낙준은 강성갑이 입학하던 1937년 4월 이후 구미(歐美)여행 중에 있었으나 자신이 관계하던 수양동우회 인사들의 검거 소식을 듣고 귀국을 포기하였으며, 1938년부터 모교인 파크대학에서 국제관계사 강의를 맡았다. 1939년 6월 문제가 되었던 동우회 사건이 해결되었음을 듣고 1939년 8월 귀국하였으나, 1940년 2월 연전 교수직을 사임하였고 이로부터 만 1년간 금족생활을 했다.[52]

그림 10 원한경 교장
(연희전문학교 졸업앨범(1941.2)
연세대학교 박물관 소장)

강성갑은 연희전문 재학 중에 당시 교장이었던 원한경에게 큰 영향을 받았으며, 각별한 사제관계를 유지하였다. 강성갑이 1950년 8월 죽었다는 소식을 들은 원한경은, 연희가 배출한 가장 큰 인재를 잃었다며 슬퍼했다. 원한경은 연희전문 교장의 취임사에서 "기독교 정신의 아래 물질적, 정신적, 사회적 문제 등 여러 방면에 걸쳐 있는 동포의 문제를 해결하는 청년을 길러 조선 사회로 내보내는 데 연희의 목표"가 있다고 하였다.[53] 원한경은 강성갑을 연희가 목표로 했던 조선의 청년으로 생각하였기에, 강성갑이 죽었다는 소식을 듣고 연희가 배출한 최고의 인재를 잃었다고 아쉬워한 것으로 보인다. 원한경은 한국전쟁 중에 억울하게 희생되었던 강성갑이 공산주의자라는 누명을 벗을 수 있도록 앞장서서 노력했던 강성갑에게는 매우 특별한 스승이었다.

최현배[54]와 강성갑의 관계 또한 각별했다. 최현배는 1926년 연희전문 문과에 부임하였다. 최현배가 연희전문학교 교수로 부임한 것은 그의 민족사상과 연희전문의 교육이념이 일치했기 때문이었다.[55] 교토제국대학 철학과에서 교육학을 전공한 최현배는 연희전문에 합류하여 철학과 교육학, 윤리학 등을 가르쳤고, 1930년대 조선어 교육이 가능하게 되면서부터는 조선어를 가르쳤다.[56] 최현배는 연전 문과에 있어서 참으로 인격적으로 감화를 주는 교수라는 높은 평가를 받고 있었다.

그림 11 최현배 교수
(연희전문학교 졸업앨범
(1937) 연세대학교 박물
관 소장)

최현배 교수는 경남 울산산으로 광도사범(廣島師範)과 경도제대 철학과를 거쳐 연전에 와서는 철학 전반에 관한 과목과 조선어를 담임하엿다. 인품이 근검착실하고 과묵둔중(寡默鈍重)하야 학생들의 경모(敬慕)하는 적(的)이다. 그가 광도고사(廣島高師)에 재학중일 때는 학우로부터 조선의 깐듸-라는 별명을 들엇섯다한다. 더욱이 그의 사상의 편린(片鱗)을 엿볼랴면 최근에 발간된 『조선민족갱생의 도』라는 책자를 일독하면 짐작할 수 잇슬 것이다. 소극적이나 온건적이오 타협적이나마 저력이 강대한 모범교수이다. 연전 문과에 잇서서 참으로 인격적으로 감화를 주는 교수가 잇다면 위선(爲先) 씨

를 손곱지 아늘 수 업다. 은인자중하야 압날을 기약하는 교수의 거
름 거리만으로로도 그의 연전에 잇서서의 존재가치는 퍼-센테지 이
상이다.[57)]

최현배는 강성갑이 입학한 해인 1937년부터 미국 출장을 떠난 백낙
준을 대신해서 문과 과장 대리를 맡기 시작하여 1938년까지 2년 동안
문과 과장을 맡았고, 1938~39에는 문과 2학년의 담임교수를 맡아
학생들과 여러 활동을 함께 하였다.[58)] 최현배는 해방 후에 경남 진영의
한얼중학교를 방문하여 아끼던 제자인 강성갑을 격려하였다.[59)] 최현배
로부터 한글을 배운 강성갑은 1946년 부산대학교가 설립될 당시에 한
글맞춤법을 담당하는 전임교수로 임용되기도 했으며,[60)] 강성갑이 억울
하게 죽은 이후 강성갑의 아들은 최현배의 도움을 받아 한글학회에 근
무하는 등 강성갑과 최현배는 매우 가까운 사제관계를 유지하였다.[61)]

강성갑에게 특별한 영향을 준 원한경과 최현배는 페스탈로치를 우
리나라에 소개한 뛰어난 교육학자들이었다. 원한경의 백년제(百年祭)
기념강연 초록이 「페스탈롯지의 일생」이라는 제목으로 『현대평론』에
실려 있다.[62)] 원한경은 강연에서 페스탈로치를 "씨가 유명한 철학이나
숙고안출(熟考案出)한 교육적 체계에 의하야 일을 한 것이 아니오. 다만
어린 아해(兒孩)들을 위한 무한한 사랑과 자기나라 불상한 사람들을 위
하야 자기의 정력과 기능을 다하랴는 굿은 결심을 가지고 일을 하여
나아간 것"으로 소개하였으며, 그를 실천의 사람으로 평가하였다.[63)]
원한경의 뒤를 이어 최현배는 페스탈로치의 이론과 교육에 대한 철학
을 「페스탈롯지 교육학」이라는 제목으로 강연하였다.[64)]

최현배는 "민족 개조와 사회 개량의 근본책이 교육에 있음을 알고,"
교토제국대학에서 교육학을 전공하였다. 최현배는 페스탈로치의 인

격·사상·사업을 앙모하고, 그 학설을 연구하여 장차 페스탈로치의 교육학을 체계화하려는 목적 아래, 1925년 교토제국대학 문학부 철학과 졸업 논문으로 「페스탈로치의 교육학설」을 발표하였다.[65] 1930년 단행본으로 간행된 최현배의 『조선민족 갱생의 도』는 그가 10년 동안의 일본 유학을 마무리하던 1925년에 집필한 것으로, 1926년 『동아일보』에 66회에 걸쳐 연재한 내용을

그림 12 원한경과 함께
(강성갑은 두번째 줄 왼쪽 첫번째)

단행본으로 엮은 것이었다. 최현배는 『조선민족 갱생의 도』에서 일제의 식민지하에 있는 조선 민족의 살길은 교육에 있음을 강조하였다.

> 교육은 실로 인간 사회의 성쇠 존망의 요추(要樞)이며, 비기(祕機)이다. 이 비기가 그 온전한 역량과 영능(靈能)을 충분히 발휘하는 곳에는 문화가 그 찬연(燦然)한 광휘(光輝)를 발하며, 인생이 그 숭호(崇乎)한 존귀를 향(享)하는 것이다. 오늘날 이렇듯 쇠잔하고, 이렇듯 미약한 우리 배달민족의 '살아나기(更生)'에 대하여, 가장 중대한 관계와 근본적 의의를 가지는 것은 무엇보다도 이 교육이다.[66]

강성갑은 연희전문에서, 조선의 교육에 깊은 관심을 가지고 「Modern Education in Korea」라는 제목의 논문으로 뉴욕대학교 교육학 박사학위를 받았던 원한경과, 조선 민족의 갱생을 위해 가장 중요한 것이 교육임을 강조한 최현배로부터 페스탈로치의 노작교육(勞作敎育, 학생들의 자발적·능동적인 정신 및 신체의 작업을 중심 원리로 하여 행하는 교육) 등 교육사상과 실천을 배웠으며 이들로부터 큰 영향을 받았다. 일제 강점기 조선교육에 대한 연구 흐름을, 조선에서 활동하는 일본인 관료 및 연구자들과 외국인 선교사, 그리고 국내외에서 고등교육을 받거나 사회운동을 하는 조선인 등 크게 셋으로 분류한다면,[67] 강성갑은 외국인 선교사와 조선인 측의 두 부류를 대표하는 인물로부터 깊은 영향을 받은 것으로, 해방공간에서 강성갑의 교육 실천은 원한경과 최현배의 가르침을 창조적으로 계승·실천한 것이었다.

윤동주·송몽규와 함께 협성교회를 다니다

강성갑은 연희전문학교 재학 중에 문과 1년 후배였던 윤동주, 송몽규 등과 함께 협성교회를 같이 다니면서 영어 성서공부를 했다. 정병욱은 윤동주와 함께 다녔던 교회를 "연희전문학교와 이화여자전문학교 학생들로 이루어진 협성교회로서 이화여전 음악관에 있는 소강당을 교회로 쓰고 있었다. 거기서 예배가 끝나면 곧이어 케이블 목사 부인이 지도하는 영어 성서반에도 참석하곤 했었다."고 기억하였다.[68] 영어 성서반을 지도했던 케이블 목사 부인은 원한경 부인 등과 함께 연희전문학교의 영어 전임강사였다.[69]

강성갑은 윤동주, 송몽규의 문과 1년 선배로서 윤동주와는 연희전문을 졸업할 때까지 3년여 동안, 송몽규와는 적어도 1년 정도 협성교회를 같이 다니며 신앙생활을 함께 했으며, 이들의 인연은 일본 교토에서 계속 이어졌다. 특히 강성갑의 주체적인 기독교 신앙은 연희전문

그림 13 협성교회 영어 성서반 사진 (1938년 11월 27일)
(강성갑은 오른쪽 끝, 그 옆이 윤동주, 송몽규는 왼쪽에서 네번째)

그림 14 협성교회 영어 성서반 사진 (1940년경)
(강성갑은 첫번째줄 오른쪽에서 세번째, 윤동주는 세번째 줄 오른쪽 끝)

그림 15 협성교회 영어 성서반 사진 (촬영일 미상)
　　　　 (강성갑은 왼쪽 첫 번째)

재학시절 자신의 기독교 신앙에 대해 회의하던 윤동주에게 큰 영향을 끼쳤다. 윤동주가 도쿄의 릿쿄대학을 떠나 교토의 도시샤 대학으로 옮기게 된 이유중의 하나로 윤동주와 강성갑의 관계 또한 중요하게 작용했을 것으로 생각된다.

　강성갑과 윤동주, 송몽규가 함께 다녔던 협성교회는, 1935년 7월 이화여전 본관 교장실에서 연희전문과 이화여전 양교의 대표들이 모여 연합교회를 발족하고 가을에 연합모임을 갖기로 결의하였으며, 1935년 9월 29일 주일 아침 연희전문과 이화여전 학생 및 교직원이 연합하여 이화여전 에머슨홀에서 첫 예배를 드렸다. 당시 연희전문 교목이었던 장석영 목사가 담임목사로 임명되었고, 설교 및 전도위원은 아펜젤러, 김인영, 김활란, 원한경, 장석영, 음악위원은 김활란, 김영의, 현제명, 최형길, 재정위원은 박마리아, 서은숙, 최순주 등으로 구성되어 있었다.[70] 우리나라 대학교회의 시초였던 협성교회는 강성갑과 윤동주가 연희전문을 졸업한 이후인 1942년 12월 마지막 예배를 끝으로 폐쇄되었다.[71]

기독학생청년회에 참여하다

강성갑이 연희전문 재학 중에 어떤 활동을 했는지는 분명하게 확인할 수 없지만 연희전문 기독학생청년회(YMCA)에 참여한 사실은 '연전 YMCA 신입회원 환영회' 사진으로 확인된다. 강성갑이 참여했던 연희전문의 기독학생청년회는 1914년 12월경 일부 학생들이 조직한 학생 전도대를 바탕으로 하여 1915년 10월 창립되었다. 연희전문 학생들은 당시 시대의 난제를 극복하기 위해 "적당한 도덕과 사상이 확립"되어야 하며, 그것은 "기독의 정신과 주의와 도덕과 이상"으로 근본을 삼아야 한다고 전제하였다. 그러나 현재의 기독교는 "기독의 정신 대로의 기독교"가 되지 못하고 "혹은 식민정책으로 혹은 상업수단으로 혹은 외교수단으로 이용됨이 상다반(常茶飯)"이었으므로, "사악과 암흑의 수단으로 이용하던 기독교를 정의와 광명의 원상대로 회복하여야 될 필

그림 16 연전 YMCA 신입회원 환영회 (1939년 4월 24일)
　　　(강성갑은 오른쪽 끝에서 두번째)

요를 절감"한 학생들이, "전 사회를 기독 정신화"하고 "개인의 인격향상"을 위해 기독학생청년회를 설립하게 되었음을 천명하였다.[72]

기독학생청년회는 설립 목적을 달성하기 위하여 다양한 활동을 전개하였으며, 기관지『시온』을 발행하여 자신들의 생각을 널리 알렸다. 제호(題號)인 '시온(詩蘊)'은 이집트의 학정으로부터 출애굽(出埃及)하던 유대인들, 바빌론 유수(幽囚)로부터 해방을 간구하던 유대인들의 모습을 통해 이 잡지가 지향하는 바가 무엇인지를 보여준다. 『시온』은 1930년 12월 창간호를 발간한 이후 1936년 9월까지 모두 4호가 발행된 것으로 확인되며, 총판매소를 따로 두고 20~25전의 가격으로 일반인들에게도 판매하였다.[73] 『시온』창간호의 「조선 신기독청년의 사명」이라는 글에 의하면, "과거에 조선 기독교 사상은 중세기의 기독교 사상과 흡사"하여, "우리가 존재한 현실을 속세시(俗世視)하였으며 회피적 태도로써 가장 성자(聖者)인체 하는 생활을 하였다. 그 결과 현실을 망각하게 되었으며 현실인으로써 맛당히 이행할 의무를 저바렸다"며, "내세의 천국보다도 지상에 천국을 건설하기 위하야 우리의 생명을 희생하며 내세의 천국까지라도 버리자"고 외쳤다.[74] 당시 조선의 기독교에 대한 비판적 시각 속에서 기독교정신의 회복을 촉구하는 것은 계속되었으며, 1935년 1월 발간될 예정이었던 『시온』3호는 일제로부터 치안방해를 이유로 출판물 차압처분을 받아 발매를 금지당하는 등 탄압을 받았다.[75]

연희전문은 기독교학교였으나 다른 기독교학교와는 달리 설립 당시부터 기독학생청년회의 가입은 학생들의 자발적인 결정에 따랐으며, 1930년에는 전체 학생의 45% 정도가 가입하여 활동하였다.[76] 강성갑은 기독학생청년회의 설립 목적과 활동에 공감하고 자발적으로 기독학생청년회에 가입한 것이었다. 강성갑의 재학중에 연희전문 기독학생청년회는 활발하게 활동했다. 1937년 여름방학에는 3개 반으로 나뉘어 전국의 각 지방에서 전도사업과 사회봉사 활동을 하였으며, 1938년 여름방학에는 대학 기독학생청년회 학생대표와 장서영 교목 일행이 서해안에 있는 '기린'섬을 방문하여 최초로 교회를 창설하고 전도와 사회사업을 2주 이상 진행했다. 1940년에는 많은 회원을 확보하고 여름과 겨울방학에 전도대를 편성하여 전국 각지로 전도활동을 나가는 등 다양한 활동을 진행하였다.[77]

05. '기독교인' 조선사람이 아닌 '조선'의 기독교인

일제의 신사참배 강요와 연희전문

강성갑의 입학을 전후한 1930년대 중반의 연희전문학교 등 기독교 학교는 일제가 신사참배(神社參拜)를 강요함에 따라 매우 혼란스러운 상황이었다. 일제는 식민지배 초기부터 신사의 설립을 장려하고 관·공립학교부터 학생들의 신사참배를 강요하였으나, 기독교계와 한국인들의 반발에 부딪혀 이를 제대로 관철할 수 없었다. 일제는 1931년 만주사변을 계기로 재차 기독교 학교의 신사참배를 강요하는 등 신사참배 문제를 둘러싼 일제와 기독교계의 대립은 계속되었다.

일제와 기독교계의 본격적인 대립은 1935년 초 일제가 국체명징(國體明徵)운동을 시작하면서부터 평양에서 시작되었다. 평양의 기독교계 학교 교장들은 1935년 11월 평안남도 지사의 평양신사 참배 지시를 거부하였으며, 일제는 이를 계기로 외국인 선교사 교장들에게 직접 신사참배를 강요하는 등 강경책을 쓰기 시작하였다. 일제의 신사참배 강요에 맞서 선교사들은 1936년 6월 선교사 연회를 개최하고 교육 철수를 결정하였다. 선교사들의 철수 결정에 따른 기독교 학교의 폐교로 피해를 입게 된 학생들과 교사들은 선교부의 폐교방침에 반발하고 학교를 인계·유지하는 운동에 가담하였으며, 그 결과 신사참배 문제는 기독교 학교의 유지·존속의 문제로 바뀌었다.[78]

선교본부는 1937년 9월 회의에서 교육철수 방침을 그대로 유지하였고, 대부분의 선교사들은 교회 지도자 양성을 위한 기독교 학교의 설립목적을 이룰 수 없게 되었다는 종교적 이유를 들어 교육인퇴(敎育引退)를 선택하였다. 그러나 연희전문 교장 원한경은 조선민족의 지도자를 양성하겠다는 학교의 설립 취지와 학생들의 교육열에 부응하고자 했다. 원한경은 자신의 종교적 양심을 꺾는 한이 있더라도 '전도사업'과 '교육사업'을 분리하는 방법으로 일제의 신사참배 강요에 타협하면서까지 학교를 유지하기 위해 노력하였다. 학교유지를 위해 노력했던 원한경의 활동은 당시 언론에 상세하게 보도되었으며, 식민지 조선 사회의 기대와 지지를 받기도 하였다.

언론보도에 의하면 1937년 8월 원한경은 미국의 선교본부가 기독교 학교의 폐쇄여부에 대해 "그 최후적 결정을 짓기 전에 한번 더 조선에 잇어서 교육사업의 일선에 잇는 박사를 청하야 그의 의견을 듣고자"하여 미국으로 출발하였다. 원한경은 "학교사업은 계속함이 올타"는 것을 전제로, "선교부로서는 전도사업만을 하고 교육사업만은 분리하야 희망하는 적당한 인물에 맡겨서라도 계속 경영할 수 있다."고 주장하였다.[79] 원한경은 1938년 1월 뉴욕에서 열린 북장로교 외국선교회 총회에 참석하여, "조선내 북장로교 선교회는 다른 교파와 협동하야 양교 경영을 계속하기를 열망한다. 본부 대다수 회원의 의견은 양교(연희전문과 세브란스의전) 공동경영을 지지함."이라는 결의를 이끌어 내는 등 연희전문학교의 유지를 위해 노력하였다.[80] 미국 선교본부의 결의가

그림 17 동아일보 1938년 6월 28일

있었음에도 1938년 6월 평양에서 개최된 북장로교 선교총회에서는 연희전문과 세브란스의전의 공동경영에서 1939년 3월말까지 철수하기로 결정하였다. 원한경은 "학교를 위하여 선교회에서 탈퇴할 것을 즉석에서 선언"하였고 연희전문의 유지를 위해 미국 선교본부와 절충하겠다는 의지를 분명히 밝혔다.[81]

북장로교 선교부가 연희전문학교의 공동경영에서 탈퇴하였지만 원한경은 교장으로서 연희전문학교를 유지하기 위해 신사참배에 순응하는 방침을 내세웠으나, 채플을 통해 신사참배의 강요는 곧 강압적인 우상숭배임을 암시하면서 학생들이 스스로 판단하도록 하였다.[82] 연희전문학교의 종교활동은 1938년 흥업구락부 사건으로 더욱 위축되었지만 채플은 계속되었으며, 오히려 더욱 많은 학생들이 참석하였다.[83]

경제연구회 사건에 연루되다

강성갑 재학 중에 연희전문은 계속해서 일제의 가혹한 탄압을 받았다. 강성갑이 1학년에 재학 중이던 1937년 6월 일제 경찰은 수양동우회 사건을 일으켜, 수양동우회 서울지회에서 중요한 역할을 담당했던 연희전문의 조병옥, 하경덕, 이묘묵, 한치관, 현제명, 갈홍기, 이윤재 등 많은 교수들을 체포하였다. 수양동우회는 안창호의 흥사단과 관련된 조직이었다. 민족개조를 주장하면서 흥사단을 조직한 안창호가 1922년 2월 이광수를 통해 국내에 만든 거점 조직인 수양동맹회와 평양의 동우구락부가 통합하여 1926년 1월 수양동우회로 개편되어 활동하였다.[84)]

또 일제 경찰은 1938년 2월 경제연구회 사건을 일으켜 연희전문의 학생들과 교수들을 체포하는 등 학생활동을 탄압하였다. 경제연구회는 연희전문 상과 학생들로 조직된 학생 자치단체였다. 다른 기독교계 학교와는 달리 연희전문에는 기독학생청년회와는 별도의 학생자치단체로 학생회가 조직되어 1926년 6.10만세 운동을 주도하는 등 민족운동에 앞장섰다.[85)] 민족운동에 앞장섰던 연희전문 학생회는 1932년 1월 "사상단체와 연락, 학생 공산주의운동 단체화하여 직원 배척, 수업료 불납동맹, 맹휴"를 일으켰다는 이유로 해산되었다. 학생회의 해산으로 학

그림 18 동아일보 1938년 2월 26일

생운동이 분산, 위축되자 경제연구회는 이를 타개하기 위해 학생회 재건에 앞장섰다. 학생들은 학생회 재건이 무산되자, 1935년 5월경 경제연구회에 타과의 학생들도 가입할 수 있도록 회칙을 개정하여 경제연구회와『경제연구』지를 실질적인 연희전문 학생회와 학생회 기관지로 만들고자 하였다.[86]

일제는 1938년 2월 경제연구회 사건을 일으켜 경제연구회를 좌익 학생단체인 연희전문 학생회의 실질적인 재건체로 지목하고 학생들을 검거하였다. 졸업생과 이들의 사상적 배경으로 지목된 이른바 '적색교수 그룹' 등 60여 명을 체포하였고, 학생과 교수, 학교 당국에 대해서도 수색을 벌이는 등 대대적인 탄압을 가하였으며, 결국 경제연구회는 해체되었다.[87]

1938년 5월에 있었던 흥업구락부 사건은 일제가 경제연구회 사건을 조사하던 중에 유억겸의 집에서 이승만의 동지회 관련 문서가 발견되면서 시작되었다. 흥업구락부는 YMCA 활동을 주도하던 신흥우가 1925년 3월 미국에 있던 이승만의 동지회와 자매단체로 조직한 단체였다. 연희전문의 유억겸, 최현배, 이춘호 등이 참여하여 YMCA와 신흥우를 중심으로 농촌문제 해결을 위해 노력하였으나 거의 활동이 중지된 상태였다. 일제는 기독교에 대한 견제, 해외 독립운동 조직과의 연계 등을 우려하여 대대적인 검거를 단행하였으며, 유억겸 등이 구속되었고 최현배는 연희전문을 떠날 수 밖에 없었다.[88]

다수의 증언에 의하면 강성갑은 연희전문 재학 중에 조선어학회 사건에 연루되어 정학 처분을 받았다고 한다.[89] 강성갑의 아들은 조선어학회 사건에 연루되어 투옥된 후 풀려났을 당시 학생복 입은 초췌한 모습의 아버지 사진을 기억하고 있다.[90] 그러나 1942년 10월 최현배 등의 검거로부터 시작된 조선어학회 사건에 강성갑이 연루되었을 가능성은 시기적으로 맞지 않는다. 대부분의 증언들이 시기적으로 맞지 않음에도 불구하고 조선어학회 사건이라고 일관되게 증언하는 것은 그만큼 강성갑과 최현배의 관계가 각별했음을 보여준다고 할 것이다. 강성갑이 연루된 사건이 있었다면 1938년 2월의 경제연구회 사건일 가능성이 높다. 강성갑 재학중에 경제연구회는 일제의 탄압으로 거의 활동이 중지된 상태였지만, 해산된 연희전문학생회를 대신하여 실질적인 학생자치단체 역할을 하고자 타과 학생들의 가입을 허용하고 있었다. 또 상과에는 강성갑의 주된 관심사였던 조선 농촌문제의 전문가인 노동규 교수가 재직하고 있었다.[91]

일제로부터 탄압을 받았던 연희전문 학생들의 민족운동은 일반적인 기독교계 학교의 분위기와는 다른 양상을 띠고 있었다.

연전의 학생운동은 '민족의 독립과 민중의 해방'이라는 목표달성을 위해, 학교의 교육 방침이었던 기독교주의와 당시 민족해방의 수단으로 널리 받아들여진 사회주의의 영향을 받으며 이루어졌다. 학생들은 먼저 기독교주의를 민족운동의 목적달성을 위한 효과적인 수단으로 판단하고 이에 근거한 민족운동의 실천에 나섰으나, 조선의 기독교가 시대와 민족의 요구에 부응하지 못하고 있다고 인식하면서 사회주의에 적극적으로 관심을 가지기 시작했다. 학교 당국은 학문의 자유를 존중하는 입장에서 학문으로서 사회주의 연구를 허용했으나, 학생들은 민족운동의 실천에 사회주의가 유용한 수단이될 수 있다면 이를 받아들여야 한다고 생각했다. 학생들에게 더욱 중요한 것은 기독교 전도나 기독교 국가를 만드는 것이 아니라 민족의 독립과 해방이었기 때문이다. 연전 학생회가 주도했던 1926년 6.10만세운동 등 연전 학생들의 민족운동은 기존에 알려진 기독교

사회주의와는 또 다른 성격의 것으로, 일제 강점기에 기독교와 사회주의가 민족의 독립과 해방이라는 시대적 과제를 달성하기 위해 공존·협력하였던 사례로서 중요한 의미가 있다.[92]

기독교 '신앙'과 사회주의 '이념'이 대립하는 관계라고 한다면, 그것은 기독교 신앙이 이념이 되었거나 사회주의 이념이 신앙이 되었기 때문이다. 연희전문의 학생들에게 사회주의는 기독교의 신앙과 대립하는 이념이 아니라 조선 민족의 독립과 해방을 위한 수단이었다. 이러한 연희전문의 분위기는 강성갑에게 큰 영향을 끼쳤다. 강성갑에게 기독교 신앙은 자본주의나 사회주의 등 이념을 넘어서는 것이었다. 강성갑에게 신앙의 목적은 인간이었으며 다른 그 무엇도 인간을 위한 수단에 불과하다고 생각했다. 해방공간에 강성갑은 "왜 교장 선생은 좌익활동 경력이 있는 사람을 학교 선생으로 채용하느냐? 라고 하기에, 나에게는 빨갱이고 노랭이고가 없다. 마음고치고 예수믿고 그 인격이 변화되어 나와 손잡고 일하면 누구든지 나의 동지라고 생각한다"고 학생들에게 말하였으며,[93] "좌도 우도 있을 수 없다. 민족중흥의 대도는 일치단결하여 배우고 일하는 것이다."고 주장하였다.[94]

창씨명(創氏名) 사용을 거부하다

강성갑이 연희전문을 졸업할 무렵부터 학교에 엄청난 변화가 시작되었다. 강성갑이 졸업한 직후 원한경 교장은 추방되었고, 윤치호가 교장으로 선임되었다. 라익진은 "우리 학년이 언더우드 교장한테 졸업장을 받은 최후의 학년이 되었다. 그와 동시에 일본인 선생은 수가 늘어났고 학교의 분위기는 점차 일본색채로 변모되어 갔다."고 회고하였다.[95]

내가 들어갈 때는 학생들이 머리를 기르고 사각모를 쓰고 신사처럼 차리고 다녔는데 얼마 가지 않아서 우리는 다 머리를 군인처럼 빡빡 깎고 다녀야 했고 중학생처럼 교련복을 입고 총검을 가지고 교련을 받아야 했다. 저명한 교수들이 차례차례 학교를 떠나가셨고 학교에 표시되어 있었던 태극기는 일본인들의 손에 의하여 뭉개져 버렸다.[96]

강성갑의 졸업앨범에는 국체명징, 내선일체 등의 플래카드가 드리워져 있는 언더우드관의 사진과, 창씨개명한 교수들의 이름을 확인할 수 있다.[97] 창씨개명은 일제의 동화정책인 황민화(皇民化)정책의 일환으로 실시된 것으로 "자의(字義)대로 설명하면 씨를 새로 만드는 것(創氏)과 명을 바꾸는 것(改名)을 합한 말이다. 그중 중요한 것이 종래 조선의

그림 19 강성갑의 졸업앨범 단체사진의 일부분
(연희전문학교 졸업앨범(1941.2) 연세대학교 박물관 소장)

관습에 없었던 씨(家의 칭호)를 새로 만드는 것이다. 그러나 그것에 머무르지 않고 일본인 풍의 씨를 짓도록 장려·유도"되었다.[98]

일제는 1940년 2월 11일에 시행된 개정조선민사령(改正朝鮮民事令) 및 기타 법령(조선인의 씨명 변경에 관한건 조선총독부령 제222호)에 의해 "(1) 2월 11일부터 6개월 기간 안에 씨를 설정하여 신고할 것을 의무로 한다. (2) 신고가 없는 경우는 호주의 성을 씨로 한다. (3) 이름을 일본인풍으로 바꿀 경우에는 재판소의 허가를 받은 후 신고를 하고 호적상의 이름을 바꾸게 강제했다. 결국 씨의 설정은 의무이고 반드시 신고해야 했지만, 개명은 임의이고 허가를 받는 형식을 취하고 있었다."[99] 신고 기간(1940년 2월 11일부터 8월 10일까지)내에 씨를 신고한 것은 약 80%(조선인 호수에 대한 비율)였고, 이름을 바꾼 것은 약 10%(조선인 인구에 대한 비율) 정도였다.[100]

이러한 창씨개명의 목적은 "조선적인 가족제도, 특히 부계혈통에 기초한 종족집단의 힘을 약화하고, 일본적인 이에(家)제도를 도입하여 천황에 대한 충성심을 심는 것"이었다.[101] 즉 "조선인을 '혈족중심주의'로부터 탈각(脫却)시켜 "천황을 중심으로 하는 국체"의 관념, '황실중심주의'를 부식하는 것이 창씨의 목적이었다."[102] 씨 설정 신고 접수가 시작되었으나 접수가 저조하자 총독부는 조선인을 상대로 다양한 수단을 사용하여 강압적으로 창씨를 독촉하였다. 내선일체를 내건 창씨정책에 조선인이 동의한다는 것을 보여주기 위해 창씨의 비율을 가능한 한 높이고자 지역간의 경쟁을 부채질하였으며, 지역사회를 총동원하여 창씨를 강요하거나 학교에서 아이들을 통하거나 각종 단체를 통해 독려하고 입학 또는 취직의 조건에서 불이익을 주는 방법으로 창씨를 강요하였다.[103] 창씨에 대해 타인에게 비판적인 말을 하거나 창씨에 반대하는 행동은 경찰의 엄중한 단속대상이 되었다.[104] 윤동주와 송몽규는 일본

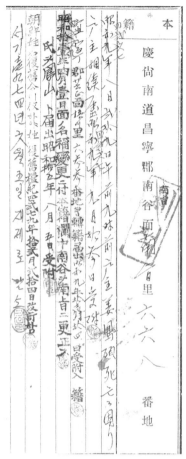

그림 20 제적등본 일부

유학에 필요한 도항증명서 등을 발급받고자 창씨 신고서를 제출한 것으로 알려져 있기도 하다.[105]

강성갑의 경우에는 호주인 그의 형이 창씨를 거부하다가 일제의 강요와 억압에 버티지 못하고 결국 창씨 신고 마감일을 앞둔 1940년 8월 5일 '봉산(鳳山)'으로 창씨하는 신고서를 제출하였다. 호주가 제출한 창씨 신고의 효력은 강성갑에게도 당연히 발생하므로 강성갑은 '봉산성갑(鳳山成甲)'이 되었다. 그러나 강성갑은 연희전문학교에 창씨한 사실을 따로 신고하지 않았으므로 강성갑의 연희전문 학적부는 그의 호적과는 달리 '강성갑'으로 기록되어 있다. 또한 도시샤대학의 학적부와 성적표, 그리고 졸업논문에도 창씨명이 아닌 '강성갑'으로 분명하게 기록되어 있다. 도시샤대학의 입학 지원서류에 호적초본이 포함되어 있었으므로, 도시샤대학은 호적초본을 통해 강성갑의 창씨 사실을 분명하게 확인할 수 있었다. 도시샤대학이 호적의 기재되어 있는 강성갑의 창씨명을 사용하지 않고, '강성갑'이라는 이름을 공식적인 서류에 사용한 이유는 분명하게 확인할 수 없다. 도시샤대학이 기독교계 사립학교라는 점에서 창씨명 사용을 거부하는 강성갑의 사례를 용인해준 것으로 생각된다.[106] 도시샤대학의 학적부, 성적표 등의 공식서류에는 일본의 '소화' 연호를 사용하지 않고 서기를 사용한 사례 또한 발견되기도 한다. 강성갑이 창씨한 이름을 사용하지 않고 어떻게 일본으로 유학을 떠날 수 있었는지, 창씨에 대한 강성갑의 생각과 유학을 떠난 구체적 과정은 확인할 수는 없지만, 강성갑은 분명하게 창씨명의 사용을 거부하였다. 이러한 사실은 그의 민족의식의 일단을 보여 주는 사례로 이해할 수 있을 것이다.

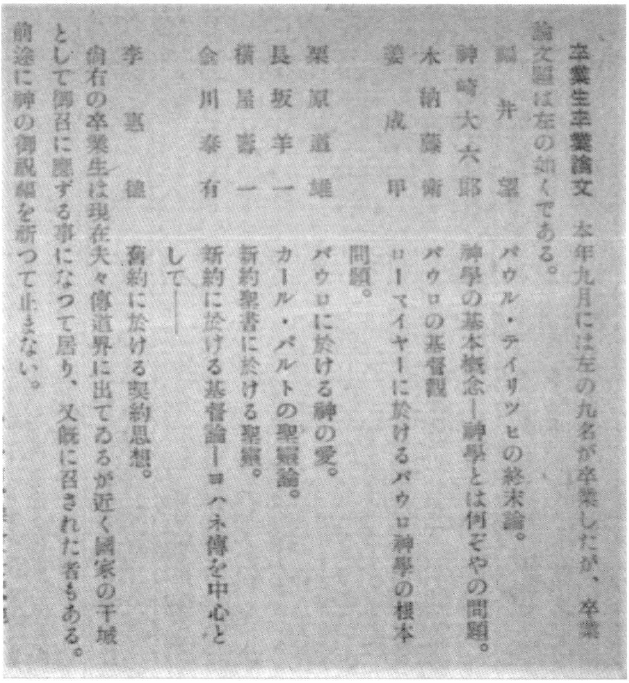

卒業生卒業論文　本年九月には左の九名が卒業したが、卒業論文題は左の如くである。

福井　望　　パウル・ティリッヒの終末論。

神崎大六郎　神學の基本概念——神學とは何ぞやの問題。

木納藤衛　　パウロの基督觀。

姜虎甲　　　ローマイヤーに於けるパウロ神學の根本問題。

栗原道雄　　パウロに於ける神の愛。

長坂羊一　　カール・バルトの聖靈論。

積屋嘉一　　新約聖書に於ける聖察。

金川泰有　　新約に於ける基督論——ヨハネ傳を中心として——

李惠健　　　舊約に於ける契約思想。

偖右の卒業生は現在夫々傳道界に出てゐるが近く國家の干城として御召に應ずる事になつて居り、又旣に近く召された者もある。前途に神の御祝福を祈つて止まない。

그림 21 『기독교 연구』 20권 4호, 휘보

제4장

참된 기독교인의 삶을 찾고자 떠난
일본 유학

제4장 참된 기독교인의 삶을 찾고자 떠난 일본 유학

01. 도시샤대학 신학과로 유학을 떠나다

도시샤대학 신학과의 분위기

1941년 3월 10일 연희전문학교 문과를 졸업한 강성갑은 도시샤대학 신학과 입학시험에 응시하여 합격하였다.[1] 도시샤대학의 입학시험 과목은 영어, 독일어 혹은 불어, 일본어, 한문, 기타 인물고사(면접) 등이었고, 지원을 위해 제출해야 하는 서류는 입학원서, 이력서, 학업 품행성적, 호적초본, 신체검사서, 소속 교회 추천서 등이었으며, 전문학교 졸업생의 경우에는 학교장의 추천

그림 1 강성갑 재학 당시 도시샤대학 신학과

서를 제출하게 되어 있었다.[2] 강성갑은 입학시험을 거쳐 1941년 4월 10일 도시샤대학 문학부 신학과에 입학하였으며 1943년 9월 21일 졸업하였다. 일본 유학중에 고학으로 어렵게 생활했다는 증언이 있지만 그의 유학생활이 어떠했는지 구체적으로 알려진 것은 없으며,[3] 도시샤대학에 유학한 조선인 유학생들에 대한 글은 찾아보기 어렵다. 도시샤

대학 신학과의 특징을 살펴보는 것을 통해 강성갑이 도시샤대학으로 유학을 떠난 이유를 짐작해 보기로 한다.

도시샤(同志社)는 1912년에 전문학교령에 의해 도시샤대학이 되었고 신학부가 설치되었으며, 1920년에는 대학령에 의해 도시샤대학 인가를 받아 문학부 신학과가 되었다. 이로부터 도시샤대학 신학과는 1948년 신제대학(新制大學)의 인가를 받을 때까지 대학 수준의 신학교육, 연구기관으로서는 일본에서 유일한 학교였다.[4] '동지사(同志社)'란 학교 명칭은 뜻을 같이하는 사람이 공동체를 만든다는 의미로,[5] 강성갑에게 '동지'라는 단어는 매우 중요한 의미를 가진다. 그는 좌·우익과 상관없이 뜻을 같이하면 동지라고 했으며, 그가 설립한 한얼초급중학교의 애초의 이름이 동지초급중학교였다. 이러한 사실은 도시샤대학에서의 유학경험이 그에게 매우 중요하게 작용했다는 것을 의미한다.

도시샤를 설립한 니지마 죠(新島襄)는 한 나라의 양심이라 할 만한 사람을 육성하기 위해 사립대학을 설립하고자 했으며, 이런 인재는 단순히 학문에 뛰어날 뿐만 아니라 사람의 덕성, 품격, 정신도 높은 수준에 도달해야 한다고 생각하였다.[6] 니지마 죠는 기독교 정신이 청년에게 양심과 품행을 연마하는 데 도움이 된다고 생각했고, 기독교 교의가 도시샤 덕육(德育)의 기본임을 긍정하는 등,[7] 기독교 주의를 기본으로 하지만 기독교를 보급하기 위한 수단으로 도시샤를 세운 것은 아니었다.

우리의 뜻하는 바는 한층 더 높다. 우리는 기독교를 확산하기 위해 대학을 설립한 것은 아니다. 단지 기독교주의에는 진정으로 청년의 정신과 품행을 연마하는 활력이 갖춰져 있다고 믿고 이 주의를 교육에 적응하고 나아가 이 주의를 통해 품행을 연마하는 인물을 양

성하고 싶다고 바랄 뿐이다.[8]

이러한 니지마 죠의 교육이념은 도시샤의 학풍인 민주적 학풍, 사회
정의 실현에의 도시샤의 공헌, 인류애와 사해동포주의의 상기와 그 회
복이라는 학풍으로 전승되었다.[9]

도시샤대학 신학과의 학문적 수준은 1923년 일본에서 최초로 발행
되기 시작한 신학논문집인 『기독교연구』를 통해 확인할 수 있듯이, 당
시 일본 기독교 역사에서 가장 높은 수준을 갖추고 있었다.[10] 도시샤대
학 신학과를 졸업한 정대위[11]는 도시샤대학 신학과의 특징을 이원론으
로 소개하였다. 도시샤대학 신학과의 이원론은 "학생들로 하여금 금욕
적인 경건한 생활을 엄격하게 유지하게 하는 것과 정비례하여 학문의
자유는 그 문호를 완전히 개방하고 있는 상황에서 더욱 뚜렷"하게 나
타났다.

그 당시에 이미 학자들로서 완숙한 경지에 이른 도미노모리 게이
지(富森京次)와 오오즈까 세쯔지(大塚節治) 두 교수가 있다. 도미노모
리는 철저한 문학적 비평학을 하는 신약학자이었지만 매우 경건한
신앙 생활로 학생들의 본이 되어 있었고, 오오즈까는 말하자면 미국
의 니버 형제와 비슷해 바르트를 받아들인 기독교 윤리학자이었는
데 매우 근엄한 사무라이였다. 그들이 만든 신학의 분위기도 뚜렷한
이원론적이었다.
이 분들을 후속할 소장 학자 중 둘이 돋보였고 그들도 어떤 의미
에 있어서는 또 한 번 이원론적인 콘트라스트를 이루고 있었다. 차
림새와 생활은 초서양화한 모더니스트였으나 행동만은 일본 국수주
의자처럼 하던 아리가테쯔다로(有賀鐵太郎)와 그와는 콘트라스트로

써 겨울에는 반드시 일본 옷을 착용하고 학교의 여흥 때에는 또한 일본의 옛 노래(詩吟)을 부르던 우오기 다다가즈(魚木忠)교수가 바로 그 두 사람이었다. 우오기는 실제로는 너그러운 국제주의자이었다.

이러한 동지사의 이원론은 학생들로 하여금 금욕적인 경건한 생활을 엄격하게 유지하게 하는 것과 정비례하여 학문의 자유는 그 문호를 완전히 개방하고 있는 상황에서 더욱 뚜렷하였다.[12]

도시샤대학 조선인 유학생들은 "일본의 식민지 통치시대, 각각의 경위를 통해서 헌신하기로 마음먹고는 가장 높은 수준의 신학교육을 받기 위해서 도시샤 신학부에서 공부하고자"한 것이었으며,[13] 도시샤대학의 높은 신학 학문 수준 및 에큐메니칼[14] 노선 등과 조국의 근대화를 염원하는 민족주의적 성격 등이 함께 작용하여 이루어진 것으로 보인다.

도시샤가 회중주의를 표방하면서도 교파주의에 메이지 않는 초교파 에큐메니칼 노선을 추구한 것과 연결된다. 그것은 도시샤 신학부가 일본 기독교단 소속 신학기관으로서 존재하면서도 교파와 종파를 초월하여 다양한 신앙배경의 학생들을 수용하였던 환경 때문에 가능했다. 이처럼 도시샤는 교파와 종파에 매이지 않는 '열린'(개방적) 신학공간으로서 다양한 배경의 한국인 유학생들을 받아들였다.[15]

1941년 도시샤대학 신학과에 입학한 조선인 유학생은 모두 5명이었다. 강성갑은 다른 동기생들에 비해 상당히 많은 나이로 학교에 입학했으며, 출신 교파는 장로교로 분류되어 있다.[16]

〈도시샤대학 신학과 조선인 유학생(1941년 입학)〉

성명	본적	출생	성별	교파	출신학교	입학	중퇴	졸업	비고
윤경도 (尹敬道)	경북 안동	1916	남	장로	도시샤 예과	1941.4	1944.5		학비 미납
강성갑 (姜成甲)	경남 창령	1912	남	장로	연희 전문	1941.4		1943.9	
양원영신 (梁原英信)	전남 담양	1917	남	장로	보성 전문	1941.4	1942.3		학비 체납
김천태유 (金川泰有)	평북 의주	1916	남	감리	감리 신학	1941.4		1943.9	
전촌영조 (田村榮助)	경성	1920	남	감리	감리 신학	1941.4	1942.2		학비 미납

출전: 이덕주, 「초기 일본 도시샤(同志社)대학 신학부 한국인 유학생에 관한 연구(1908-
1945년)」139와 감리교신학대·도시샤대학 학술교류세미나 자료집 『초기일본 도시샤대학
출신 한국인 유학생에 관한연구』 26을 참고하여 작성.

　강성갑의 입학 동기생들중에서 강성갑과 김천태유 두 사람만이 도
시샤대학을 졸업할 수 있었다. 증언에 의하면 강성갑은 도시샤대학을
다니면서 "행상과 중노동으로 학비와 생활비를 해결하였다."고 한
다.[17] 강성갑은 경제적인 어려움 등 많은 역경에도 불구하고 중도에 포
기하는 일 없이 꾸준히 공부하여 도시샤대학을 졸업하였다. 이러한 사
실은 강성갑이 뚜렷한 목적을 가지고 일본으로 유학을 떠났으며 많은
어려움을 극복하고 졸업하였다는 사실을 분명하게 보여주는 것이다.

도시샤대학에서의 학창 생활

　강성갑의 일본에서의 학창생활에 대하여 알려진 것은 없다. 강성갑
은 일본에서 공부하면서 오중은에게 자신의 생각을 담은 두꺼운 분량
의 편지를 여러 차례 보냈으나 자료로 남아있지 않다.

어머니에게 보낸 편지도 기억난다. 한번의 편지는 하나의 책이
될 정도로 길었다. 내 기억에 그것이 4~5권 쯤 된다. 내용의 대부
분이 어머니에 대한 아버지의 마음과 일제 하에 받은 민족적 상처를
넘어서기 위한 아버지의 다짐과 신념을 담았던 것 같다. 어머니 역
시 거의 40~50페이지의 노트로 답변했던 2~3권의 편지들도 함께
있었다.[18]

강성갑은 교토에서 동생 강무갑과, 연희전문 문과 1년 후배이며 협
성교회를 같이 다녔던 송몽규와 윤동주를 다시 만났다. 강성갑의 동생
강무갑은 보성고보, 경성 광산전문학교를 거쳐 1942년 4월 교토제국
대학 공학부 채광학과에, 송몽규는 교토제국대학 문학부 사학과에 입
학하였으며, 윤동주는 릿쿄대학 영문과를 거쳐 1942년 10월 도시샤대
학 문학부 문화학과 영어영문학 전공으로 편입하였다. 연희전문에서부

그림 2 도시샤대학 신학과 재학중의 강성갑(마지막 줄 왼쪽에서 세번째)

터 시작된 강성갑, 송몽규, 윤동주의 인연은 교토에서 다시 이어졌다. 특히 강성갑과 윤동주는 도시샤대학에서 같은 문학부 소속으로 근로봉사 등 여러 활동을 함께 했을 것으로 생각되지만 구체적인 내용은 확인할 수 없다.

강성갑의 도시샤대학 유학생활과 관련하여 현재 확인되는 자료는 학적부와 성적표, 졸업논문 등이며, 도시샤대학 신학과에서 발간한 『기독교연구』의 휘보(彙報)를 통해 학교생활 일부를 확인할 수 있다. 강성갑이 입학하던 때에 신학과의 체제에 변화가 있었다. 도시샤대학 신학과에는 신학, 윤리, 사회사업 등 3개의 전공이 있었으나, 문학부가 문화학과와 신학과로 나뉘었고, 문화학과에 영어영문학, 문예학, 철학윤리학, 심리학, 후생학 등 5개 전공이 포함되었으며, 신학과에 있었던 윤리학, 사회사업학 등 2개 전공은 문화학과에 포함되어 신학과에는 신학 전공만 남게 되었다.[19]

강성갑의 입학일은 학적부에 의하면 1941년 4월 10일이나, 입학선서식(入學宣誓式)은 1941년 4월 15일 오전 10시 30분에 거행되었다. 이 때 도시샤대학 신학과에 입학한 학생은 모두 16명이었으며, 신학과 주임교수는 도미노모리(富森) 교수였다.[20] 강성갑이 도시샤대학에 입학하던 때에 수련단이 결성되었다. 수련단에는 학생과 교수들이 모두 함께 속하였는데, 학생 신체제하에서 대학 내의 교우회는 모두 해체되고 수련단이 결성된 것이다. 수련단의 목적은 국체(國體)의 본의(本義)에 투철하고 입학(立學)의 정신에 더불어 국가에 헌신, 유위(有爲)하는 학도의 연성(練成)을 기하고 집단적 수련을 행하는 것이었다.[21]

여름방학을 맞아 하기결별(夏期訣別) 성찬식이 1941년 7월 2일 11시 신학관 강당에서 있었다. 두 달여의 여름방학 동안 교회로 파견되거나 모교회로 돌아가 전도활동에 힘쓸 학생들을 위해 타사키(田崎)목사는

'성프란시스의 실천과 종으로써 섬기는 길'이라는 제목으로 설교하였다.[22] 또 신학과 학생과 교수 일동은 1941년 7월 3일부터 3일간 법학부, 문학부의 타과 학생들과 함께 근로봉사를 했다.[23]

1941년 9월 11일 9시에 시업식(始業式)이 신학관 강당에서 있었고,[24] 1941년 9월 24일 오전 11시에 추계퇴수(秋季退修), 즉 가을 수양회(Retreat)를 개최하였다. 교수와 학생들은 도시락을 지참하고, 히에이산(山)에 케이블카를 타고 올라가 여자청년회 산의 집(山の家)에서 식사와 휴식을 한 다음, 도미노모리, 우오키(魚木) 교수로부터 격려를 받고, 명상과 기도 시간을 가졌다.[25] 1942년 10월 31일에는 우오키 교수의 '일본정신과 기독교'라는 강의가 있었다. 우오키 교수는 일본정신의 자각, 일본정신과 일본적 전통, 일본기독교의 특색, 일본기독교의 의의 등 4개 주제로 나누어 강의하였다.[26] 강성갑의 졸업식 기사에 의하면, 강성갑과 같이 졸업한 학생은 모두 9명이었다. 이들의 진로는 전도계(傳道界)로 나가는 자, 가까운 시기에 국가의 간성(干城)으로 부름을 받아 응하는 자와 이미 소집된 자 등으로 나뉘었다.[27]

강성갑의 졸업논문 제목은 「로마이어에 있어서의 바울신학의 근본 문제 (ローマイヤに於けるパウロ神學の根本問題)」이며, 논문의 말미에 논문을 쓴 날자는 소화(昭和)연호를 사용하지 않고 서기(西紀)를 사용하여 '一九四三. 六. 二十三日'로 표기하였다.[28] 강성갑의 논문은 독일의 성서학자인 에른스트 로메이어(Ernst Lohmeyer, 1890-1946)의 독일어 논문을 번역하고 요약한 것이다. 에른스트 로메이어는 당시 독일 교회와 사회 내에 만연했던 반유태주의 등 모든 파시즘에 반대했으며, 제2차 세계대전 중에는 독일 군대에서 복무했다. 전쟁이 끝난 후, 1935년부터 교수로 재직했던 그라이프스발트 대학교(University of Greifswald)에 복귀했으나 1946년 2월 15일 자정에 구(舊) 동독의 국가보안위원회

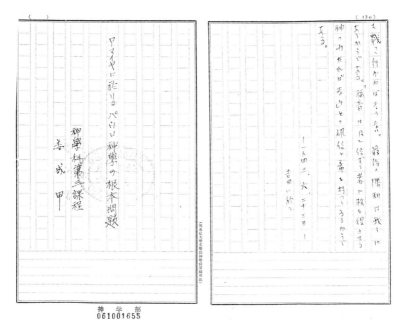

그림 3 강성갑의 졸업논문 표지와 마지막장(도시샤대학 신학부 도서관 소장)

(NKGB)에 체포되었으며, 대학을 공산주의 정치 및 선전 기관으로 축소하려는 시도에 저항했다는 이유로 처형되었다.[29]

강성갑 재학중의 도시샤대학 신학과의 교과 과정은 구약문학, 구약신학, 신약문학, 신약신학, 조직신학, 교리사 등의 필수과목과 그리스어, 라틴어, 히브리의 고전어 등 선택과목으로 구성되어 있었으며, 학년을 대신하는 3년의 '과정' 동안 이를 이수하도록 규정되어 있었다.[30]

학부에 진학하는 때에는 아예 학년이란 것이 없어진다. 막연히 과정이란 것이 있어서 몇 년째 재학 중이란 것이 있기는 하지만 학년을 무시하고 누구나 제가 원하는 강좌를 선택할 수 있어서 자기의 과정표는 자기가 짜는 방식이었으므로 클래스에 들어가 보면 상급생 하급생의 구별이 전혀 없었다. 그뿐 아니라 일반 대학 내에 설정되어 있는 학과이면 자기 필수를 선택할 것을 전제로 해서 무엇이든지 자유로 선택해서 공부할 수 있었고, 마음껏 청강할 수도 있었다. 지금 유럽이나 미국에 있는 대학들보다 오히려 더 여유가 있었다고 보여 진다.[31]

이러한 교과 과정에 따라 강성갑이 실제로 이수한 과목을, 강성갑의 성적표에 따라 정리한 내용은 다음 표와 같다.

〈강성갑의 1941~1943년 도시샤대학 문학부 신학과 이수 교과목〉

1941년		1942년		1943년	
과목	매주 시수	과목	매주 시수	과목	매주 시수
구약문학	2	조직신학		인도철학	2
구약예언문학	2	교리사(有賀)	2	종교교육학	2
신약문학	2	구약성서신학	2	교리사(魚木)	2
교회사(有賀)	2	독서강의	2	기독교윤리	3
교회사(魚木)	2	실천신학원론	2	후생학원리	2
종교심리학	2	신약석의		현대신학	2
사회학개론	2	신약성서신학(高橋)	2	종교철학	2
일본정신사	2	희랍어(중(中))	2	조직신학	2
동양사상사	2	고전어(初)청(聽)		기독교문학	3
영서강의(英書講義)	2	교련	2	신약성서신학	2
독서강의(獨書講義)	2			신약석의	2
희랍어(초(初))	2			실천신학각론	2
교련	2			졸업논문	
				교련	2
계	26		14		28

출전: 강성갑의 「도시샤대학 성적표」

기존의 관련 연구는 1940년대 도시샤대학 유학생들이 2차 세계대전의 '전시체제하'에서 학교를 다녔기에 안정적이고 체계적인 수업을 받지 못했고,[32] 유학생들의 대부분은 "창씨개명한 일본식 이름을 썼으며 교육내용도 일본 신도(神道)와 황민화 정책을 선전하는 비기독교적인 것이 많았다."고 설명한다.[33] 그러나 신학과의 교과 과정과 강성갑이 이수한 교과목 및 논문 등을 살펴보면 비교적 충실한 신학 교육이 이루어 졌음을 확인할 수 있다.

강성갑이 도시샤대학에서 수강한 과목의 구체적인 강의내용은 확인할 수 없으나 전시체제라는 어려움 속에서도 비교적 충실한 신학 교육을 받음으로써 신앙과 신학의 균형을 갖추게 되었으며, 해방 후 교육 활동의 학문적 기초를 확보하게 되었다. 해방공간에서의 실천과 관련하여 강성갑에게 신학은 '신(神)에 대한 학문'이 아니라, '삶으로 드러낼 신의 뜻을 깨닫는 과정'이었다. 그런 면에서 강성갑이 도시샤대학 신학부에서 받은 영향은 '학문으로서의 신학'을 넘어선 '참된 기독교인의 삶'이었다.

02. 부산 초량교회에서 목회를 시작하다

경남교구에서 목사안수를 받다

1943년 9월 도시샤대학 문학부 신학과를 졸업하고 귀국한 강성갑은 부산의 초량교회에서 목회를 시작하였으며 조선장로교단 경남교구에서 목사안수를 받았다. 강성갑이 도시샤대학 유학을 마치고 돌아오기 직전인 1943년 5월 장로교는 일본기독교에 예속되어 '일본기독교 조선 장로교단'으로 개칭하였고,[34] 경남노회는 경남교구(慶南敎區)로 개편되었으므로 경남교구에서 목사안수를 받은 것이다. 강성갑의 목사 안수 및 목회 활동 등에 대한 자세한 내용은 경남교구 회의록 등 관련 자료가 남아 있지 않아 확인할 수 없다. 『경남(법통)노회 100년사』는 1941년 12월 17일 부산 항서교회당에서 개최된 제45회 경남노회까지 언급하고 있으며 그 이후의 노회에 대해서는 설명이 없다. 설명하지 못하는 이유를 제46회 노회 이후 해방이 될 때까지 경남노회와 관련된 자료는 거의 남아 있지 않기 때문이며, 자료가 없는 이유는 "노회가 열리지 못해서 일수도 있고, 지도자들이 행적을 밝히고 싶지 않아서 일수도 있고, 그저 암담한 한국사회와 교회의 현실을 반영하고 있을 수 있다."고 설명하고 있다.[35] 그러나 당시 경남지역에서 목회를 하고 있던 이운형이 남긴 일기에 관련 사실이 남아 있다.[36]

강성갑은 도시샤대학을 졸업한 이후 초량교회 장로 양성봉 등의 청빙을 받아,[37] 초량교회의 부목사로 있던 김광현[38]이 교회를 떠난 이후 김광현의 후임으로 초량교회 교역자로 부임하였으며,[39] 1944년 6월 6일 부산 지교구 상임위원회에서 전성도 등과 함께 목사안수를 받고[40] 초량교회 담임목사로 목회를 시작하였다.[41] 1944년 11월 14일 경남교구 회의록의 '경남교구 부산 지교구 보고 건'에 "부산 초량교회는 강성갑 씨로 시무케 하는 중이오며"라는 내용이 '교역자(敎役者) 이동의 건'에 포함되어 있다.[42]

강성갑이 초량교회 목사로 재직하던 중에 오중은은 교회 부속 유치원에서 아이들을 가르쳤다.

아버지가 초량교회 목사로 부임하던 시절 어느 봄 고요한 교회 뒷마당, 새끼 개구리들이 이끼 낀 젖은 땅 위에서 팔짝 뛰어다니던 목사 사택이 기억이 난다. 교회 부속 유치원에서 아이들을 지도하던 어머니의 오르간 소리도 들린다. 그 시기에 우리는 교회에서 약 3-4백 미터 떨어진 초량역 쪽으로 이사를 한다. 그 집은 두 세대가 살아갈 수 있는 꽤 큰 일본 적산가옥으로, 외삼촌 식구들과 같이 살다가 그 집을 외삼촌에게 맡기고, 진영으로 떠난다. 그 때의 우리 가족은 아버지, 어머니, 큰 누나, 작은 누나, 나 이렇게 다섯이었다.[43]

강성갑의 초량교회에서의 목회 활동에 대하여는 알려진 것이 거의 없으나, 1941년 고베신학교를 졸업한 후 1943년 1월까지 초량교회 부목사로 있었던 김광현의 증언을 통해 짐작할 수 있다. 김광현은 초량교회에서 목회를 하는 동안 신사참배를 강요받지 않았으며 경찰서에서 자신을 자주 찾아오기는 했지만, "삭발도 하지 않고, 창씨명도 사용하지 않고, 전에 입던 양복을 그대로 입고" 지냈다고 기억하였다.[44]

일경 당국은 내가 초량으로 간 후에 한 번도 교인들을 데리고 참배하러 나오라고 한 일이 없었다. 참배는 원칙적으로 다 하는 것으로 낙착이 된 때문인 듯했다. 그리고 날로 확장되어 가는 전선의 뒷바라지에 급급하여 정신을 차리기 어려운 형편이었기 때문이기도 했다. 그러나 경찰서에서나 도 경찰국에서는 자주 찾아왔다.[45]

해방된 교회에서 일제의 잔재청산에 앞장서다

강성갑은 초량교회 담임목사로 있으면서 해방을 맞았다. 해방을 맞은 강성갑은 교회 안의 일제 잔재를 청산하고, 해방된 새로운 나라의 기독교인으로서 새나라 건설에 앞장서기 위해 적극적으로 활동하였다. 해방이 되자 경남교구는 노회의 재건을 준비했다. 1945년 9월 2일 부산지역 교회들이 참여하는 연합예배를 부산진교회당에서 열고, 최재화, 심문태, 강성갑 등 20여 명의 목사와 장로들이 모여 신앙부흥운동 준비위원회를 조직하였으며, 준비위원회 대표 최재화와 심문태의 이름으로 경남노회 재건에 관한 선언서를 발표하였다.[46] 이러한 경남노회의 재건운동은 당시 한국에서 가장 먼저 시작된 것이었다.

경남노회 재건을 선언한지 2주 후인 1945년 9월 18일 부산진교회당에서 경남재건노회를 조직하고 회장 심문태, 부회장 최재화, 서기 강성갑, 부서기 김상권, 회계 구영기, 부회계 김상세 등을 선임하였다. 경남재건노회는 출범과 함께 일제하에서 범한 죄과에 대한 자숙안(自肅案)을 상정하였는데 그 내용은 "1. 목사, 전도사, 장로는 일제히 자숙에 옮겨 일단 교회를 사직할 것. 2. 자숙기간이 종료되면 교회는 교직자에 대한 시무투표를 시행하여 그 진퇴를 결정할 것." 등 이었다.[47]

그러나 경남재건노회가 발표한 자숙안은 친일전력 인사들이 다수를 점하고 있던 경남노회의 현실에서는 제대로 실행될 수 없었고, 결국 1945년 12월 3일 마산문창교회에서 열린 제47회 경남노회 정기노회에서 강성갑 등 임원들은 총사퇴했다.[48] 이후 강성갑은 고신교단 분열로 이어진 경남노회의 분규 과정에 더 이상 관여하지 않았으며 초량교회를 사임하였다. 강성갑의 초량교회 사임은 자신이 관여했던 재건노회의 자숙안과 재건노회 임원들의 총사퇴 이후 노회장으로 추대된 주남선의 쇄신안에 따라 이루어진 것으로 보인다. 주남선의 쇄신안 중에는 '본 노회 소속 교회 제직은 내년 1월 10일까지 시무사면(視務辭免)을 단행하기로 함'이라는 내용이 포함되어 있었다.[49]

강성갑은 초량교회 담임목사 및 경남재건노회 임원으로서 바쁜 와중에도 교육에 대한 관심은 잊지 않고 있었다. 강성갑은 1945년 11월 경상남도 교원양성소 교사로 임명되었다. 해방 후 각급 학교는 교사 부족으로 공백 상태였는데, 강성갑은 "무엇보다도 먼저 교사양성의 필요를 느껴 자진하여 그해 11월부터 경상남도 교원양성소 교사로 피임(被任)되어 1기생부터 4기생까지 가르쳤다."[50]

강성갑은 경남재건노회 활동을 통해, 일제의 잔재를 청산하고 새로운 나라 건설에 앞장서야 할 교회가 교권 장악을 위한 교회 정치에 매몰되어 교회의 역할에 충실하지 못함을 목격하고, 미국으로 유학을 떠날 준비를 하였다. 강성갑의 미국 유학에 대해서는 다른 증언도 있으나,[51] 유학을 준비하던 강성갑은 진영교회의 초청을 받아 설교를 하게 되었으며, 교인들로부터 진영에는 공부를 하고자 하는 학생들은 많지만 학교가 없다는 말을 듣게 되었다. 이후 진영교회의 청빙을 받은 강

그림 4 교원양성소 교사 시절의 강성갑

성갑은 미국 유학을 포기하고 농촌·교육운동의 실천을 위해 부산을 떠나 진영으로 갔다.[52]

일제로부터의 해방은 대학교육을 받은 기독교인인 강성갑에게는 출세의 기회였으나, 그는 해방공간에서 출세가 보장된 길을 버리고 우리 농촌문제의 근본적 해결을 위해 어렵고 힘든 길을 선택한 것이었다. 1944년 5월 1일 현재 조선인 학력통계에 따르면 남자 전체 12,521,173명 중 학교 학력을 취득한 사람은 대학 7,272명(0.05%), 전문학교 18,555명 (0.14%), 중학교 162,111명(1.29%), 국민학교 1,322,192명(10.55%)에 불과했다.[53] 미군정기 중앙정부에 참여한 한국인들은 '어제의 요시찰 인

그림 5 교원양성소 교사 시절의 강성갑

물이 오늘의 지배층으로' 바뀐 기독교인들이었다.[54] 1948년 당시 주한 미국대사관에서 외교관으로 근무했던 그레고리 헨더슨은 이러한 사정을 "70만 명의 일본인들이 떠나자 한국인들의 머리 위 하늘에는 수만 개의 일자리가 번쩍이며 펼쳐졌다. (중략) 한국인들은 단지 미국인들에게 매력적인 멋을 부리고 접근하기만 하면 되었다. 천국이 가까이 있었다."고 설명하였다.[55] 미군정에 들어가기 위해 필요한 것은 영어실력과 선교사와의 관계였으며, 연희전문과 세브란스 출신 인사들이 미군정에 적극적으로 참여하여 활동했다.[56]

제5장
해방공간, 모두가 행복한 새로운 나라를 꿈꾸다

제5장 해방공간, 모두가 행복한 새로운 나라를 꿈꾸다

01. 진영교회의 청빙(請聘)을 받다

진영에서 농촌운동을 해도 좋은가?

부산의 초량교회를 사임한 강성갑은 미국 유학을 준비하던 중에 진영교회의 청빙을 받고 진영으로 가게 되었다. 진영교회는 해방 후인 1945년 9월 29일, 목사 지수왕, 장로 김용규, 윤철장 등 3인이 모여 당회를 개최하고 노회에서의 제직사면(諸職辭免)의 건[1]을 30일 주일 오전 예배에서 투표한 결과에 따라 처리하기로 결의하였다.[2] 30일 주일 오전 예배에서의 목사 시무투표(視務投票) 결과 가 33표, 부 16표로 가결되었으므로 지수왕은 담임목사로 복직하였다.[3] 그러나 1946년 1월 9일 오후 3시 부산에서 열린 제3회 당회에서 임시회장 박군현 목사, 김용규 장로는 "지수왕 목사 진영교회 시무사면(視務辭免)을 동 시찰회에서 구두 사면은 바다심으로 본 교회 정식광고하기로" 결의하였고, 지수왕 목사는 진영교회를 사임하였다.[4] 지수왕의 사임은 노회장 주남선의 쇄신안 중 하나인 '본 노회 소속 교회 제직은 내년 1월 10일까지 시무사면을 단행하기로 함'에 따른 것으로 보이며, 이때 진영교회 당회가 부산에서 열린 것은 노회장 주남선의 쇄신안에 따라 1946년 1월 1일부터 11일까지 부산에서 경남노회 교역자 수양회가 개최되었기 때문이다.[5]

이어서 1946년 3월 3일 주일 저녁예배 후 진영교회 사무실에서 박군현, 김용규, 윤철장 등 당회원 3인은 남녀 제직(諸職)들도 함께 참석한 가운데 제4회 당회를 개최하고, "부산 초량에 계신 강성갑 목사를

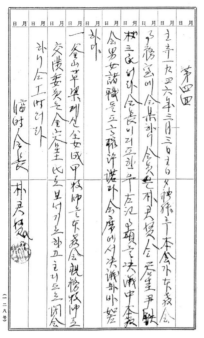

그림 1 진영교회 당회록 1946년 3월 3일
(진영교회 소장)

동 교회 시무목사로, 교섭위원은 김용규씨로 보내기로" 결의하였다.[6] 이 결의에 따라 진영교회의 청빙을 받은 강성갑은 1946년 4월 26일 오후 6시 목사관에서 개최된 제5회 당회에 참석하여 당회장 박군현으로부터 대리 당회장을 위촉받아 박군현, 김용규, 윤철장과 함께 당회를 개최하는 것으로 진영교회에서 목회활동을 시작하였다.[7]

진영교회로부터 청빙을 받은 강성갑이 교회에 제시한 유일한 조건은 '진영교회에서 농촌운동을 해도 좋겠습니까?' 하는 것이었다.[8] 강성갑은 사례금이 얼마나 되는지, 목사의 사택은 어떠한지 하는 자신의 대우에 관한 조건을 확인한 것이 아니라, 진영교회의 교인들이 자신이 하고자 하는 새로운 목회 활동을 이해해 줄 뿐만 아니라 함께 할 수 있는지를 확인하고자 했다. 강성갑은 경남노회 활동에서의 쓰라린 경험을 통해 예수의 제자로서의 삶을 실천하고자 한다면, 교회 안에서 이루어지는 목회 활동을 넘어서 농민들의 구체적인 삶의 현장으로 들어가야 한다고 생각했던 것이었다.

강성갑은 우리 민족의 문제인 농촌문제의 해결을 위해 진영교회의 청빙을 받아들여 진영으로 갔지만, 구체적인 실천계획이 있었던 것은 아니었다. 이제는 그동안 실천을 위해 준비했던 모든 것들을 구체적인 행동으로 나타내 보일 때라고 판단하고, 새로운 목회의 실천을 위해 부산을 떠나 진영으로 가게 된 것이었다.

진영교회에서의 목회(牧會)

강성갑은 1946년 5월 1일 수요일 저녁예배 후 개최된 제6회 당회를 대리회장으로 진행하여, 일본과 만주에서 이래(移來)한 교인의 교적(敎籍)은 조사를 통해 본 교회 교적부에 정식으로 등록하기로 하였고, 남자집사 박병호, 김은도, 여자집사 김태금,[9] 신차영 등 집사 4인을 결정하고 주일에 광고하기로 결의하였다.[10] 5월 5일 저녁 9시에 개최된 제7회 당회를 대리회장으로 진행하여 19일 성찬식을 거행한다는 광고를 12일 주일날에 하기로 하고, 세례문답은 17~8일, 유아세례는 19일 주일에 베풀기로 결의하였다.[11] 5월 24일 오후 8시에 개최된 제8회 당회에서는 세례문답의 결과 남 2명, 여 5명의 문답이 충분하므로 26일 주일에 교회 앞에 세우기로 하였고,[12] 5월 26일 이미 문답한 7인을 교회 앞에 세우고 성찬식을 거행하였는데, 성찬에 참가한 사람은 모두 65명이었다.[13]

이후 11월 말까지 당회는 개최되지 않았다. 다음 제9회 당회는 1946년 11월 28일 오전 11시 신룡교회(新龍敎會) 목사실에서 박군현, 김용규, 윤철장 3인이 모여 개최하였다. 당회에서는 12월 3일 저녁부터 진주교회에서 개최되는 노회의 "총대(惣代)는 김용규 장로로 정(定)한 후, 윤철장 장로도 강목사(姜牧師)님의 위임청원건(委任請願件)과 기타에 방조(傍助)하기로" 결의 하였고,[14] 1946년 12월 15일 개최된 제10회 당회에서는 "강목사님 본 교회 위임목사로 청빙함에" 윤철장 장로와 어윤강 집사 2인을 경남노회 시찰회에 보내 필요한 절차를 밟기로 하였다.[15]

그림 2 1947년도 경남남녀성경학원(강성갑은 첫째줄 왼쪽에서 네번째)

당회록에 의하면 강성갑은 1946년 4월 초량에서 진영교회로 자리를 옮겨 대리 당회장으로 목회활동을 시작하였고, 1946년 12월 3일 진주교회에서 개최된 경남노회에서 진영교회 위임목사 청원이 통과된 것으로 보인다. 1947년 2월 16일 개최된 제13회 당회에서는 "강 목사 위임식 거행에 대하야 본 교회가 안정되기까지 연기하기로" 결의하였고,[16] 이후 강성갑이 사임할 때까지 당회록에서 강성갑의 위임식과 관련된 기록은 확인되지 않는다. 강성갑의 위임식이 거행되지 않은 이유는 확인할 수 없으나 1946년 8월 15일 복음중등공민학교 설립 이후 학교일로 바쁘기도 했고, 위임식이라는 행사 자체를 중요하게 생각하지 않았으며, 복음중등공민학교 등 기독교 농촌·교육운동에 보다 집중했던 것으로 보인다.

강성갑은 경남노회의 분규과정에는 거의 관여하지 않고 진영교회에서 목회와 교육활동에 전념하였으나, 경남노회에서 주관한 1947년도 경남남녀성경학원(慶南男女聖經學院)에서 강의하는 등 경남노회의 교육활동에는 참여하였다.[17]

02. 농촌문제의 근본적 해결을 위해 교육활동을 시작하다

농촌문제를 둘러싸고 벌어진 격렬한 좌·우 대립

강성갑의 주된 활동 지역이었던 김해에서는 해방 직후 건국준비위원회 김해지부가 조직되었으며, 1945년 10월에는 김해군 인민위원회로 개편되었다. 진영에서는 해방 직후 노동조합이 결성되었으며, 각종 대회를 개최하고 '조선인민공화국 만세'를 외치는 등 대중의 정치참여가 매우 활발했다. 김해에서는 수로왕 광장에서 인민위원회 김해 군민대회가 개최되었고, 구지봉에서 열린 좌익계열 집회에서는 토지 무상분배에 대한 연설을 하면서 남로당 가입원서를 나눠 주는 등 개인의 정치적 견해를 자유롭게 표현하였다.[18] 장유에서는 농사짓는 사람들이 거의 다 농민조합에 가입되어 있었다. 이들이 농민조합에 가입한 이유는 '무상몰수 무상분배'라는 슬로건에 공감한 경우가 많았으며, 이를 대세로 여겨 가입하지 않으면 불리하다고 생각하여 가입한 사례도 있었다.[19] 이러한 상황은 장유 뿐만 아니라 김해군의 모든 지역에서 나타난 일반적인 현상이었다.

일제강점기부터 농민운동이 활발했던 진영읍 지역은 더욱 혼란스러웠다. 당시 진영과 창원군 대산면, 동면은 같은 생활권이었는데, 1947년 여름 동면 산남리에 보리 공출(供出)을 하러 왔다가 농민들에게 쫓긴 경찰이 대산면 가술리 대산지서 앞에서 농민들에게 발포하여 농민 7명이 현장에서 사망한 일이 있었고, 진영에서는 당시 국민학교 학생들도 사회주의가 좋은가 민주주의가 좋은가 하는 사상논쟁을 벌였으며, 적기가를 부르기도 하였다.[20]

『장유면지』에 간단히 언급된 대산지서 앞에서의 발포사건은 당시 농촌의 사정을 분명하게 보여주는 사건이었다. 미군정 경무부장 조병옥이 발표한 사건의 진상에 의하면, 이 사건은 하곡(보리)수집을 독려하기 위해 경찰관 20명이 도·군 직원 31명과 함께 창원군 동면 산남리에서 수집명령을 위반한 농민 30여 명을 검속하여 돌아오던 중에 발생한 것이었다. 지서로 돌아오던 경찰관들을 지역주민 1만여 명 정도가 죽창과 기타 흉기를 소지하고 대산면에서 포위, 습격하였다. 경찰의 발포로 농민 6명이 사망하였으나, 시위대는 일부 총기와 실탄을 탈취하고 대산지서를 습격하였다. 시위대의 대산지서 습격 과정에서 경찰의 발포로 사망자 4명, 중경상자 10명이 발생하였지만 시위대는 해산하지 않고 인근 산 속에 집결하여 마산경찰서 기동대와 대치 중이라는 것이었다.[21] 이 사건은 미군정의 가혹한 식량공출 정책에 저항한 것으로 일제 식민통치 시기의 기억을 되살리게 한 것이었다.

강성갑은 복음중등공민학교를 운영하던 중에 농민집회에 여러 차례 참석하여 농촌문제에 대해 연설하기도 하였다. 증언에 의하면, 1947-48년 당시 큰 도로가 가득 찰 정도로 진영 사람들이 거의 다 나와 참석했던 농민집회가 여러 차례 열렸으며, 강성갑은 농민집회에 연사로 참석하여 연설했다.[22] 강성갑이 농민집회에서 어떤 주장을 했는지 분명하게 확인할 수 없으나, 1945년 10월 8일 진영에서 열렸던 농민조합, 노동조합 연합집회에는 2만여 명의 노동자, 농민이 모여 '토지는 농민에게 돌려라'와 '중요 생산기관은 노동자에게'라는 구호를 제창하였다.[23]

강성갑이 진영교회의 청빙을 받아들여 진영으로 간 것은 이웃한 장유금융조합에서 근무한 경험을 통해 이러한 진영지역의 현황을 잘 알고 있었고 진영의 지리적 현황 또한 감안했을 것이다. 강성갑은 진영의 위치를 "이 지점은 경전남부선의 선로에 접면(接面)한 소농촌도시로 교통의 안로(安路)이며 수천정보의 대평야를 앞에 둔 물민(物民)의 집산이며 부산·마산에 인접한 관계로 문화적 교류가 용이한 곳이라 교육적 견지에서 가장 적당하다고 인정함."으로 규정하였다.[24]

농촌운동에 전념하고자 부산대 교수를 그만 두다

　강성갑은 진영교회 목사로 재직하던 중인 1946년 9월에 부산대학교 한글맞춤법 담당 전임 교수로 임용되었다. 1946년 5월 15일 설립이 확정된 부산대학교는 1946년 5월 교사(校舍)를 확장하고, 7월에 학생을 모집하였으며 1946년 9월 개학을 대비하여 인문과학대학 교수 진영을 구성하였다. 이때 전임자 16명, 시간강사 6명을 임용하였는데, 강성갑

그림 3 부산대학교 인문과학대학 예과 입학식 1946년 9월 24일 (부산대학교 기록관 소장)

은 한글맞춤법을 담당과목으로 하는 전임교수로 임용된 것이다.

강성갑의 부산대학교 전임교수 임용은 연희전문학교 재학 중에 최현배로부터 배운 한글 실력을 인정받은 것이었으나, 강성갑은 농촌교육에 전념하기 위하여 1947년 8월 교수직을 사임하였다.[25] 강성갑은 진영에서 일하는 것이 "사업범위가 좁고 고생이 많을 것이니 같이 이 일을 끝내어 대학 교육을 같이 하자"는 윤인구[26]의 권유에 "대학을 만들고 대학교육을 할 사람은 내 아니라도 얼마든지 있지마는 농촌사회개혁사업을 할 사람은 많지 않으니 진영으로 가야하겠습니다."라고 거절하였다.[27]

당시 진영에는 배움의 열정에 불타던 학생들은 많았으나, 도립 김해 공립농업보습학교가 있었을 뿐 별도의 중등학교는 없었다. 강성갑은 새로운 나라를 건설하기 위한 농촌사회의 개혁에 무엇보다 중요한 것은 교육사업이라고 판단했다. 강성갑이 진영에서의 농촌운동을 교육사업으로 시작한 것은 덴마크 그룬트비의 영향을 받은 것이었다.

그룬트비는 "더 많은 대중들이 참여할 수 있는 정부가 발전을 이끌 수 있다고 보는 당시의 분위기를 목도하였다. 하지만 그는 이러한 분위기를 그리 탐탁치 않게 생각하였다. 그는 민의가 자유롭고 강력하게 발산될 수 있는 공공영역에 대한 민주적인 교육을 받을 수 없다면 오히려 지도자들이 이러한 자유를 이용하여 더욱 큰 권력을 쥐게 될 수 있음을 보았던 것이다. 따라서 그는 모든 이들이 입학하여 근대 덴마크 사회의 기초가 되는 덴마크 언어와 덴마크 역사를 배우고, 이를 바탕으로 다가올 민주헌정에 대한 관점을 제시하고 이에 모든 이들이 참여할 수 있도록 교육하는 민주적인 학교"를 제안하였다.[28]

공민학교를 설립하고 우리 말과 글을 가르치다

강성갑은 "한국의 아들, 딸들에게 자기 말, 자기 글을 배워주고 자기 정신, 자기 주체를 바로 찾게 해주는 것이 가장 첫째 되는 일이라는" 생각으로,[29] 1946년 8월 15일 경상남도 도지사로부터 복음중등공민학교 설립인가를 받고 진영 대흥국민학교의 가교사(假校舍)를 빌려 야간학교로 개교하였다.

공민학교가 제도상 정규교육기관으로 인정된 것은 1946년 5월 공민학교설치요령이 제정되면서부터이나. 공민학교는 주로 학령을 초과한 아동을 단기간 수용하여 기초교육을 실시하고자 설립한 기관으로 소년과, 성년과, 보수과를 두었고, 지방에 따라 필요한 과만 설치할 수도 있었다. 이러한 공민학교는 시, 읍, 면 또는 리·동, 그리고 지역, 회

그림 4 복음중등공민학교 창립 겸 제1회 입학식(1946년 8월 28일)

사, 종교단체, 성인교육협회, 조선농회, 기타 독지가 등에 의하여 활발하게 설립·운영되었다.

강성갑이 농촌운동을 복음중등공민학교 설립으로부터 시작한 것은 지역의 교육수요와 자신의 교육경험을 감안한 것이었으나 당시 사회분위기에서는 일반적인 것이었다.[30] 강성갑은 복음중등공민학교를 설립·운영하는 것을 시작으로 자신의 교육관을 정립하는 등 구체적인 실천방안을 모색하기 시작했던 것으로 보인다.

그림 5 복음중등공민학교 학생회 명부

강성갑은 복음중등공민학교를 설립하고 가가호호(家家戶戶)를 방문하여 "국민학교를 졸업한 사람으로써 더 배우고 싶은 사람은 년령의 다과(多過)를 막론코 노오트와 연필을 가지고 나오기만 하면 무료로 내가 가르쳐 줄 터이니 나오시오!"라고 입학을 권유하였다.[31] 강성갑은 진영뿐만 아니라 인근의 대산, 진례, 장유 등의 장날에 앰프를 설치한 지게를 등에 지고 장터에 나가 "일제로부터 해방된 우리나라가 좋은 나라가 되려면 우리들이 배워야 한다. 배워야 산다. 지금 생활이 어렵더라도 우선 자녀들을 가르쳐야 한다. 내가 무료로 가르쳐 줄 터이니 우리가 배워서 독립된 새나라의 주인공이 되자."고 외쳤다. 장터에서 강성갑의 진심어린 권유를 들었던 사람들은 자녀들을 학교로 보냈고, 배우지 못해서 한이 맺혔던 청년들은 그의 열정적인 권유에 자신감을 되찾아

배우지 못했던 부끄러움과 나이를 극복하고 복음중등공민학교로 나왔다. 이들에게 강성갑의 애정 어린 권유는 복음이었으며, 구원의 음성이었다. 강성갑은 이들에게 배움을 통해 주체적인 인간으로 당당하게 살아가는 새나라의 주인공이 될 수 있다는 자신감을 불어넣어 준 것이었다.[32]

이렇게 하여 모인 200여 명의 학생들에게 강성갑은 국어, 영어, 수학, 사회생활 등을 가르치기 시작했다. 1947년 1학기 현재 복음중등공민학교의 규모는 남학생 203명, 여학생 8명이었으며, 20세 이상의 성인 남자학생도 많았다. 학생들의 주소지는 김해군 진영읍, 진례면, 우림면, 생림면, 창원군 대산면, 동면, 북면 등이었으며, 교직원은 교장 강성갑, 교유(敎諭) 5명, 강사 2명, 회계와 서기 각 1명 등 모두 10명이었다.[33]

강성갑은 1947년 8월 일제 강점기에 곡물검사소로 사용되었던 창고로 복음중등공민학교 교사(校舍)를 이전하였으며, 농촌교육 활동에 전념하고자 부산대 교수직을 사임하였다. 교사를 이전했던 당시의 분위기를 한얼중학교 1회 졸업생인 심사수는 모든 것이 부족했으나 희망과 활기가 넘쳤다고 회고하였다.

그림 6 복음중등공민학교 교직원 방명록

내가 입학을 한 1947년 8월은 복음중학교가 대흥국민학교의 임시교사(校舍) 시절을 끝냈고, 철하리(鐵下里)에 있는 일본인 소천(小川)씨가 쓰던 관사와 곡물 창고(일제시 곡물검사소의 창고)에 사택과 교실을 옮긴 직후였으며, 아직도 책상이 미완성이었으므로 일부는 가마니를 깔고 공부하기도 했다. 이제 막 주야간부가 병행하는 수업이 시작되고 있었다.[34) 창고가 두 동 있었으나 그중 한 동을 청소하고, 칠판과 조명이 설치되었을 뿐 책상조차 준비되지 않아서 절반 학생은 가마니에 앉아서 수업을 받았으나 희망과 활기가 넘쳤다.[35)

제자인 심사수가 기억하는 강성갑은 건장한 체격에 눈매는 항상 부드러운 미소를 지녔고, 서울 억양에 경상도 억양이 약간 섞였으며, 약간 비음이 섞인 부드럽고 친근감을 주는 말씨였다. 강성갑의 옷차림은 항상 깨끗한 정장 차림이었고 여름에는 소매없는 간편복 상의를 입었으며, 항상 단정한 머리를 하였다. 특히 머리를 짧게 깎는 것은 군국주의의 잔재이며 인간의 자율성을 해치는 일이므로 어릴때부터 깨끗한 머리 손질을 습관화하는 신사의 훈련을 해야한다는 강성갑의 말을 특별히 기억하였다.

강성갑 목사님은 건장한 체격을 가지셨다. 눈매는 항상 부드러운 미소를 지니시고, 말씨는 서울 억양에 경상도 억양이 약간 섞인 말씨이며, 약간 비음이 섞인 부드럽고 친근감을 주는 말씨였다. 목소리는 낭랑하여 교회의 주일 낮 예배 시의 시편(詩篇) 낭송은 마치 하늘의 목소리 같이 깨끗하고 우람한 울림이었다. (※ 당시에는 교회에 마이크가 설치되지 않았다.) 그분은 항상 깨끗한 정장 차림이었고 여름에는 소매 없는 간편복 상의를 입으셨다. 흙벽돌 집을 짓기 시작한 후부터는 삽을 매고 바지를 무릎 아래까지 걷어 올리고 흙벽돌 밟아 만들다 흙 묻은 맨발로 학교와 사택을 오가시는 모습을 볼 수 있었다. 그 분은 영어와 국어문법을 직접 가르치셨고, 학생과의 대화를 많이 하셨다. 그분은 학생들을 존중하셨고, 「우리는 서로가 동지(同志)이다.」라고 강조하셨다.

서재에는 책이 가득 차 있었고, 서재에서 독서하실 때는 깨끗한 차림을 하셨다. 나는 허락을 받고 그 분의 서재에 가끔 출입했으며, 잘 알지도 못하는 어려운 책을 빌려 보기도 하였다. 서재 가운데의 둥근 탁자 위에는 동지사대학 신학부(神學部)의 졸업증서가 유리 액자에 넣어져 세워 있었다. 그 분이 화를 내시는 것을 본 적이 없다. 야단을 치실 때도 조용한 어조로 설득하시곤 하셨다. 그 분은 머리카락을 흐트리신 적이 없다. 항상 단정한 머리를 하셨으며, 머리를 짧게 깎는 것은 군국주의의 잔재이며, 인간의 자율성을 해치는 일이므로 어릴 때부터 깨끗한 머리 손질을 습관화하여 신사의 훈련을 해야 된다고 말씀하셨다.[36]

아들의 증언에 의하면 가끔 외국인들이 집을 드나들었으며 그들을 통해 학교 교육에 필요한 영어교재를 배달받기도 했다.[37] 하지만 교과서를 제대로 갖추지는 못했고, 학생들은 대부분 진학시기를 놓쳤거나 가난하여 낮에 농사일을 하다가 나온 사람들이었다.[38] 복음중등공민학교 학생이 처음 배우는 영어는 'Where there is a will, there is a way!'였다. 강성갑은 "빈곤과 좌절 속에서 희망을 상실한 청소년들에게 희망의 햇불을 비춰"주었으며,[39] 복음중등공민학교 교가는 "낮에는 일하고 밤에 배우는 복음중학생 씩씩하구나…"였다.[40] 강성갑은 "내가 생각하고 있는 바의 교육을 제대로 하려면 정식 중학교의 인가를 받아야 되겠다고 생각"하고 한얼중학교의 설립을 추진하였다.[41] 또 자신이 가르친 학생들의 상급학교 진학 등 학생들의 장래를 위해서라도 정규 중학교의 설립은 반드시 필요한 것이었다. 그러나 그보다 더 중요한 이유는, 학생들에게 뜻이 있는 곳에 길이 있다고 가르쳤다면 자신이 가르친 대로 학생들에게 길이 있다는 것을 확인시켜 주어야 했던 것이다. 정규 중학교 설립에 필요한 재산 등 여건은 전혀 준비되지 않았으나, 1947년 말경부터 공민학교인 복음중학교를 정규 중학교로 전환시키고자 하는 움직임이 활발해졌다. 무엇보다도 학생들의 배움의 욕구와 정규 중학교 학생이 되겠다는 의지가 뜨거웠다.

03. 교육개혁의 모델로 한얼중학교를 설립하다

정규 중학교 설립을 꿈꾸다

김해공립 농업보습학교는 학제개편을 통해 1946년 9월 1일 진영공립 초급중학교로 개교하였으나, 학비와 학생 정원 등의 문제로 지역의 교육수요를 감당하기에는 충분하지 못했다.[42] 강성갑은 복음중등공민학교 학생의 상급학교 진학과 지역의 중등교육 수요를 감당하고, 자신이 생각하고 있는 바의 교육을 제대로 실현하고자 한얼중학교 설립을 추진한 것이다.

강성갑이 정식인가를 받은 중학교 설립을 추진한 것은 마산에서 학교를 다닐 때의 경험이 중요한 계기가 된 것으로 보인다. 강성갑이 다녔던 마산창신학교는 고등과의 지정학교 승격문제를 두고 학생과 학부형, 지역사회와 학교를 운영했던 선교부, 마산예수교회와의 격렬한 대립이 있었다. 학교의 설립목적 및 운영방침을 둘러싸고 기독교 선교교육을 추구한 선교부와 지역사회의 갈등은 당시 일반적인 것이었다.[43]

강성갑은 자신의 교육 이상을 실현하기 위해 지역사회의 협조가 필수적이며, 이를 위하여 일방적으로 자신의 교육 이상만을 강조할 것이 아니라 지역의 교육수요와 현실적 필요를 인정하고 이를 적절하게 조정해야 한다는 생각으로, 어려운 사정임에도 불구하고 이들의 협조를 받아 정식학교 설립을 추진한 것이었다.

강성갑이 한얼중학교를 설립하기까지의 과정은, 당시의 일반적인 학교 설립과정과는 여러 면에서 차이가 있었다. 당시의 학교설립은 국민들의 교육열 등으로 교육의 수요가 급증함에 따라 이를 감당하고자 하는 의도로, 먼저 지역의 독지가로부터 재산 기부가 이루어진 후 이를 바탕으로 추진하였다. 특히 중등교육은 미군정의 초등 의무교육 실시 이후 수요가 급증하였으나, 미군정은 재정적 여력이 없었기에 민간에서 자율적으로 학교설립을 통해 수요를 감당하는 정책을 추진하였다. 따라서 독지가의 재산 출연이 학교설립의 중요한 계기가 되었을 뿐만 아니라 학교설립 과정과 학교재단 운영의 주도권을 행사하게 되었다. 대표적인 예로 1947년 한경직의 대광중학교 설립은 먼저 월남한 기독교인 청소년의 교육이라는 수요를 감당하고자 하는 현실적 필요가 있었고, 미국 북장로회 선교부로부터 4만 달러를 학교설립기금으로 제공받았으며, 독지가들로부터 토지 16,749평, 현금 200만원을 희사받아 학교설립을 위한 기본재산이 확보된 이후에 학교설립이 이루어졌다.[44]

그러나 정식학교 설립을 준비할 때 강성갑의 상황은 학교 교실이라고는 내부를 개조한 곡물창고 두 채, 그리고 부족한 교실문제를 해결하기 위해 흙벽돌 만드는 것을 시작하고 있었을 뿐 다른 어떤 것도 준비되지 못했다. 강성갑에게는 준비된 재산은 없었으나 분명한 뜻과 사랑하는 학생들이 있었고, 그의 뜻에 공감하여 함께 하기로 했던 진영교회 교인들이 있었다. 그리고 무엇보다 진영지역에는 학교가 필요했고, 학생들에게 가르친 것을 실천해야 한다는 분명한 의지가 있었다.

이것이 그의 실천이 갖고 있는 특징이었다. 강성갑은 정규학교가 필요하고, 설립해야겠다고 생각했으면 어떻게든 한다는 생각이었다. 그리고 이왕 한다면 제대로 하자는 생각이었다. 강성갑이 갖고 있는 유일한 자산은 그의 가슴속에 있던 진정성과 의지, 그리고 그가 꿈꾸던 이상이었다. 강성갑의 이상은 당시 모든 사람들이 필요하다고 생각은 하던 것이었으나 그것이 가능할까, 현실적일까, 여건이 될 때까지 기다려야 하는 것은 아닐까, 더 나아가 우리가 할 수 있는 수준이 될까 하는 생각에 감히 말도 꺼내지 못하던 것을 강성갑은 과감하게 외쳤던 것이다. 그리고 강성갑은 많은 어려움을 극복하고 하나하나 이루어 나갔다. 다른 사람들을 탓하지 않고, 다른 사람들의 노움을 바라지도 않았으며, 왜 자신의 실천을 돕지 않느냐고 서운해하지도 않았다. 오로지 자신의 실천을 통해 자신의 꿈을 확인시켜 주는 것으로 사람들이 스스로 나서서 함께 하도록 감화시켰다.

그는 정규 학교의 설립인가를 받기만 하면 자신이 원하는 교육을 할 수 있다고 확신하였다. 설립인가에 필요한 것은 학교법인과 재산이었으나 준비된 것은 거의 없었기에, 교육당국을 설득하기 위해 먼저 우리 교육의 현실을 바탕으로 새롭게 실천하고자 하는 자신의 교육관을 정리하기 시작했다.

그런데 중학교 설립인가 규정이 얼마나 까다롭습니까. 나에게는 그런 규정에 맞는 학교를 만들어 놓고 인가를 받을 수가 없었습니다. 그러나 인가만 받아 놓으면 학교도 만들 수 있고 내가 생각하고 있는 교육도 실시할 수 있다는 확신이 섰기에 무엇보다도 인가를 먼저 받아야 되겠다고 생각하여 인가신청서를 꾸몄는데 그 내용이란 것이 고작해서 학교 이름인 「한얼중학교」라고 쓴 것과 설립 취지인 「나의 교육관」을 적은 것 뿐이었습니다.[45)]

고등유민(高等遊民)을 만들고 있는 우리교육의 현실

강성갑은 자신의 생각을 정리한 글을 남기지 않았다. 그는 실천의 사람이었으므로 말보다 행동으로 모든 것을 보여주었기에, 그의 생각은 그로부터 강의를 듣거나 그를 만난 사람들의 기억을 통해 전달되었다. 강성갑에 대한 논문을 쓴 심진구는 그가 했던 강연에 깊은 감동을 받고 강연 내용을 자세히 기록해 두었다가 후에 논문을 쓸 때 중요한 자료로 활용하였다.

강성갑은 1950년 4월 부산사범학교 학생들을 대상으로 했던 강의에서 해방 이후 우리 교육의 현실을, 명백한 목적과 방향이 없이 "그저 막연히 가르치고 배운다고 하는 맹목적 교육을 하고 있는 중에 「쟁이」를 천시하는 사회풍조에 휩말려 들어가 쓸모없는 고등유민(高等遊民)만 길러내고" 있다고 지적하였다.

이조(李朝) 500년간 성리(性理) 공담(空談)을 숭상하고 실학과 노동을 천시한 풍조와 일제 잔재인 관료주의 사상의 영향을 받아 실업교육과 기술교육을 천시하고 인문을 숭상한 나머지 실업고등학교도 전부 인문고등학교화 하였으며, 대학에는 법과 정치과에만 학생이 몰려들어 대학생 대부분이 법학이나 정치학을 전공하고 있는 실정입니다. 우리 조상들이 실업인, 기술인을 「쟁이」라 하여 천시하였기 때문에 후진국이 되었고 나라를 빼앗긴 쓰라린 역사를 갖기 되었으며 빈곤이란 유산을 물려받게 된 것입니다. 그리고 대학생 대부분이 법학과 정치학을 전공하고 있는 실정인데, 이 좁은 땅에 법관이 필요하면 그 수가 얼마나 되겠으며 정치인이 필요하면 얼마나 되겠습니까? 대통령은 1인이면 되고, 도지사도 13인만 있으면 됩니다. 그런데 그 많은 학생들이 법정(法政)을 전공하여 어쩌자는 것입니까?

교육이 뚜렷한 목적을 향하여 바르게 나아가지 못하고 그릇된 일반사회 풍조에 휘말려 들어가 고등유민만 기루어내고 있으니 이 나라 장래가 어떻게 되겠습니까? 교육이란 교육받은 사람에게 개적(個的)생활의 행복을 보장해 줌과 동시에 국가 사회를 위해서 일 할 수 있는 능력을 갖추게 해야 하는데, 우리의 실정은 어떠합니까? 국민학교도 나오지 않은 사람은 농사를 짓는다는 생각을 가지고 있기 때문에, 개적(個的)생활이 보장되고 또 농사를 통해서 국가사회에 이바지 하고 있는데, 국민학교만 나와도 일하기를 꺼려하고, 중·고등·대학으로 올라 갈수록 일을 할 수 없게 되고, 직장을 구할 수 없는 인간이 되어버립니다. 요즈음 대학을 나온 사람들의 사정이 어떠하다는 것은 여러분이 잘 알고 있기 때문에 내가 설명할 필요조차 없을 줄 믿습니다.

이력서를 써서 관공서나 회사를 찾아 다니는 것이 그들의 일과인데, 어디 일자리가 있습니까? 다니다가 지쳐치면 열등감을 갖게 되고 드디어는 자포자기하여 자살을 기도하는 실정이 아닙니까! 이 나라의 청년들을 이런 경지에 빠트려 넣은 죄를 누가 지었나요? 물론 소비편중의 기형적 사회경제조직에도 원인을 찾을 수가 있겠지마는 그 대부분의 책임을 우리 교육자들이 져야 합니다. 교육이란 명백한 목적과 방향이 있어야 하는데 그저 막연히 가르치고 배운다고 하는 맹목적 교육을 하고 있는 중에 「쟁이」를 천시하는 사회풍조에 휘말려 들어가 쓸모없는 고등유민만 길러내고 있습니다. 이 나라의 교육을 이대로 방치해 두어도 좋을까요?[46]

강성갑은 쓸모없는 고등유민을 길러내는 교육 현실을 타파해야 한다는 자신의 교육의지를 실천하고, 진영지역의 상급학교 진학이라는 현실적인 교육수요를 반영하여 정식 중학교 설립을 추진하였으나, 학교 부지 등 재산은 갖추지 못한 상태였다. 강성갑은 자신이 생각하는 교육의 구체적 내용을 먼저 제시하고 이를 바탕으로 교육 당국을 설득하고자 하였다. 당시 학교를 설립하기 위하여는 먼저 학교를 운영하는 재단법인의 설립인가를 받아야 했으므로 강성갑은 자신의 교육관을 정리한 설립취지서를 먼저 작성하고 교육 당국을 설득하기 시작하였다.

애신(愛神)·애린(愛隣)·애토(愛土)의 교육관

강성갑이 교육당국에 제출했다는 「나의 교육관」을 적은 글은 재단법인 삼일학원 설립인가신청서에 포함된 설립취지서를 말하는데, 이 글은 성서의 구절로 시작한다.

"밀알 하나 이 땅에 떨어져 죽지 아니하면 한알 그대로 있고 죽으면 많은 열매가 맺나니라" 이것은 예수의 말이다.

이 구절은 신약성서 요한복음 12장 24절의 내용이다. 이

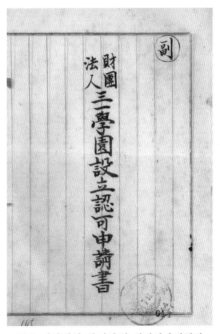

그림 7 재단법인 삼일학원 설립인가신청서
(국가기록원 역사기록관 소장)

구절은 "자기 생명을 사랑하는 자는 잃어버릴 것이요. 이 세상에서 자기 생명을 미워하는 자는 영생하도록 보존하리라"라는 25절의 내용으로 이어진다. 강성갑은 "자기만을 위하는 자기 본위의 사상과 행동은 그 민족이나 국가를 멸망으로 이끌고 가고야" 말기 때문에, 오늘 해방된 조선에 필요한 인재는 무엇보다 "조국을 위하여 자기의 이익을 포기하고 한 알의 밀알이 되어 그 몸과 생명을 바쳐 희생의 제물이 되려는 인물"이라고 규정하였다. 설립취지서에 인용된 성서 구절은 강성갑의 교육관을 분명하게 보여주는 것이기도 하지만 동시에 해방된 조선에서 한 알의 밀알이 되겠다는 강성갑 자신의 다짐이기도 했다.

강성갑은 설립취지서에서 해방된 조선에 필요한 사람이 되기 위한 4가지 조건을 다음과 같이 정리하였다.

첫째, 피교육자의 개성과 그가 타고난 천질(天質)을 충분히 살릴 수 있는 교육방침을 확립하여 "한 가지 이상의 전문지식이나 전문기술을 가져야 할 것"을 강조하였다.

한 가지 이상의 전문지식이나 전문기술을 가져야 할 것이다. 이것은 너무나 당연한 일이언만 이에 대한 명확한 신념을 가지고 교육에 임하는 자 그 얼마냐 되랴. 막연한 교육관에서 그저 가르치고 배우면 되는 줄 아는 것은 크게 위험한 일이 아닐 수 없다. 쓸데없는 고등유민을 만드는 것은 큰 죄악이다. 이러한 견지에서 피교육자의 개성과 그가 타고 난 천질을 충분히 살릴 수 있는 교육방침을 확립시켜야 할 것으로 믿는다. 여기에 과학교육이 요청될 것은 빤한 일이다.

둘째, 애토(愛土)의 정신으로 "조선 민족의 '얼'을 사랑하고 애끼고 갈아 세계인류에 공헌할 바를 찾기 위하여 일하자는 것"이다. 우리 민족의 고유한 역사와 문화, 전통을 바탕으로 세계 인류에 공헌할 수 있는 독창적인 문화와 전통을 새롭게 창조하기 위해 함께 노력하자는 것이다. 애토에 들어 있는 정말(덴마크)적인 의미란 무엇보다 먼저 조선 사람이라는 주체적 자각의 중요성을 강조한 것으로 보인다.

애토의 정신을 가져야 한다. 여기에 말하는 흙이란 것은 조선민족의 고유한 역사, 고유한 문화, 고유한 전통을 의미한다. 또 흙은 노동을 뜻함이니 노동을 신성시하고 일하기 싫어하면 먹지도 말아야 한다는 뜻이다. 애토의 정신은 한마디로 말하자면 조선민족의 '얼'을 사랑하고 애끼고 갈아 세계인류에 공헌할 바를 찾기 위하여 일하자는 것이다. 여기에는 새로운 독창도 나올 것이다. 애토에는 정말적(丁抹的)인 의미도 들어 있는 것은 물론이다.

셋째, 애린(愛隣)의 정신을 가져야 한다. "애린이란 이웃을 위하여 나의 최선의 것을 바친다"는 것이다. 일제 강점기에 우리는 오직 자기 자신만을 생각하고 '나만 아니면 된다'는 이기심을 강조하는 교육의 노예가 되었기에 민족도 국가도 사회도 없었다.

애린의 정신을 가져야 한다. 애린이란 이웃을 위하여 나의 최선의 것을 바친다는 것이다. 남을 위하여 희생한다는 말이다. 내 민족을, 조국을 사랑한다는 말이다. 나라를 사랑한다는 것은 구체적 내 이웃에 형제를 사랑한다는 것이다. 형제의 한 사람이 도움을 요구할 때, 자기의 이익을 버리고 그에게 사랑의 봉사를 한다는 것이다. 만일 이러한 구체적인 행동을 떠난 애국이 있다면, 그것은 관념적 유희에 그치고 말 것이다. 이러한 애린, 곧 남을 사랑하는 정신에 대립되는 사상을 우리는 이기라고 부른다. 이는 곧 자기중심이다. 인간사회에 모든 죄악인 이 자아중심 곧 이기에서 출발한다. 개인적 죄악이나 사회적 죄악이나 국가적 죄악의 모든 것이 이 자기중심의 언행에 기인한다. 이 사상을 이기적 개인주의라 부를 수 있다면 과거 일제시대에 우리는 이러한 교육에 노예가 되었던 것이다. 그 결과 우리들 머리에는 민족도 국가도 사회도 없고 내 만이 있었든 것이다. 설혹 그러한 미명을 쓰는 일이 있드라도 형식뿐이요 그 내용은 나를 위하는 것이었다. 만일 애린의 정신이 없는 사람에게 지식이나 어떤 기술을 수여하는 것은 칼을 갈아 강도에게 주는 결과를 가지고 오고 말 것이다. 우리는 가는 곳 마다 그들이 가진 지식이나 기술을 무기삼아 자기의 이익을 꾀하는 매국노를 발견하지 않는가.

넷째, 애천(愛天)의 정신이다. 강성갑은 "애토나 애린의 정신을 근본적으로 살리는 길은 애천의 신앙에서만 가능하다."고 보았다. 태어날 때부터 자아 중심적인 인간에게, 교육은 길을 가르쳐 주고 도덕은 명령한다. 그렇지만 실천할 능력은 주지 못하므로 인간의 능력으로는 인간성의 창조적 변경이 불가능하다는 한계를 인정한 것이었다.

애천의 정신이다. 위에 말한 애토나 애린의 정신을 근본적으로 살리는 길은 애천의 신앙에서만 가능하다. 인간은 타고 날 때부터 자아중심적 존재이다. 이것을 교육의 힘으로 정조(正造)하지는 못한다. 교육은 우리에게 길을 가르치고 도덕은 우리에게 명령은 한다. 그러나 그렇게 가고 그렇게 행할 능력은 주지 않는다. 여기에 교육과 도덕의 무력(無力)이 있는 것이다. 이에 이 인간성에 새로운 창조적 변경을 요구한다. 이것은 인간자신의 내부적 능력으로는 불가능하다. 이것은 절대자의 힘으로만 가능하다. 이것은 하나님을 사랑하는 신앙으로 통하여야만 성취되는 것이다. 그러므로 이 신앙의 토대 위에 서지 않는 인간의 행사는 모래위에 지은 집과 같이 비가오고 바람이 불면 넘어지고 만다.

강성갑은 자신의 기독교적 교육관을 애토와 애린, 애천의 바탕 위에서 한 가지 이상의 전문지식과 전문기술을 얻어 조국에 이바지하고 인류문화에 공헌할 수 있는 인재를 양성하는 것으로 규정하였다.

상술한바 애토는 민족의 문화를 이름이요 애린은 국민도덕을 이름이요 애천은 국민신앙을 이름이니 이 삼자의 조화를 지향하는 삼애주의를 교육이념으로 삼고 이 토대위에서 한가지 이상의 전문지식과 전문기술을 얻어 조국에 이바지 할 수 있고 인류문화에 공헌할 수 있는 인재를 양성하려 함에 본교의 설립의 취지가 있는 것이다. 이것이 곧 기독교적 교육관이다.

또 강성갑은 삼일학원 설립취지서에서 "오늘 조선은 조국을 위하여 자기의 이익을 포기하고 한 알의 밀알이 되어 그 몸과 생명을 바쳐 희생의 제물이 되려는 인물을 요구한다."[47]라고 선언함으로써 학교를 설립하는 이유는 해방된 조선을 위해 필요한 인재를 양성하기 위함이며, 그러한 인재에게 필요한 것이 희생정신임을 분명히 하고 있다. 이러한 강성갑의 설립취지는 한얼중학교 설립이유를 통해 더욱 분명하게 확인할 수 있다.

경상남도에는 일제시대부터 기독교적 교육이념으로 설립된 중등학교라고는 동래 일신여학교(오-스토라리아선교회에서 경영해 오든 것을 중도에 중지시켰음)를 제외하고는 전무하였다. 해방후인 오늘에도 여전히 그 길이 열리지 않고 지나오든바 소기의 재단을 얻기되어 이에 중학교령에 의거하여 기독교적 교육이념인 애신, 애린, 애토의 삼애주의를 교육이념으로 한 중학교를 설립하여 양심적인 애국의 인재를 양성하여 국가에 이바지하려 한다.[48]

강성갑은 자신의 기독교적 교육관을 기회가 있을 때마다 계속하여 강조하였다. 인가신청서에 한얼중학교의 설립목적을 "중학교령에 의거하여 기독교적인 애신(愛神), 애린(愛隣), 애토(愛土)의 삼애주의를 교육이념으로써 남녀학생에게 중등교육을 시켜 양심적이고 희생적인 인격있는 애국의 공민을 양성함으로써 목적함."으로 정리하였다. 또 한얼중학교 학칙에 "본교는 중학교령에 의거하여 기독교 정신으로 교육이념으로 한 중등교육을 실시함을 목적함."으로 규정하였고,[49] 한얼중학교 설립인가신청서에도 교육방침을 별도로 정리하였다.

새 나라를 함께 세워가는 학생 동지들

강성갑은 학생들과는 여러 가지 문제가 있을 때마다 의논하고 의견을 나누었다. 강성갑은 "여러분과 나는 학생과 선생의 관계가 아니고 뜻과 힘을 합쳐 이 나라를 바로 세워나갈 동지입니다."라고 말하며 학생들과 새로 만드는 정규학교의 교명(校名), 학교의 건축, 교육목적 등을 함께 의논하였다.

교장선생님은 새로운 학교 이름을 무엇이라고 하면 좋겠는지 학생들과 의논하셨다. 「복음중학교」는 공민학교 시절을 연상시키므로 학생들이 반대하였다. 교장선생님은 「동지」(同志) 중학교가 어떠냐고 하셨다. 「우리는 모두가 새 나라를 건설하는 동지야」라는 말씀에 모두가 찬성하였다. 얼마 후 교장선생님은 학교 이름을 「한얼」이라고 함이 더 좋겠다고 제안하셨다. 「얼」이란 사람의 마음, 뜻, 혼을 나타내는 순수한 우리 말이며, 「한」은 ① 우리 민족을 나타내는 말이며, ② 크다(한 길=큰 길), ③ 하나, 같다(한 마음, 한 가지)는 뜻을 가지므로, 「한얼」이란 큰 정신, 민족정신 같이 하나로 뭉친 정신 등을 나타낸다고 설명 하셨다.[50]

강성갑은 설립인가신청서의 '동지초급중학교'로 표기되어 있는 것을 두 줄을 긋고 '한얼초급중학교'로 바꿔 제출하였다.

그림 8 한얼초급중학교 설립인가신청서
(국가기록원 역사기록관 소장)

강성갑은 교육이념에 대해서도 학생들과 의논하였다. 교육이념은 덴마크의 국민교육이념에 따르기로 하였으며, 이를 구체적으로 "하나님 사랑, 이웃사랑은 좋은데 애토(愛土)의 '토(土)'를 '땅'으로 하느냐, '흙'으로 하느냐 등을 의논하시어 결정하셨다. 결국 구체적은 애국·애민을 나타내는 흙이 좋겠다."고 정리되었다.[51] 학생들과 논의 끝에 결정된 한얼중학교의 교훈은 '하나님을 사랑하자, 이웃을 사랑하자, 흙을 사랑하자'는 삼애정신이었다.

강성갑은 한얼중학교의 교육방침을 "농촌의 청소년을 상대로 정말적(丁抹的)인 교육방침을 채용하여 농촌의 유능한 지도자를 양성함에 중점을 두려한다."고 규정하였으며, 농촌의 유능한 지도자 양성의 목적은 "조선의 재건은 농촌재건에 있고 농촌재건은 농촌에 대한 바른 정신과 바른 기술을 가진 지도인물 양성에 있다."고 밝혔다. 이렇게 양성한 지도자는 "내 마을의 흙과 이웃을 사랑할 수 있어 이를 이상화시키려고 마을을 지키며 일하는 인물"로 규정하였고, 이를 통해 "학교를 중심하여 이론과 실천을 일치시켜 학교에서 배운 것을 가정과 마을에 가서 실지로 살려 이상촌 건설에 착수하려 한다."는 자신의 이상촌 건설에 대한 이상을 분명히 밝혔다.[52] 한얼중학교 교육방침의 전문은 다음과 같다.

농촌의 청소년을 상대로 정말적인 교육방침을 채용하여 농촌의 유능한 지도자를 양성함에 중점을 두려한다. 조선의 재건은 농촌재건에 있고 농촌재건은 농촌에 대한 바른 정신과 바른 기술을 가진 지도인물 양성에 있다. 농촌의 청년이 내 마을의 흙과 이웃을 사랑할 수 있어 이를 이상화시키려고 마을을 지키며 일하는 인물이 요청된다. 오늘까지의 일본교육은 도시 중심이 되어 학교를 나오기만 하면 농촌에서 떠나 도시로 모이고 말았다. 그래 농촌은 언제까지든지 무식한 늙은이 부녀자 어린아이들만이 남게 되어 문화에 제외된 사람들만이 사는 곳으로 되고 말았다. 이러한 교육이 계속되는한 조선의 앞길은 암담만이 있을 뿐이다. 이에 우리는 농촌을 지키고 개척할 수 있는 지도인물을 양성하되 학교를 중심하여 이론과 실천을 일치시켜 학교에서 배운 것을 가정과 마을에 가서 실지로 살려 이상촌 건설에 착수하려 한다. 본교의 위치는 이러한 이상을 살리기에 가장 적절한 위치에 있다. 교통의 요로이며 문화의 접촉을 용이하게 얻을 수 있는 곳이요, 만여정보의 대평야를 중심하고 수많은 부락들이 산재하여 있는 까닭이다.

진영교회 교인들의 협력으로 학교 설립인가를 받다

강성갑은 이러한 설립목적에 따라 1947년 12월 재단법인 삼일학원 설립인가신청서를 제출하여 1948년 1월 26일 문교부장 오천석의 허가를 받았다. 강성갑이 정식 학교 인가를 받기 위하여는 기본 재산을 갖춘 재단법인을 먼저 설립하고 이 재단에서 운영하는 학교 설립을 신청해야 했다. 강성갑은 1950년 부산사범학교 졸업반을 대상으로 했던 강연에서 한얼초급중학교 설립인가는 특수목적의 학교라는 예외를 인정받아 가능했다고 소개하였다.

그런데 중학교 설립인가 규정이 얼마나 까다롭습니까. 나에게는 그런 규정에 맞는 학교를 만들어 놓고 인가를 받을 수가 없었습니다. 그러나 인가만 받아 놓으면 학교도 만들 수 있고 내가 생각하고 있는 교육도 실시할 수 있다는 확신이 섰기에 무엇보다도 인가를 먼저 받아야 되겠다고 생각하여 인가신청서를 꾸몄는 데 그 내용이란 것이 고작해서 학교 이름인 「한얼중학교」라고 쓴 것과 설립취지인 「나의 교육관」을 적은 것 뿐이었습니다.

학교설립인가신청서는 도청을 경유하여 문교부에 접수되게 되어 있는데, 규정에 맞는 서류가 아니므로 내가 직접 가지고 다녔습니다. 도청에 가지고 가서 나의 교육포부를 설명하였던 바 "당신의 교육이념에는 공감이 가나 규정에 벗어난 서류를 경유시키면 상부 관청으로부터 문책을 당하게 되니 곤란합니다."고 하지 않습니까. 그래서 그분들에게 이런 말을 했습니다. 내가 문교부에 가서 인가를 못 받을 경우 그곳에서 자살을 하겠소 그러면 그분들도 당신들의 입장을 이해하지 않겠읍니까? 했더니 경유를 시켜주더군요,

그래서 그 서류를 가지고 문교부에 가서도 모든 관계관들을 찾아 다니면서 나의 교육포부를 설명하고 인가를 해달라고 했더니 역시 법 규정에 맞지 않아서 안 되겠다는 것이었습니다. 그래서 막 화를 내었지요. "당신들이 이곳에 앉아서 도장만 찍고 있으면 이 나라의 교육방향이 바로 잡아질 줄 압니까? 이 나라의 교육방향을 바로 잡는 일을 내가 해야 하오? 교육행정을 책임지고 있는 당신들이 해야 하오? 한 국가의 교육방향을 바로 잡는 일도 법 규정에 얽매여 못하게 했어야 말이 되오? 나로 하여금 이 일을 하게 인가장을 손에 쥐어 보내겠소 아니면 이 자리에서 자결을 할 터이니 나의 시체를 치우겠소, 빨리 택일을 하여 주시오!" 했더니 관계관들이 합의를 하더니 특수목적을 가진 학교이니 예외로 취급하여 인가를 해준다면서 인가장을 내어 주더군요.[53]

강성갑이 학교를 설립하는 과정에 함께 했던 최갑시는 재단을 설립하는 과정을 "그때엔 아무것도 없이 그냥 했다. 그러니까 재단이 문제지 재단이. 이제…… 유령재단이지."라고 증언하였다.[54] 이러한 강성갑과 최갑시의 증언에 의하면, 강성갑은 설립취지서만을 가지고 문교부로부터 특수목적의 학교이니 비록 기본재산 등 설립 요건이 갖추어져 있지 않더라도 인가를 해주겠다는 내락을 먼저 받은 후 서류를 꾸며서 제출하였고, 문교부 당국은 이미 내락을 한 상태이므로 설립신청

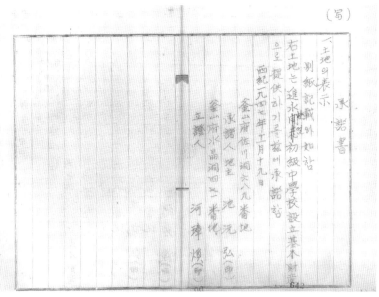

그림 9 재단법인 삼일학원 설립인가신청서 중에서 기본재산 제공 승락서
(국가기록원 역사기록관 소장)

서의 형식적 하자만을 살펴보고 설립인가를 해준 것으로 보인다.

　재단법인 설립인가 신청서를 통해 이러한 설립과정의 진위(眞僞)여부를 살펴보면, 재단법인 설립인가신청서는 설립취지서, 기부행위, 재산목록 급(及) 재산가격조사서, 재산수입조서, 재산기부증서, 재산권리증명서, 세입세출예산서, 설립자 이력서 급(及) 신원증명서, 이사·감사취임승락서, 이사·감사 이력서 급(及) 신원증명서, 임원추천조서, 사업계획서, 교사임대차계약서, 학교위치도 급(及) 평면도 등 모두 14종류의 서류로 구성되어 있다. 이를 성격에 따라 분류하면 설립취지와 재단의 기본재산에 관한 서류들, 그리고 재단의 임원관련 서류와 학교운영과 관련한 서류 등으로 구분할 수 있다. 가장 중요한 것은 '재단법인'이라는 성격상 재단의 기본재산에 관한 서류이다.

재단법인 삼일학원 기부행위 준칙에는 설립하고자 하는 법인의 목적을 "본 법인은 조선교육의 근본이념에 기준하여 기독교 정신을 교육이념으로 하는 교육사업을 경영함으로써 목적함(제1조)."으로 규정하였고, 본 법인의 자산은 기본재산과 보통재산의 2종으로 구분하고(제5조), 기본재산은 이사회의 결의를 경(經)하여 문교부장의 인가를 수(受)하지 않으면 매매·기부·양도·담보 등이 금지되어 있었다(제6조). 재산목록에 의하면 법인의 재산총액은 12,422,920엔(円)20전(錢)으로 이 중 기본재산이 12,022,920엔(円)20전(錢)(답 152,804평: 시가 12,005,000엔(円)20전(錢), 대 224평: 시가 17,920엔(円)), 건물 150평 등이었다. 기본재산은 김해군 가락면 제도리 48-44번지 외 23건의 전답(田畓)으로 부산부(釜山府) 좌천동의 지원홍이 기본재산으로 제공한 것이다. 재단의 임원추천조서에 의하면 지원홍은 "본 재단 설립을 위하여 십오만평의 거재를 희사한 특지가(特志家)이므로 추천함."으로 추천사항란에 기록되어 있으며, 재단의 이사로 취임하였다. 그러나 「단기 4281년(1948년) 사업보고서」에 의하면 기본재산은 여전히 '이전 수속중'인 것으로 표시되어 있고, 1948년 1월에 개최한 이사회에서는 "기부 받은 토지 이전 수속을 급속히 완료하기로 결의"하는 등 기본재산의 이전 수속은 여의치 않았던 것으로 보인다.[55]

지원홍이 제공한 기본재산인 토지는 김해군 가락면 제도리 48-44번지의 답(畓) 6,256평 등 모두 23건 153,028평이었으며 당시의 시가로 12,022,920원에 달하였다.[56] 지원홍이 기본재산으로 제공한 토지의 '폐쇄된 부동산 등기부'를 확인한 결과, 제도리 48-44번지(답 6,256평), 48-58번지(답 9,501평), 48-115번지(답 589평), 48-56번지(답 8,737평), 48-51번지(답 2,940평), 48-120번지(답 1,904평), 48-117번지(답 137평) 등 7건(답 30,064평)이 기부로 인해 재단법인 삼일학원으로 소유권 이전등기가 이루어 졌으나, 이것은 기본재산으로 기부한 토지의 19.64%, 토지 시가 총금액의 22.8%(2,746,600円30錢)에 불과했다.[57]

지원홍이 어떤 과정을 통해 기본재산을 제공하기로 했으며, 제공한 기본재산의 소유권 이전은 어떠한 과정을 거쳐 이루어 졌는지 자세히 확인할 수는 없으나, 폐쇄된 토지의 부동산 등기부 등본과 1951년 12월 한얼고등학교 설립인가 신청을 위해 제출한 삼일학원 재단 증자보고서의 기본재산목록에 소유권 이전 등기가 완료되었던 토지조차 제외된 것으로 보아, 강성갑과 최갑시의 증언처럼 기본재산이 충분히 준비되지 못한 채로 학교를 설립했다는 사실은 분명한 것으로 보인다.

강성갑이 주도했던 한얼중학교 설립에 중요한 역할을 담당한 것은 진영교회였다. 문제가 있었던 기본재산 외에 세입세출예산서에 의하면 진영교회는 121,500엔(円)을 3년간 분할(1947년 27,000円, 1948년 32,000円, 1949년 62,500円)하여 기부하기로 하였고, 진영교회 교인인 박병호[58]가 250,000엔(円)을 3년간 분할(1947년 50,000円, 1948년 50,000円, 1949년 150,000円)하여 기부하기로 하고 기부승락서를 제출하였다. 진영교회는 강성갑의 취지에 적극 동참하여 재정을 후원하였고, 교인들은 재단의 임·역원과 교사로 함께 했다.[59] 재단법인의 임·역원 및 교직원 명단은 다음 표와 같다.

〈재단법인 삼일학원 임·역원 명단〉

직위	이름	주요경력
이사장	어윤강	사법서사, 복음중등공민학교 회계, 진영교회 집사
이사	강성갑	진영교회 목사, 한얼초급중학교 교장
	지원홍	명치대학 법학부 전문부 졸업, 기본재산 명의 제공
	김봉훈	의사[60]

직위	이름	주요경력
이사	윤철장	진영주호야학교 설립자 겸 교장, 진영교회 장로
	박병호	대판사진학교 졸업, 진영미할원 운영, 진영기독교청년회 총무
	윤봉술	진영공립농업학교 졸업, 진영주호공민학교 설립 및 교장, 진영교회 집사
감사	손상율	진영교회 집사, 마산 경양고무공업소 소장
	김은도	진영교회 집사, 진영금융조합 서기

출전: 「재단법인 삼일학원 설립인가신청서」 이사·감사 이력서를 참고하여 작성.

〈한얼중학교 교직원 명단〉

직위	이름	주요경력
교장	강성갑	연희전문 문과, 도시샤대학 신학과
교유	오중은	동래일신여학교, 경성보육학교, 음악교유
	구광조	만주 건국대학교, 서울공업대학 화학공업과 중퇴
	천덕봉	일본 대판의학전문학교 졸업, 경남 국민학교 훈도
	배명도	경성한양공업학교 항공과 졸업, 경성한양공업대학 중퇴
	김종한	일본 와세다대학 강의록중학과 수료, 진영대창공립국민학교 훈도
서기	심성택	이북공립보통학교 졸업, 사법서사 서기

출전: 「한얼초급중학교 설립인가신청서」 직원조직 및 이력서를 참고하여 작성.

진영교회와 한얼중학교의 밀접한 관계는 1948년 2월 7일 개최된 진영교회 제17회 당회록에 당회 장소가 "본회가 본 교회 한얼중학교 사무실에 회집하니"라고 기록되어 있는 것으로도 확인할 수 있다.[61] 결국 한얼중학교는 강성갑의 의지와 지도력 그리고 지역의 진영교회가 중요한 역할을 담당하여 함께 설립한 것이었다.

앞에서 살펴본 것처럼 문교부장 오천석은 강성갑의 학교 설립인가 신청에 대하여 기본재산 등 설립요건은 미비하였지만, 강성갑의 설립취지에 공감하여 특수목적의 예외를 인정하고 학교설립을 인가해 준 것으로 보인다. 이러한 한얼중학교 설립의 '특수목적'은 두 가지 측면에서 이해할 수 있다.

첫째, 한얼중학교 설립이라는 예외적인 조치는 미군정하의 과도기라는 시대 상황에서 당시 문교부의 자유방임적인 사학(私學)정책의 결과였다. 미군정의 교육정책은 우리 국민들의 높은 교육열과 합쳐져, 해방 이후 한국 교육 발전의 원동력이 되었다. 미군정이 초등교육을 의무교육으로 한 이후 중등교육의 수요는 폭발적으로 늘어났다.[62] 미군정은 진학자가 격증함에 따라 시설과 교원이 부족하게 되자 시설의 확충을 위해 사학의 설치를 권장하였고, 자유방임에 가까운 사학정책을 통해 문제를 해결하고자 했다. 교육과정의 운영과 교과서 등에 관하여는 임시조치를 취하거나 실질적으로 각 학교 자체적인 판단에 맡겼기에 혼란이 많았으나 반면에 창의적인 발전도 있었다.[63]

둘째, 한얼중학교 설립의 '특수목적'은 강성갑의 기독교적 교육관이 '새로운 나라'의 '새로운 교육'을 만들어 나가야 한다는 당시의 시대적 과제에 부합했기 때문이었다. 해방공간의 미군정은 막강한 힘을 갖고는 있었지만 과도적인 권력이었으므로, 미군정기의 교육 또한 과도적인 성격이 짙었고 안정적인 운영에는 어려움이 있었다. 더욱이 좌·우 갈등을 중심으로 하는 격렬한 정치적 대립과 국가 수립을 둘러싼 진통으로 안정적인 교육정책이 진행될 수 없었으나,[64] 역설적으로 '우리'의 교육을 만들어 갈 수 있는 호기이기도 했다. 제약과 한계는 있었으나 가능성 또한 공존하였다. 이러한 시대 상황에서 한얼중학교 설립의 '특수목적'이란 오늘날의 대안학교 등 일반적인 학교와 비교되는 특별한 설립목적을 가진다는 의미가 아니었다. 해방된 나라의 새로운 교육 방향을 만들어 나가는 모범적인 사례로서 강성갑의 기독교적 교육관을 주목하고, 강성갑이 하고자 했던 '한 국가의 교육방향을 바로 잡는 일' 을 위해 법 규정에 얽매이지 않고 학교의 설립을 허가했다는 의미이다.

진영 지역사회와 함께 직접 흙벽돌 교사(校舍)를 짓다

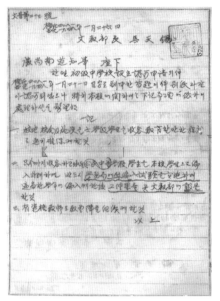

그림 10 학교 설립인가 조건이 기재된 허가서류
(국가기록원 역사기록관 소장)

오천석 당시 문교부장은 한얼중학교의 설립을 인가하면서 "교지(校地), 교사(校舍) 및 시설을 6학급 학생을 수용 교육할만한 정도로 속히 확보할 것."을 특별히 지시하였다.[65] 공민학교의 빈약한 시설을 가지고 우선 한얼중학교 설립허가를 받았지만, 부족한 교사의 확보는 매우 심각하고 시급한 문제였다. 강성갑은 교사(校舍) 확보의 문제를 "이상적 교사는 교육에 지대한 관계가 있는 것이며 또 거대한 자원이 요청됨으로 교사건축기성회를 조직하여 최선의 방법으로 가급적 단기일내에 실현하기를 기(期)함."이라고 정리하고 두 가지 대안을 제시하였는데,[66] 첫 번째 대안이었던 지주 김경진 소유의 토지를 매입하여 교사를 신축하였다.

강성갑은 학교부지로 진영역에 인접한 부지 3,000평과 곡물창고 3동을 확보하였다. 이 땅은 일제 강점기에 곡물건조장으로 사용되었으나 해방 후에는 사용하지 않는 땅이었다. 이 땅의 지주 김경진은 1930년대 격렬한 소작쟁의가 일어났던 진영 하자마 농장의 지배인으로 근무하였다. 하자마 농장 소작쟁의는 쟁의 기간 및 규모의 격렬함으로 당시 조선 사회에서 큰 주목을 받았으며, 강성갑은 바로 이웃한 장유금융조합에 근무하면서 쟁의가 진행되는 과정을 확인할 수 있었다. 최갑시의 증언에 의하면 강성갑과 함께 부산에 있던 김경진을 방문하여 소유 토지를 학교부지로 사용할 수 있도록 도움을 요청하고 설득하여, 한얼중학교 부지로 확보하였다. 김경진은 자신의 진영 하자마 농장 지배인 전력에 비추어 진영을 위한 학교 운영에 필요하다는 강성갑의 부탁을 거절하지 못하고 협조했던 것으로 보인다.[67]

강성갑은 한얼중학교에서 교장으로 국어와 성서 과목을 맡아 학생들을 가르치면서 교사 신축을 위해 무척 고생했다. 당시 진영에는 양질의 흙이 많았으므로 이를 이용하여 건물을 짓기로 했다. 재정과 자재가 부족했던 당시에 흙벽돌 교사는 불가피한 선택이었다.

1948년 봄이 되자 학생 수는 늘고 교실이 부족하였다. 교장 선생님은 교실부족 문제를 어떻게 해결할 것인가를 학생들과 함께 고민하시고 의논하셨다. 진영에는 나무도 없고 돌도 없으며, 흙밖에 없는데, 여러 사람에게 물어 보았더니, 만주(滿洲)에서는 흙으로써 벽돌을 만들어 집을 짓는다는데, 겨울에 따뜻하고 여름에 시원해서 장점이 많다는 것이었다.[68]

구입한 부지의 흙은 벽돌을 만들 수 있는 토질이라고 판명되었기에 흙벽돌 건물을 짓기로 하였다. 그 다음의 문제는 흙벽돌 건물로 여름의 우기를 어떻게 견딜 것 인가 하는 문제였다. 이 문제는 벽돌담 밑의 기초를 한자 깊이로 파서 잡석으로 채우면 해결될 것이라고 결론이 났

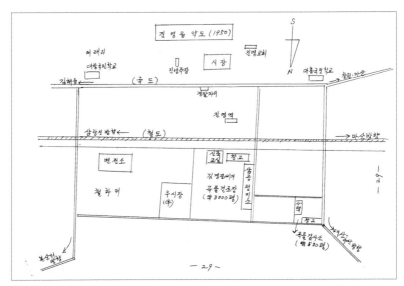

그림 11 1950년 당시 진영읍 약도(「심사수 진술서」 2012.3.29)

다. 주변의 잡석을 모아서 흙벽돌 밑에 깔고 도랑을 치면 우기를 견뎌
낼 수 있지 않을까? 강성갑과 학생들은 한편으로는 흙벽돌을 만들고,
한편으로는 학교 주변의 도랑과 골짜기를 찾아 잡석을 모아 학교로 운
반하였다. 비가 오면 흙벽돌을 건조시킬 수 없으므로 쾌청한 날은 흙
벽돌을 만드는 날이었다. 학생들과 선생님들은 방학도 모르고 일하면
서 공부하고, 배우면서 일하였다.[69]

문제는 주변의 잡석을 모아서 학교로 옮겨오는 일이었다. 가까운 곳
에 모아둔 잡석은 학생들이 들고 오면 되지만 학교에서 멀리 떨어져
있는 산 밑에 모아둔 잡석은 수레나 트럭을 이용하여 짐을 운반해주는
사람들에게 맡길 수밖에 없었다. 이들은 나중에 운반비용을 받기로 하
고 잡석을 학교로 운반해 주었다. 그러나 강성갑은 이들에게 운반비를
제대로 지불할 수 있는 형편이 되지 못하였다. 강성갑은 이들이 운반

비용을 받으러 학교에 찾아오면 학교일로 바쁜 와중에도 그들을 반갑게 맞아서 누추한 교장실로 모셔 들어갔다. 차라도 한잔 대접하면서 그들에게 열정을 다해 학교의 현황과 꿈을 설명하였고, 그들은 강성갑에게 설득되어 운반비용 받는 것을 포기하거나 비용을 지불해 달라는 말을 차마 하지 못하고 돌아갔다.[70]

강성갑은 일방적으로 자신이 하는 일이 진영지역을 위한 일이니 협조해달라고 요청하지 않았다. 진영지역 사람들 스스로 한얼중학교를 설립하고 새로운 나라를 세우는데 함께 할 수 있도록 그의 삶으로 차어를 설득한 것이었다. 강성갑의 실천을 목격한 지역 사람들은 교사신축을 적극적으로 도왔다.

그가 창안한 건축식인 흙벽돌 교사를 건립해 나갈 때 교장인 그가 주야를 가리지 않고 중노동을 계속하고 있다는 것을 학생편에 전해들은 학부형들이 자진하여 학교로 모여들어 회의를 열고 협력하였다고 한다. 그의 솔선수범이 교직원과 학생들은 물론이고 학부형까지 감화를 시켰다.[71]

흙벽돌 교사를 짓고 있던 당시 강성갑의 모습은 시골 농부의 모습 그대로여서 항상 삼베로 짠 베잠방이를 입고 있었는데 바지에 주름이 많이 잡혀 무릎이 드러난 채였다.[72]

하루는 코가 크고 눈이 샛노란 호주 손님 두 분이 와서는 강성갑 교장을 찾았습니다. 그때 저와 함께 흙집을 짓느라고 흙짐을 지고 지붕에 올라가 있을 때입니다. 호주에서 오신 귀빈은 사절로서 문교부에 들려 해방 후 한국 교육을 살피러 왔다가 문교부 장관의 소개를 받고 「무-비 카메라」를 들고 학교에 찾아 와서 교장을 찾았읍니다. 학생이나 교장이나 작업복에 흙짐을 지고 있었읍니다. 그가 지붕에서 내려와서는 제가 교장입니다. 그들은 숫제 믿으려 하지 않읍니다. 그들은 교장 선생이 어찌 학생과 이런 일을 할 수 있는가고 묻습니다. 교장은 황폐화된 내 조국에 흙을 뭉쳐 집을 짓는게 무엇이 그렇게 대단한가고 말할 때 그들이 교장의 손을 잡고 땡큐를 연발했읍니다.[73]

강성갑의 사택에 기거하면서 교사신축 과정을 직접 목격했던 심사수는 강성갑이 학교건물을 건축하기 위한 기초공사를 하면서 "나라가 선다."라고 외쳤으며, 교사를 건축하기 위해 밤낮없이 일했다고 기억하였다.[74] 이렇듯 강성갑은 교사를 신축하기 위해 적산(敵産)재산의 불하 등 정부의 원조를 받고자 애쓰지 않았다. 교육에 뜻을 가진 교육자와 교육을 받고자 모여든 학생들과 아들, 딸을 학교에 보낸 학부형들과 함께 힘을 합하여 스스로 이룩하고자 하였다.[75] 이러한 교사신축과정은 학생들과 학부형들이 학교 교육에 근원적으로 참여하는 계기로 작용했으며, 이를 통해 한얼중학교는 '우리 학교'가 되었다.

그림 12 완공된 한얼중학교 흙벽돌 교사(校舍)

강성갑은 학생들이 진영까지 통학하는 불편을 해소하기 위해 1949년 3월 한얼중학교 진례분교를 설립하였으며, 1949년 10월에는 한얼중학교 녹산분교를 설립하고 장유금융조합 근무 시절의 친구였던 조남기 장로를 이사장으로 파견하여 지역 유지들의 협력을 받아 인근 야산의 돌을 이용한 석조건물을 짓게 하였다.[76)]

04. 새로운 교육을 시작하다

뜻이 있는 사람은 누구나 오라

강성갑은 학비는 없어도 "뜻이 있는 사람은 누구나 오라, 와서 배우라."고 했다. 이 말은 가난과 무지 속에 살던 당시 농촌 청소년들에게는 복음이었다. 따라서 강성갑은 학생들에게 수업료를 강요하지 않았다. 단지 낼 수 있는 능력이 있는데도 내지 않는 사람에게는 수업료를 내도록 설득하였을 뿐이다.[77)] 한얼중학교의 수업료는 봄에는 보리, 가을에는 벼 등 현물로 받았으며, 입학시험은 삽을 가지고 흙벽돌을 만드는 작업이었다.[78)] 수업료는 대략 벼 한섬, 또는 보리 한가마 정도로 대신 받았기에 진영 지역사회에 인기가 많았다.[79)]

'뜻'만 가지고 모여든 학생 중에는 강성갑의 고향인 의령군에서 오는 사람도 있었다. 의령에서 온 7~8명 학생의 숙식을 도맡아 해결해 주어야 했고, 교사들에게도 봉급을 제대로 지불하지 못했기에 최소의 경비로써 많은 사람들의 식사를 해결하기 위한 방안으로 '공동식사'를 실시하게 되었다. 공동식사에 참석한 사람들은 강성갑의 가족을 비롯한 모든 교사들의 가족, 7~8명의 유학생, 유학생을 따라와 학교 교실 짓는 일에 봉사하는 학생들의 부모 몇 사람 등 모두 50~60명 정도였다. 이들이 다 함께 앉을 식당이 없었기에 간소한 국 한 그릇과 채소 반찬 한 가지가 전부인 음식을 배식받아 평상에 앉거나 교무실이나 자기 사택으로 가져가서 먹기도 했다. 심사수는 당시를 무 깍두기 한 가지로도 감사기도를 올렸던 꿈이 생동하는 식사였다고 회고하였다.[80] 부족한 공동식사를 견디기 어려워하던 사람들에게 강성갑은 "이것이 우리 농촌실정인데 우리도 견딜 수가 있어야 한다"면서,[81] 이러한 생활을 앞으로 10년은 계속해야 할 것으로 예상하였다.[82] 이러한 공동식사는 경제적 여건에 따른 불가피한 선택이었으나, 한편으로는 민주주의 사상의 실천이라는 중요한 의미를 갖는다. 한정(한국-덴마크)협회 설립에 앞장섰던 김영환은 덴마크 유학중에 덴마크의 공동식사를 직접 목격하였다. 덴마크의 식당에서는 "주인 부부, 머슴, 식모, 손님, 이렇게 한 식탁에 둘러앉게 마련이다. (중략) 음식의 차별이 전혀 없다. 이야말로 민주식탁인 것이다. 민주주의는 식탁에서 시작한다."고 공동식사의 의미를 강조하였다.[83]

또 강성갑은 청소·청결·정돈을 강조하였다. 심사수의 증언에 의하면, 흐트러진 몸매는 단정하지 못한 마음의 표현이기 때문에 우선 각자가 자기 몸을 단정히 할 줄 알아야 하며, 더러운 환경과 사회악은 모두가 사람의 나쁜 이기적 마음, 타율적 마음에 기인한다고 가르쳤다. 강성갑은 학생들을 인솔하여 진영읍 시가지로 나가서 거리청소를 함께 하였다. 가장 지저분한 곳은 진영역의 공중 화장실이었고, 길 옆의 배수구도 깨끗이 청소하였다. 강성갑은 거리청소를 마치고 돌아와 학생들에게 사회의 어디로 가든지 깨끗한 곳이 어디 있나 찾아다니지 말고, 가장 더러운 곳을 찾아가 그곳을 가장 깨끗한 곳으로 만드는 사람이 되어야 한다고 가르쳤다.[84]

학생들과 함께 미숙한 솜씨로 찍어서 만든 흙벽돌 집이 세 번이나 비로 넘어 졌지만 그럴 때마다 집은 점점 더 견고하게 재건되었다. 연일(連日)의 노동으로 까맣게 탄 얼굴로 그는 교육의 일선에 나섰던 것이다. 강목사는 "농민 스스로를 위해 사는 농촌지도자를 만들어야 한다."면서 "진정한 애국애족은 도시가 아니라 농촌의 혁명을 통해 이루어져야 한다."고 역설했다. 그의 농촌부흥운동은 심훈의 「상록수」나 이광수의 「흙」에서 볼 수 있듯이 낭만적이고 감상적인 것이 아니고 구체적이고 실질적이었다. 또한 재래식의 농촌운동과 판이한 것은 철저한 봉사의 신념을 배경으로 농촌혁명의 패턴을 형성하려 했다는 점이다. 한얼중학의 특색은, 이 학교가 명실공히 농촌을 위하여 존재한다는 사실이었다. 따라서 수업이 농번기에는 없고 비교적 한가한 때 집중적으로 행해졌다. 그러나 교육수준이 결코 떨어지는 것은 아니었다. 당시 한얼중학에는 약 300명가량의 남녀 학생들이 공부하고 있었는데, 그 읍내의 역사있는 공립학교인 진영중학이 위협을 느낄 정도였다 한다.[85)]

한얼고등학교의 설립을 기다리고 있던 한얼중학교 1회 졸업생 40여명 중 15명은 연수과로 남아서 다시 1년간 중학교 4학년 과정을 공부하였다. 1950년 6월 초에 강성갑은 연수과 졸업생 10명을 2명씩 5개조의 농촌봉사대로 편성하여 농촌 오지로 파송하였다. 어상선과 함께 김해군 녹산면으로 파송된 심사수의 "우리가 가서 무엇을 해야 됩니까?"라는 질문에, 강성갑은 "무엇을 해야 할 것인가에 대해서는 나도 상세히 모릅니다. 그러나 여러분은 농촌의 그들보다는 더 많이 배웠다는 것은 분명합니다. 가서 농촌의 그분들을 도우고 가르치고 그들에게 무엇이 필요한지 공부하고 배우면서 그분들을 도와드리면 됩니다. 일

손이 모자라면 일을 도와 주고, 아기 볼 사람이 없으면 아이를 보아 주고, 낮에는 일하고 밤에는 무지한 그들에게 글과 지식을 가르치시오. 1년이 지나면 다른 봉사대가 교대하고 여러분들은 다시 공부를 하게 될 겁니다."라고 대답하였다.[86]

쟁이를 양성하는 노작교육(勞作敎育)

해방된 후 미군정 초기의 중등 교육과정과 일제하 중등 교육과정의 차이점은 인문·실업 구분이 거의 없어졌다는 점과 일본어 과목 및 교련을 폐지한 것이었다. 일본어 과목 등의 폐지는 해방과 동시에 자연스럽게 이루어진 것이었으므로 사실상 기존의 교육과정을 그대로 유지한 것이었다. 중등교육 분과위원회는 1946년 6월 교육심의회에 새 학제에 따른 중등학교 교육과정을 연구하여 제출하였고, 논의 끝에 정리된 교육과정을 발표하였다. 새로운 교육과정에서는 선택과목을 신설하였고, 역사·지리·공민 등을 합쳐서 필수 5시간, 선택 5시간으로 큰 비중을 차지하는 사회생활과를 신설했다. 그러나 이러한 교육과정이 각 지방에서 얼마나 실행되었는가는 의문의 여지가 있으며, 선택과목 또한 개인이 선택한다는 의미는 아니었다.[87] 중등학교 교과과정 및 이에 근거하여 한얼중학교 학칙에 규정된 학과과정 및 매주 수업시수(授業時數)는 그림 13과 같다.

한얼중학교 학칙에 규정된 교육과정을 그대로 실천하기에는 어려움이 많았다. 강성갑은 학교설립 이후 교사(校舍)신축을 위해 고생했을 뿐만 아니라 교사(敎師) 등 교육여건 또한 충분하지 못했기 때문이다. 그러나 어려운 여건 속에서도 강성갑은 자신의 교육이상을 실천하기 위해 부단히 노력했으며, 그 결과 청년·학생들과 교육당국 및 학계로부터 주목을 받았다.

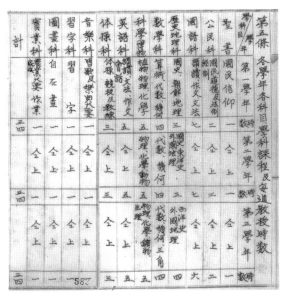

그림 13 한얼중학교 학과과정 및 매주 수업시수
(국가기록원 역사기록관 소장)

　강성갑의 교육실천과 관련하여 특히 주목을 받은 것은 노작교육의
실시였다. 노작교육은 학생들의 자발적·능동적인 정신 및 신체의 작
업을 중심원리로 하여 행하는 교육으로, 당시에 매우 중요하고 필요한
교육과정 및 내용으로 인정을 받았지만 실천한 학교는 많지 않았다.[88]
강성갑은 당시 고등유민(高等遊民)만을 길러내는 맹목적인 교육을 비판
하고 '쟁이'를 길러내야 한다고 강조하였다.

　　고등유민을 만들지 않는 교육이란 다름아닌 소위 「쟁이」를 기르는
　　교육입니다. 「쟁이」 천시의 풍조 때문에 잃었던 나라, 「쟁이」를 양성
　　하여 민족 중흥의 황금시대를 만들어 보려는 것입니다.[89]

강성갑은 학교 교과목과 일과들에도 반드시 노동시간이 들어 있게 했고, 학생들은 시간표대로 어떤 일이든지 그 시간에 열심히 일하여 '노동은 신성하다'는 격언을 생활로 익히게 되었다. 강성갑은 "모든 사람이 반드시 자기의 생존을 위해 누구에게도 부담을 주지 않고 살아가게 하기 위해 한 사람이 한 가지씩 기술을 꼭 익혀야 한다."고 주장했다.[90)

교사 신축과정이 바로 노작교육의 실천이기도 하였으며, 한얼중학교에는 성냥공장, 기와공장, 목공장 등이 있었고 기술자들이 학생들을 직접 지도하였다. 강성갑은 학생들에게 기술자들을 반드시 '선생님'이라고 부르도록 하였고, 기술자 선생님들의 월급은 교장인 자신의 월급과 같은 금액을 지급하여 차별하지 않았다. 학생들은 실습시간에 기술자 선생님들로부터 "각양의 기술을 학습하다가 그중에서 자기의 적성에 맞는 기술을 발견하게 되면 그 기술만은 더욱 연마를 하여 일류 기술자가 되게"하였고, 실습을 통해 생산된 성냥 등은 지역사회에 판매하여 학교 운영경비와 학생들 자신의 학비로 사용하게 하였다.

우리 학교에서는 지금 성냥공장, 기와공장, 인쇄소, 목공장, 석공장, 이발소, 미용원 등의 실습장을 마련하고, 각종의 기술자를 두어 학생들을 지도하게 하고 있습니다. 그런데 이런 기술자란 훌륭한 기술을 가지고 있으면서도 표현이 서투러서 이론적으로 지도하는데 서툴다든가 교사로써의 외형적 권위를 갖추지 못하는 것은 부득이한 일이지마는 학생들로 하여금 그분들을 마음으로 존경하게 하고 꼭 선생님이라고 부르게 합니다. 학생들은 실습시간을 통해서 각양의 기술을 학습하다가 그중에서 자기의 적성에 맞는 기술을 발견하게 되면 그 기술만은 더욱 연마를 하여 일류기술자가 되게 합니다.

훌륭한 기술자는 이력서를 가지고 다니면서 남에게 머리 숙여 예속
되기를 애원하지 않아도 됩니다. 얼마든지 자립해서 일할 수 있습니
다.[91]

교육학자 허현은 이러한 강성갑의 노작교육이 미국의 진보교육 원
칙에 부합한다고 평가하였다.

교원들 중에는 목수 선생님도 있고 지게꾼 선생님도 있고 대장쟁
이 선생님도 있으며 기와쟁이 선생님들도 있었다. 학생들은 짐을 지
고 흙을 일으키고 기와를 구움으로써 물리, 화학, 수학, 공학을 배우
게 되었으니 그것은 미국의 진보교육 원칙과 부합하였던 것이다.[92]

노작교육의 성과는 1951년 8월 한얼고등학교 설립인가 신청을 위해
문교부에 제출한 「재단법인 삼일학원의 자산증자에 대한 보고서」를 통
해 일부 확인할 수 있다. 자산증자에 대한 보고서에 의하면 학교법인
이 소유한 기본재산에는 과수원 11,387평, 과목 2,500주와 기와(盖瓦)
제조공장, 성냥제조공장 등이 포함되어 있으며 성냥제조공장은 '한얼
산업공사'라는 이름으로 경남 도지사로부터 허가를 받은 것이었다.[93]
학교 교사 신축을 마무리한 이후에 강성갑은 노작교육의 건축 실습
을 통해 흙벽돌 건축법을 전국에 보급하고자 하는 계획을 갖고 있었다.

지금 학교에서는 학교건물을 짓고 있는데, 이 일이 끝나면 다음
에는 학교 주변의 모든 주택을 흙벽돌 양옥으로 고치려고 합니다.
그렇게 하기 위한 학교로써의 준비는 집 한 채를 지을 대지만 구하
면 됩니다. 그 대지에다 날씬한 흙벽돌 양옥을 지어놓고 그 마을에

서 제일 빈곤한 가정을 찾아가 이사케 하고, 그 대지를 고루어 또 그곳에 흙벽돌 양옥을 지어 둘째로 못사는 가정을 이사케 하는 식으로 해나가면 학생들의 건축 실습장은 없어지지 않을 것이며 마을은 흙벽돌 양옥으로 변해 갈 것입니다. 그리고 우리 학교의 졸업생이 전국 각지에 퍼지면 흙벽돌 양옥 건축법이 전국적으로 보급되어 드디어는 우리나라의 농산어촌의 모든 가옥이 흙벽돌 양옥화 되지 않겠습니까?[94]

05. 실천의 삶으로 국민신앙의 가치를 증명하다

강성갑의 교육실천과 관련하여 특히 주목되는 것은 '국민신앙'이라는 과목이다. 국민신앙 과목의 목적은 새로운 나라 국민들의 의식개혁을 목표로 한 것이었다. 덴마크의 그룬트비가 주도했던, 기독교 정신을 바탕으로 하는 국민의 의식개혁은 오래된 기독교 국가인 덴마크에서는 성공할 수 있었지만, 당시 우리나라에서는 실현이 거의 불가능한 과제였다. 그러나 강성갑은 기독교의 가치를 바탕으로 하는 우리 민족의 의식개혁을 목표로 '성서'를 '국민신앙'이라는 이름으로 가르치고자 했다.

일반적인 기독교 학교에서는 '성경'이라는 과목명으로 '기독교인의 양성'에 중점을 두었으나, 강성갑의 한얼중학교는 '성서'를 '국민신앙'이라는 과목으로 가르쳤으며, '기독교 가치의 실현(實現)'에 중점을 둔 것이었다.[95] 강성갑은 자기중심적 존재인 인간성의 창조적 변경은 하나님을 사랑하는 신앙을 통해서만 가능하므로 성서를 가르치는 국민신앙을 교육의 정신적 기초로 하고 노작교육을 교육의 구체적 방법으로 삼아 실천하고자 한 것이다. 이러한 실천은 연희전문학교에서의 '기독교주의'와 도시샤대학에서의 신학 교육 등을 통해 이루어진 것이었다.

이러한 강성갑의 국민신앙은 무교회 주의자로 널리 알려진 김교신[96]의 사상과 비슷한 점이 있다. 그룬트비의 사상을 실천하고자 했던 무교회주의 공동체 모델에는 높은 정신성이 필요한데, 이것을 김교신은 도덕으로 설명하였으며 도덕은 곧 신앙이라고 주장하였다.

개인과 가정의 구원, 사회와 국가의 융성은 모두가 전전한 도덕생활의 기초위에 서지 않으면 안 된다는 것이다. 건실한 도덕적 생활에 돌아오기만 하면 난마같이 된 당시의 유대민족이라도 갱생의 업이 땅 짚고 헤엄치기보다 용이한 일이라는 것이 저들의 확신이요, 기독교의 항구 불변하는 원칙이다.

그리고 도덕이란 무엇인가? 한 가지 두 가지의 과오 실책의 문제가 아니다. 생활의 근본방침에 있어서 하나님께 대한 태도, 곧 신앙이 도덕이다. 하나님을 경외하고 이웃을 자기처럼 사랑하는 것이 도덕의 시작이요 신앙의 완결이다. 하나님과의 바른 관계, 이것이 도덕의 총화요 갱생융성의 원동력이라고 고래의 예언자가 번을 갈아서면서 외치는 소리이다. '의는 나라를 융성케 하고 죄는 백성을 욕되게 한다(잠언 14.34)'는 것이 기독교의 국가도덕이다. 이스라엘 역사는 이 자명한 공리의 실험록이거니와 세계역사, 이방역사도 이 철칙에서 예외를 지을 수는 없다.[97]

강성갑이 한얼중학교라는 지역사회학교의 모범을 통해 진영지역의 문제를 해결하고, 더 나아가 국민신앙 교육을 통해 해방된 조선 농촌의 재건과 부흥을 꿈꿨다면, 자신의 삶으로 기독교 정신을 실천하여 국민신앙의 가치를 증명해야 했다. 당시의 많은 기독교인들은 병고치는 것을 기적이라고 믿었지만,[98] 강성갑에게 있어서 기독교인의 최고의 기적은 예수를 믿고 인격이 변화되는 것이었다.

> 예수 믿는 사람에게 있어서 병 고치는 기적도 아주 중요한 것이지만, 더 중요한 기적은 의사가 고칠 수 없는 마음의 병을 고치는 일입니다. 자기중심주의, 이기심에 끌려 남을 이용하고 해치면서 지옥으로 향해 수직 낙하하던 사람이 예수를 믿고 인격이 변화되어 방향이 완전히 바뀌어 천국으로 향해 수직 상승하는 인생으로 바뀌게 된다면 이것이야 말로 참 기적, 기적 중의 기적일 것입니다.[99]

김동길은 방학 동안 진영에서 강성갑에게 직접 들었던 "말로만 복음을 전하던 시대는 이미 지나갔습니다. 우리는 우리의 생활로 행동으로 복음의 진리를 입증해야 합니다."라는 말을 특별히 기억하였다.[100] 강성갑은 우리의 생활도 행동으로 복음의 진리를 입증해야 한다며 일하면서 공부하는 자세를 학생들에게 강조했다. 집집마다 찾아다니며 학생들과 함께 감나무를 심어주고 장래를 기대하자고 격려하기도 했다. 처음에는 강성갑의 호의를 의심하던 농민들도 그의 순수한 봉사 정신에 감격을 금치 못하였다.[101]

또 강성갑은 진영읍 기관장 회의에 참석하여 가로수로 버드나무를 심자는 유지들의 의견에 반대하고 감나무를 심자고 주장하였다. 지역의 유지들은 감나무를 가로수로 심으면 익기도 전에 다 따먹을 것이라며 관리를 제대로 할 수 없다고 반대하였다. 그러나 강성갑은 그들에게 감이 익기도 전에 따먹는 것이 탈만 나지 않는다면 뭐가 문제인가? 먹어도 배고픈 우리 민족, 우리 이웃이 먹는다고 일갈하였다.[102]

강성갑은 '한 알의 밀이 땅에 떨어져 죽지 아니하면 한 알 그대로 있고, 죽으면 많은 열매를 맺느니라(요한복음 12:24)'는 성서의 구절을 학생들에게 자주 언급하였다. 내 이웃, 내 민족, 내 인류를 위해 그들을 사랑한다는 것은 희생을 통해서만 가능하기 때문이다. 강성갑은 청도터널 이야기, 두 사람의 등산가 이야기 등을 통해 학생들에게 희생의 의미와 가치를 가르쳤다.

강 목사님은 가끔 서울에 다녀 오셨다. 다녀 오신 뒤에 청도터널을 말씀하셨다. 당시에 진영-서울 간의 교통로는 경부선 철도 뿐이었다. 목사님은 청도터널을 지나실 때 마다 「내가 이 길을 기차를 타고 편안하게 지날 수 있기 위서는 얼마나 많은 사람들이 이 터널을 뚫기 위해 땀흘리고 다치고 죽었겠느냐 라고 생각하니 너무나 고마울 뿐이었다」고 감격해 하셨다.

두 사람의 등산가가 히말라야 설산에 올라갔다가 내려오는 길이었다. 아차 하는 순간 빙산의 크레바스가 점점 넓어지고 있었다. 이제 그 크레바스는 그냥 뛰어넘기 힘들 정도로 넓어졌다. 한 사람이 재빨리 등산 지팡이로써 크레바스의 저쪽편을 치면서 엎드리면서 「빨리 나를 밟고 건너가라!」고 외쳤다. 한 친구는 목숨을 건졌고, 한 친구는 돌아오지 못했다.[103]

강성갑이 가장 즐겨 부른 찬송가는 '삼천리 반도 금수강산'이었고,[104] '와서 보라'는 제목의 설교를 통해 예수를 본받아 살아야 한다고 강조하였다.

'와서 보라(Come and See!)' 요한복음 1장 38-39절 설교를 요약하면 예수를 믿는다는 것은 예수를 따른다는 것이며, 예수를 따르는 사람은 예수를 본받아 산다는 뜻이다. 그러므로 예수를 믿는 사람은 예수와 같이 누가 언제 와서 보더라도 부끄럽지 않게 살아야 된다는 뜻이다.[105]

강성갑은 안수를 받은 목사였기에 신앙이 투철하여 매일 아침의 직원 조회는 반드시 성경낭독과 기도로 시작하였으나, 주일의 교회 설교는 무의미하니 그 시간에 이웃을 위하여 작은 봉사라도 하는 것이 오히려 하나님께 영광이 될 것이라고 자신있게 말하곤 하였다. 그만큼 그는 형식주의를 배격했으며 실천성을 강조했다.[106] 주일예배가 끝난 후에 이루어진 진영역 화장실 청소는 당시에 주일을 범했다는 이유로 엄청난 비난을 받았다.

그는 주일이라고 쉴 여가가 없다고 하면서 예배가 필(畢)한 후 바쁘게 학생들을 동원하여 「진영역」 화장실 청소를 하고 이웃의 하수

그림 14 진영역의 옛 모습(김해뉴스 소장)

구를 청소하고 무너진 담장을 쌓아주며 빗자루를 들고 이웃집 뜰을 쓸어 주는 것이 주일을 범했다는 것으로 싸움의 도화선이 되고 일간 신문에는 대단히 격찬하는 일들이 생겨졌습니다.[107]

강성갑의 제자였던 문희봉 목사는 신학교 입학을 위한 면접에서 강성갑 교장을 어떻게 생각하는지 하는 질문을 받았다.

나는 신학 입학을 할 때 구두 시험을 치루면서 홍반식 교수님에게서 강성갑 교장에 대해서 어떻게 생각하느냐고 질문을 받았습니다. 훌륭하고 존경하는 스승이라고 답변을 했습니다. 우리 보수 진영에서는 그 분을 퍽 경계하는 인물로 보아 왔던 것입니다. 그 이유는 그는 진보적이며 대단히 비약하는 분이였으며 그의 식견이나 조리있는 이론이나 신념에 찬 의지를 꺾을 사람이 없었습니다. 어릴 때 노회의 소식을 들을라치면 강성갑 목사의 독무대로 발언이 강하고 고집이 세었던 것입니다.[108]

이렇듯 강성갑은 "조국을 위하여 자기의 이익을 포기하고 한 알의 밀알이 되어 그 몸과 생명을 바쳐 희생의 제물"이 되고자 애쓰는 자신의 삶을 통해 국민신앙의 가치를 입증하고자 했다. 강성갑은 1949년 3학년 학생들에게 "내가 죽거든 나를 땅에 묻지 말고, 나의 뼈를 실험실에 보관했다가 해부학 실험용으로 써 달라고 말씀하셨다. 비장한 각오가 풍기는 어조였다. 「나는 여러분을 위해서 모두를 바치고 싶다. 나의 몸, 나의 뼈까지도 다 여러분에게 바치고 싶다.」고 말하였다.[109]

06. 경남 진영, 해방공간의 핫-플레이스(Hot Place)

흙벽돌 건축, 창조적인 자립의 사례

한얼중학교의 교사 신축과정은 당시 건축자재가 부족한 상황에서 흙벽돌을 사용한 창조적인 자립의 사례로 크게 주목을 받았다. 『남조선민보』는 1948년 12월 15일자 「무산교육의 건설보-사제일신(一身)으로 교사를 준공」했다는 제목의 기사에서 한얼중학교의 첫 번째 흙벽돌 교사를 "강 교장과 전 생도는 점토(흙덩이)로서 교사건축에 착공 현재 이교사(二校舍)를 완전히 준공" 하였는데, 이는 "목수, 토공 인부 등 일인(一人)도 필요 없이 순전히 사제노력으로 벽돌 양옥에 지지안는 처음 보는 건축물인 모범적 교사"이며, "장차 대학까지의 포부를 가지고 있다."고 보도하였다.[110] 이어서 1950년 4월 5일 한얼중학교에 5개 교사가 완공되었다는 소식을 보도하였다.

실천교육 방침으로 평이 높은 읍내 한얼중학교는 창립자 강성갑 씨의 고안하에 4년전부터 학생들의 흙담교사 건축으로서 5개 교사가 완성하여 일반의 칭송이 높은데 이에 자격(刺激)되어 국민교(國民校)에서 흙담교사 건축을 하는 곳이 속출하여 현하 교육기관 신영(新營)정책에도 기여됨이 다대한 바 지난 2월 문교부에서 서울공과대학 건축과장 이균상 씨를 파견코 실시(實施)조사 결과 흙담 교(校)는 사십년간의 수명을 보증한다고 언명하였으며 수일전 내진(來進) 시찰한 본도 최대현 교육국장, 최명환 초등계장은 찬탄과 함께 최 국장은 금후 흙담 교사건축을 전국 초등교육기관 신영에 보급실시할 운동을 전개할 것이라고 말한바 있다 한다.[111]

그림 15 남조선민보 1950년 4월 5일

양성봉 경남도지사는 김해군수와 경찰서장을 대동하고 "건축자재난
을 극복하고 학생들 손으로 흙덩이를 만들고 기와를 구어서 8교사를
축(築)하여 이 나라 교육계에 일대파문을 던지고 있는" 한얼중학교를
방문하였고,[112] 경상남도의 지시에 따라 양산군수는 한얼중학교를 방
문·견학하고 "폭도 내습시에 소진(燒盡)당한 양산군내 가옥○○호 재
축(再築) 문제에 두통 중인바" 한얼중학교와 같은 흙담집을 짓도록 하
겠다는 뜻을 밝히기도 하였다.[113]

한얼중학교의 흙벽돌 교사신축사례는 한국전쟁중에 부족한 교실난
을 해결하는 대안으로도 활용되었다. 문교부(당시 장관은 백낙준)는 1951
년 6월 하순 생벽돌 건축위원회를 조직하고 7월부터 한국재래식 건축
구조를 학리적으로 연구하여 이를 개량 설계하여 문교부의 건축방침을
결정한 후 9월 8일 생벽돌 교사건축에 대한 지시를 내린바 있었다. 그
후 9월 20일에는 학도호국단 주최로 학생들의 교사 재건 공사에 대한
강습회를 개최하고, 생벽돌 건축 설계서와 시방서(施方書)를 교부하는

한편 서울 제주를 제외한 8개 도의 학도호국단 사업으로 각 도(道) 18 교실씩 모범적인 가교사를 건축하기로 하고 중앙학도호국단의 보조로 이에 착수한 결과 다대한 성과를 거두었다.[114]

원한경과 최현배의 진영 방문

강성갑의 연희전문 재학 중의 스승이었던 원한경은 아끼던 제자 강성갑이 진영에서 한얼중학교를 설립하는 등 교육활동을 시작했다는 사실을 듣고 제자를 격려하기 위하여 1949년 7월 한얼중학교를 직접 방문하였다. 한얼중학교를 방문하던 때에 원한경은 부인 상중(喪中)이었다. 1949년 3월 원한경 부인은 자택에서 공산주의자 청년의 총탄에 맞고 쓰러져 세상을 떠났다. 원한경은 수사하는 과정에서 진범 이외의 인물들이 다수 체포되어 고통을 받을까 우려하여 특히 과학적인 수사 방침을 취해달라고 수사당국에 요청하였으며, 미국에서 이 문제가 확대되는 것에 대해 경계하였다.[115]

원한경은 왼쪽 팔에 검은 완장을 두르고 한얼중학교를 방문하여 학생들을 상대로 강연을 했다.

원한경 총장께서는 국가의 발전을 위해서는 자율성이 강한 국민 교육이 필수적이라고 강조하셨다. 「이 자율성이 없으면 당신 나라 망합니다.」라는 약간 서투른 우리말에 거부감을 느끼기도 했으나, 한국식 밥상에 김치와 숭늉을 즐겨 드신다는 말, 그리고 평발치고 밥상을 대한다는 말에는 호감이 가기도 했다. 미국 사람들은 「자율성」을 어떤 방법으로 교육하느냐고 강목사님이 질문을 하셨고, 원총장님은 한참 생각을 가다듬은 다음, 예를 들어 집의 청소·정돈 상태가 안 좋을 때 손님이 찾아왔을 경우를 들어, 아이들로 하여금

「내 집에 오신 손님이니까 내가 청소해야지요.」라는 대답을 받아낸 다는 방법으로 교육한다고 대답하였다. 원한경 총장님은 그 때 왼쪽 팔에 검은색 완장을 둘르고 계셨다. 자택에서 베풀어진 연회장에서 흉한이 쏜 총에 부인을 잃은 뒤였다고 들었다. (중략) 최현배 선생님 과 원한경 박사의 한얼중학교 내방은 1949년 여름과 가을에 약 두 달간을 전후하여 있었으며 강연장소는 흙벽돌 교실 1호 건물이었 다.[116]

원한경의 강연을 들었던 심사수 등 학생들은 원한경이 강연중에 우 리나라를 '당신'나라라고 표현한 것에 거부감을 느꼈다. 당시 경남지역 에서 선교활동을 하던 한부선[117] 선교사는 '우리'나라라고 말했기 때문 이다. 원한경은 한국을 위한 교육사업에 앞장섰지만, 그 자신은 분명 미국인이었다. 원한경은 미국과 소련, 남한과 북한 사이에서 이념의 대립과 분열속에 있던 우리 민족이, 대립과 이념을 극복하고 민족의 문제를 주체적으로 해결해 나갈 것을 기대했다. 그랬기에 원한경은 해 방공간에서의 분열과 대립을 넘어서 '자율성이 강한' 우리 민족의 주체 적 인재를 양성하고자 했던 제자의 학교를 방문하여 격려도 하고, 이 념의 대립속에서 부인을 잃었던 아픔을 위로받기도 했던 것이었다.

이렇듯 강성갑에게는 "좌(左)도 없고 우(右)도 없었다. 단지 사랑하는 내 겨레가 있을 뿐이었다. 신념에 찬 그에게는 주저도 공포도 없었다. 사람이 모이는 곳이면 어디에서나 설득력있는 그의 웅변술로서 그의 소신에서 우러난 지론을 전개하였던 것이다. 교회에서의 설교 시(時) 나, 기관장회의 석상에서나, 좌우를 막론한 집회장에서나 기회있을 때 마다 관혼상제의 폐습을 배격하고 근면과 노동을 권장하고 정치적 갈 등으로부터 초월할 것을 부르짖었다. 「좌(左)도 우(右)도 있을 수 없다.

민족중흥의 대도는 일치단결하여 배우고 일하는 것이다.」라든가 「미국
도 소련도 우리의 역사적 과업을 맡을 자는 아니다. 우리의 문제는 몇
세대에 걸치더라도 우리의 문제로 남는다.」고 주장"했다. [118]

원한경의 방문사실은 신문기사로도 보도되었다.

> 서울 연희대학 명예총장 원한경 박사는 진영 한얼중학교에서 경
> 제적인 건축물(순흙집)시찰 차로 강 교장의 초청을 바다 지난 11일 돌
> 연 내진(來進) 그 익일 상오 11시 한얼중학교 강당에서 약 30분에 걸
> 처 『인간은 표준에 움직여야 된다』는 제목아래 강연이 잇섯다."[119]

1949년 가을 최현배는 아끼던 제자 강성갑을 격려하기 위해 한얼중
학교를 방문하였으며, 학생들에게 강연하였다.

> 최현배 선생께서는 사랑하고 아끼시는 제자가, 애국운동의 일환
> 으로 농촌학교를 창설했다는 사실을 확인하시고 격려하시기 위해서
> 오셨다. 새로 구입한 부지에 흙벽돌집 1호 교실이 완성된 직후였다.
> 국가의 독립과 문자의 중요성을 강조하시고, 우리 한글도 장차 타이
> 핑이 가능하도록, 「풀어쓰기」를 하도록 연구 개발되어야 할 것이라
> 고 강조하셨다. [120]

청년·학생들의 방문이 이어지다

강성갑은 학교 일로 바쁜 와중에도 자신의 교육관을 널리 알리고,
함께 실천할 동지들을 만나기 위해 바쁜 시간을 쪼개어 청년·학생들을
대상으로 하는 강연에 나섰다. 강성갑의 강연을 듣고 감동을 받아 방
학 중에 한얼중학교를 찾은 대학생 봉사대가 있었다. 대학생 봉사대는

연희대와 이화여대의 채플설교, YMCA의 청년 학생집회 등에서 강성갑의 강연을 듣고 감동을 받은 학생들로서 그의 교육실천을 눈으로 확인하고 함께하기 위해 진영으로 내려왔다.

강성갑은 YMCA에서 크리스찬 청년들이 청년의 사명을 토의하고 있는 모임에 초빙되어, 설득력있는 강연으로써 그들에게 호소하셨다. 「지금 여러분이 크리스찬의 사명을 논하고 있는 이 시간에 시골 진영에서는 어린 학생들이 뜨거운 햇빛 아래서 교실을 지을 벽돌을 만들고 있습니다. 우리 학생들은 배움에 갈급하지만, 가르쳐 줄 선생님이 부족합니다. 여러분! 여러분의 방학 동안 만이라도 나와 함께 농촌학생들을 위해 봉사하시지 않으시렵니까?」 1948년 여름이었다. 서울에서 멋쟁이 대학생들 15-6명이 내려왔다. 이분들은 그해 겨울방학 때도 다시 오셨다. 이 선생님들은 몸에 베지 않은 흙벽돌 만들기 노동을 즐겨 하시면서, 벽돌이 마르기를 기다리는 2-3일 간을 이용해 우리들 에게 지식과 감격을 전해 주셨다. 그분들의 「감격」을 듣고 본 우리 학생들은 새삼 감격하면서 더욱 열심히 일했다.[121]

이때 한얼중학교에 내려왔던 서울의 대학생들은 연희대의 김동길, 이근섭, 한신대의 이규호, 맹의순, 이화여대의 우보영, 서울대 농대의 최죽송 등이었다. 후일 한얼중학교 교사로 재직하기도 했던 한신대의 이규호[122]는 강성갑 교장의 실천이 학생들 사이에서 늘 이야깃거리가 되었다고 기억하였다.

한얼학교의 강성갑 교장 선생님을 우리는 모두 잘 알고 있었다.

그는 매우 감상적이면서도 정열적인 그리고 바른 정신을 가지고 일을 해보겠다는 사람이었다. (중략) 강성갑 교장은 외부의 원조에 의존함이 없이 자기 손으로 흙벽돌을 쌓아올려서 학교를 시작했는데, 학생들도 학교에 들어오면 자기들 손으로 교실부터 만들었다. 그래서 한얼학교에는 주로 비싼 수업료를 낼 수 없는 가난한 집 아이들이 일하면서 공부하기 위해서 찾아오곤 했다. 강성갑 교장은 이렇게 해서 근로정신과 자주정신을 젊은이들의 마음속에 심어줄 수 있다고 생각했다.

전쟁이 일어나기 전 해에 나는 맹군과 다른 대학생들과 함께 이 한얼학교에 가서 여름방학 동안 지낸 일이 있었다. 그래서 우리들 사이에서는 늘 한얼학교와 강성갑 교장이 이야깃거리가 되었었다.[123]

이규호의 증언에 등장하는 맹군은 맹의순[124]이다. 맹의순은 한국전쟁이 발발하자 강성갑에게 의탁하기 위해 한얼중학교로 피난을 가던 도중에 미군에 의해 인민군으로 오해를 받아 거제도 포로수용소에 수감되었다. 맹의순은 거제도 포로수용소에서 광야교회를 설립하고 포로들을 대상으로 목회하던 중에 1952년 병으로 사망하였다.

현실에 때묻지 아니한 그(강성갑)의 순수성을 우리는 좋아했었다. 그래서 맹군은 그 한얼학교에 가서 일을 돕고 싶은 생각이었다. 우리 일행은 다섯 사람이었다. (중략) 우리 목표는 우선 나의 고향인 진주로 정했는데, 맹군은 진주에 들렀다가 진영의 한얼학교에 가서 당분간 가르치면서 의지하고 싶었던 것 같다.[125]

맹의순은 정연희의 소설 『내 잔이 넘치나이다』의 실제 주인공이며, 그의 생애는 오페라로 만들어져 공개되기도 했으나 그와 강성갑의 관계는 전혀 알려지지 않았다.

1950년 봄 이화여대를 졸업한 김유선과 김성숙 또한 강성갑의 교육 실천에 함께하고자 진영으로 내려갔다.

나(김유선)는 6.25사변이 나기 바로 한 달 전인 1950년 5월에 이화여자대학교 약학과를 졸업하였다. 학창 시절에 방학 때가 되면 뜻 맞는 친구들과 함께 농촌운동을 다니며 우리나라 농촌 형편이 생활하는 것이라기보다 생존에 허덕이는 현실임에 안타깝게 생각해 오던 터였다.

그 당시 경상남도 김해군 진영에 한얼중학교를 설립하고 교장으로 재직하던 강성갑 목사님의 신앙과 사상 그리고 애국심은 그 당시 우리에게 많은 감명을 주어 오던 터이기에 졸업한 뒤에 처음 가지는 직장은 바로 한얼중학교로 내려가게 되었다.

그 학교는 남학생들뿐이었다. 가난한 농촌 각처에서 모여든 학생들이 자기들 스스로의 손으로 흙벽돌을 만들어 교사를 짓고, 숙소를 마련하고, 농사짓는 일 등 여러 가지 작업을 많이 하면서 공부하는 학교였다. 농어촌의 가난한 학생들에게 공부를 할수 있는 기회를 주려고 시작한 학교이니만치 학비는 거의 면제되어 있었으므로 경영난으로 말미암아 무척 애쓰면서도 새로운 의도로 교육을 실천해 나가는 학교였다. 그러한 산 정신과 정열에 이끌리어 나는 순수한 첫 정성을 기울여 열심히 교육을 하리라 결심했던 것이다.

이대 영문과를 졸업하고 나와 같은 한얼에 부임한 나의 가장 친했던 친구 김성숙은 영어를 가르쳤고 나는 물상 과목을 담당하게 되었다. 생물이나 화학을 가르치라면 좀 괜찮게 가르칠 수 있을 듯한데, 물상이란 과목에는 광물이니 전기니 기계니 하는 각 분야의 항목이 나오는 데는 도무지 자신이 없었다. 나로서는 교안이나 교과목 준비만 해도 시간이 모자랄 만큼 벅찬 형편이었다. 그러나 우리는 학생들을 인솔하여 흙벽돌을 만드는 일이나 모내기를 하는 일 등 참으로 고달프기는 하면서도 또한 즐거운 나날을 보내게 되었다.[126]

이외에도 많은 사람들이 강성갑을 기억했고, 한국전쟁중의 피난처로 강성갑의 한얼중학교를 택할 만큼 그는 청년·학생들로부터 신망을 받고 있었다. 김형석[127]은 부산에서의 피난 생활중에 한얼중학교를 방문하였다. 김형석은 강성갑을 직접 만나거나 알고 지낸 적은 없었지만, 선배였던 김두혁[128]이 일제강점기에 운영했던 평양의 송산고등농사학원처럼,[129] 한얼중학교를 "강성갑 목사가 설립해서 운영하는 특수한 성격의 학교로 덴마크의 농촌복음운동을 모방해 새로운 정신적 지도자를 양성하기 위한 학교"로 잘 알고 있었다.[130]

부산에서 피란생활을 하고 있을 때였다. 교통편이 생겨 경상남도 진영에 있는 한얼중·고등학교를 방문할 기회를 갖고 싶었다. 혹시 피란생활이 길어지게 되면 내가 도움을 줄 수 있을지도 모르겠다는 생각에서였다. 그곳은 강성갑 목사가 설립해서 운영하는 특수한 성격의 학교였다. 덴마크의 농촌복음운동을 모방해 새로운 정신적 지도자를 양성하기 위한 학교였다. 부산을 떠나 학교에 도착했을 때는 오후였고, 여름방학이었다. 학교는 비어 있었고 집이 서울이나 다른 곳인 선생들은 점령당한 지역의 가족들을 걱정하고 있었다. 군에 간 선생들도 있었을 것이다. 학교에는 교장의 사모와 서울에서 온 여선

생들이 머물고 있었다. 진영 지역의 선생보다 타지방 출신 선생이 다수였던 것 같았다.[131]

조선신학교를 졸업하였고 『리더스 다이제스트』한국어판 발행인 등을 지냈던 이춘우 또한 한국전쟁중에 진영 한얼중학교로 피난을 떠났던 당시의 상황을 회고록에 남겼다.

나는 피난 도중에 사람들로부터 많은 도움을 받을 수 있었는데 그 중에서도 역시 주운 씨 도움이 가장 컸다. 그를 통해서 새로운 인연을 맺기도 하였다 주운 씨는 이북에 고향을 두고 온 사람이었다. 주운 씨를 따라 찾아 간 곳은 김해 진영에 있는 한얼중고등학교였다. 목사님이시기도 한 강성갑 교장선생님은 주운 씨로 인해서 인연이 맺어진 두 번째 분이시다. 시국이 어수선할 때이다 보니까 어디를 가든 반가워하지만 오래 머무를 수는 없는 노릇이었다 그런데 한얼학교 교장선생님께서는 함께 일해보지 않겠느냐는 것이었다. 우리로서는 반가운 제안이 아닐 수 없었다 그 다음날부터 가르치는 일을 시작하였다. 주운 씨는 국어를 담당하고 나는 성경을 담당해 아이들을 가르쳤다.

한얼학교는 역사와 전통을 자랑하는 유명한 학교인데 비해 시설이 너무나 형편없었다. 흙벽돌로 지어진 교사 지붕은 얇은 초가로 덮여 있는 데다 비만 왔다 하면 물이 벽으로 스며들어 부분적으로 허물어지기도 하고 아주 폭삭 무너지기도 했다. 처음에는 황당했는데 나중에는 워낙 자주 그러니까 당연한 일로 알고 지내게 되었다. 또 책상은 널빤지로 되어 있어 그런 대로 쓸 만했지만 의자는 흙을 붙여 만든 잔디로 된 멧장을 쌓아 놓은 것이었다. 우리가 그곳에서

지낸 시간은 한여름이었으니 여름 내내 무너지고 다시 쌓는 일을 반복하였다.[132]

이 외에도 한얼중학교에는 그의 교육활동과 실천에 감동한 많은 사람들이 방문하였다. 강원룡 목사[133]는 『새시대의 건설자』라는 책을 가지고 와서 한얼중학교 학생들을 격려하였고, 해방 후 국가건설과 부흥을 목표로 흥국형제단을 결성하여 활동했던 유재기 목사[134]도 한얼중학교를 방문하였으며,[135] 기독교장로회의 김재준 목사[136] 또한 강성갑을 기억하고 있었다.

진영읍에는 강성갑이란 이름의 비범한 인물이 있었다. 그는 연세대 졸업생으로서 교육의 혁명적인 갱신을 필생의 사업으로 삼고 헌신했다. "교육기관은 자주, 자립, 자치의 공동체라야 한다. 교사와 학생과의 관계도 마찬가지다. 어떤 부자의 기업체나 독재자의 '사동(使童)'이 아니다. 교육은 바르고 깨끗하고 용감한 '혼'의 형성과 보육을 그 사명으로 한다." 그래서 그는 그리스도 정신을 학교의 정신으로 선양했다. "하나님을 사랑하자. 이웃을 사랑하자, 흙을 사랑하자"라는 삼애정신을 교훈으로 삼았다. 교육은 민주, 민권, 민족의 3각형적인 상호관계 안에서, 훈련과 실천과 성숙을 통하여, 그 주어진 사회에 봉사해야 한다. 따라서 교육기관은 성격 도야(陶冶), 인간 건축(사람 만들기)의 '대장깐'이고 교사들은 '대장장'이다 등. 학교 이름을 '한얼'이라 불렀다. '얼'은 '혼'을 의미한 것이었고 '한'은 '크다'는 뜻도 있고, '한국'이란 뜻도 있고, '하나'란 의미도 있다.[137]

07. 강성갑의 교육실천을 목격한 이들의 평가

허현, 그의 정신은 아마도 어디서 살고 있을 것

교육학자 허현은 『새교육』 1957년 1월호부터 6월호까지 6회에 걸쳐 교양강좌 란에 「지역사회학교(地域社會學校)」라는 제목의 글을 연재하였다. 허현은 연재의 결론에 해당하는 마지막 6회에서 지역사회학교 이론을 실천하고 있는 대표적인 사례로 강성갑의 한얼중학교를 소개하였다. 허현은 강성갑의 교육활동을 지원하기도 했으며, 만나서 함께 생각을 나누었던 사이였다.[138]

허현은 자신이 하고자 하는 지역사회학교의 논의는 한담(閑談)이 아니며, 현실적인 의미를 갖는다는 것을 전제(前提)하면서 논의를 시작하였다.

> 의식의 발전으로 무의미한 유동(流動)에서 원인 결과를 발견하여 그곳에서 생을 유지하려는 이성을 발견하여 결국 인간은 이성의 힘으로 완전한 구원(救願)을 받을 빛을 보는 것이다. 이것이 나에게도 소망을 주는 것이다. 이와 같이 캄캄한 세상에서 광명을 찾아보면 우리에게도 나갈 길이 보여지지 아니할가? 그러한 까닭에 지금 우리가 취급하려는 지역사회학교라는 것은 한담(閑談)이 아니다. (중략) 이것은 이지적이며 악착스레 살려는 현실고(現實苦)의 이야기이다.[139]

허현은 지역사회학교 운동을 위해 예비적으로 가져야 할 태도는 획일주의를 버리는 것이며, 획일주의를 버린다는 것은 각 지역을 중심으로 한다는 것이고 그것은 필연적으로 경험을 중심으로 한다는 의미라고 주장하였다.[140] 지역사회학교는 각 지역의 문제를 해결하고자 하는 하나의 시도로서,[141] 이를 실천하기 위해 최대한 사회의 현실을 이해하고 있어야 하므로, 교원들은 국내외의 동향에 부단히 주의를 기울여야 하는 정치가이며 사회운동가이어야 한다고 강조하였다.[142]

유능한 교원이 학교를 중심으로 하여 그 원인을 알게 하며 전진하여 협동적으로 그러한 것을 시정하도록 하는 것이다. 학교는 정치 결사는 아니다. 그러하므로 학교가 할 수 있는 것은 동리에 있는 모든 사람들과 협력하여 지적으로 또한 실천적으로 문제를 발견하는 것이며 그러하므로 성인과 아동에게 각 방면의 교육을 하는 것이다. (중략) 이와 같이 각지 지역이 그들의 특성을 알고 그 문제를 발견하고 그 문제를 타 지역과 연결시키며 구극(究極)은 전세계적 입장에서 그러한 문제를 보게될 때에 비로소 우리는 평화를 얻을 것이며 또한 자유를 누리게 될 것이다.[143]

허현은 진보적·혁명적 교육에 앞장서고자 했으나 "초지(初志)를 완전히 달성치 못하고 세상을 떠났으나 시사(示唆)만은 교훈을 준 고 강성갑 씨의 한얼학교"를 세상에 널리 알리고자 하였다.[144] 허현에 의하면, 강성갑의 계획은 "이 학교를 중심으로 하여 그것을 경제적으로 사회적으로 개혁하려 하였던 것이다. 그러한 의도로 그 학교는 공장을 가지고"있었고, "그곳에서 성공하면 그 학교는 후계자에다 맡겨두고 좀 어렵고 산업적인 소읍으로 옮기려 하였다. 우리는 이러한 운동을 전 남한을 통하여 전개할 필요가 있다고 믿었다. 우리는 이러한 교육적이고 경제적이고 사회적인 운동은 정당운동보다는 더 지속하며 영향이 많으리라" 생각했다.[145]

그와 나는 여러 가지 이상론도 하였음으로 현실과 이상을 뒤섞어서 쓰겠노라. 씨(氏)의 출생 교육 직업 등은 하나하나가 특징을 가지고 있으나 이곳에서 쓸 여백은 없다. 그가 일본 제국주의 말기에는 여러 가지 박해를 받다가 경남 어떠한 도시 빈민굴에서 해방을 당하였다. 그에게는 앞길이 보여 어떠한 산에 올라가서 어떠한 길을 갈가하여 살펴보았다. 그는 교육이 제일 큰 길이라고 작정을 하여 곧 진영이라는 곳으로 떠나서 일인(日人)이 버리고간 소학교를 점령하여 남녀노소 유무식(有無識)을 막론하고 자기의 운명과 사회의 운명을 만들려는 사람이면 누구든지 오라 하였다.

그러나 불행인지 다행인지 그 소학교는 관청에서 접수하여 씨는 또한 일인이 버리고 간 빈 공장을 점령하여 가마니를 깔고 역시 동일한 원칙에서 남녀노소의 학생을 모집하였다. 그들의 학용품이라는 것은 신문지 조각과 다 닳은 연필이었다. 이곳에서 그는 우리는 해방이 되었으니 향토를 지키며 밥 뿐아니라 고기도 먹고 우유도 마시며 산에는 나무를 심으며 도로에는 과수를 심으며 집을 지며 농사를 서로 도와가며 지어서 우리도 살고 더 잘살고 자유롭게 살자고 웨치었던 것이다. 그러나 그 공장에서 또 내쫓기게 되어 그는 학생들과 교원들과 동리사람들의 협력으로 흙집을 짓기로 결심하였다.

그 결심은 결국 학교건물로 나타나게 되었다. 교원들 중에는 목수 선생님도 있고 지게꾼 선생님도 있고 대장쟁이 선생님도 있으며 기와쟁이 선생님들도 있었다. 학생들은 짐을 지고 흙을 일으키고 기와를 굼으로써 물리, 화학, 수학, 공학을 배우게 되었으니 그것은 미국의 진보교육 원칙과 부합하였던 것이다. 그는 학생들에게 일하는 동안에 협동을 체험케 하여 그 정신은 결국 시가(市街)를 청소하며 공동변소를 청소하게 되었다. 그것이야 말로 행동함으로 배운다는 것이었다.

그 학교에는 일정한 학기는 없었다. 농번기에 기정에 필요한 아동들은 집에 돌아가서 어린이도 보고 소도 먹이고 꼴도 비고 모도 심게하였다. 또한 어떠한 농가에서 손이 부족하면 가세하여 농경(農耕)을 도와 주었던 것이다. 학교에서 흙집이 성공하니 동리사람들 중 집이 너무도 더럽고 적은 사람들에게는 흙집을 지어주었다. 이러한 운동은 자연 동리의 이해, 협조, 성원을 받게 되었다.

다시 말하자면 마침내 학교는 동리의 물건이 되었다. 즉 콤뮤니티·스쿨이 되었던 것이다. 따라서 동리의 일이 학교 일이 되고 학교 일이 동리 일이 되었던 것이다. 이러한 까닭에 이 학교에는 여러 가지 반(班)이 있었다. 말하자면 성인반도 있고 주간반도 있고 야간반도 있었던 것이다. 모든 것을 다 이용함으로 채소도 심으고 화초도 심었던 것이다. 학비는 물론 실비(實費)임으로 쌀 몇말하고 약간의 부식비로 교직원과 학생은 공동생활을 하였던 것이다. 이와 같이 하는 동시에 교직원과 학생들은 부근 촌락에 가서 농한기에는 시사(時事)도 이야기하고 양계(養鷄)도 이야기하고 잡담도 하였던 것이다. (중략) 불행히 그는 오해를 받아 저 세계로 갔으나 그의 정신은 아마도 어디서 살고 있을 것이다.[146]

허현은 교육의 실천에 있어서 참고할 만한 것은 정말(덴마크)이며, 강성갑의 실천과 같이 우리 현실에 맞는 지역사회학교 운영을 통해 우리의 문제를 "결국은 사회적으로 따라서 정치적으로 해결"할 수 있으리라 생각했다.

나의 주장은 현실에 맞게 현실의 조건을 개량할 수 있게끔 하는 것이다. 이 점에 있어서 내가 독자에게 전하고 싶은 것은 인도에서 현행(現行)하는 농촌교육운동이다. 그 요점은 성인 급(及) 학동(學童)이 합하여 동리의 문제를 공동으로 배움으로 아동이나 성인들이 물리 화학 위생 등을 배우는 것이며 또한 그들이 공동으로 공민적(公民的) 수련을 하는 것이다. 1954년에 인도에서는 일국(一國)의 교육자를 덴마-크에 보내어 6개월간 연구하게 하였다. 그러하므로 우리가 문헌이나 실제로 참고할 것은 정말(丁抹)이라고 믿는 것이다.[147]

허현은 강성갑의 교육실천을 세 가지로 정리하였으며, 이러한 점에서 강성갑은 우리에게 좋은 유산을 남겨 주었다고 평가하였다.

첫째, 농촌에서 농민을 이탈시키지 않고 농민에게 문화적 생활을 주려 했던 것이 이론적으로 타당한가는 현대 사회 구조상으로 보아 의심이 되지만 중요한 것은, 그가 대담한 일을 실천해 보려고 노력했다는 것이다. 교육을 무엇이라 규정하던지 교육은 인격형성에 영향을 주는 것이며 그 인격은 직·간접으로 사회, 경제에 영향을 미친다.

둘째, 너무 낙관적인 견해인지는 모르지만 외국의 예를 보더라도 대중에게 교육이 퍼지면 민주주의의 기초는 확대되는 것이다. 그러므로 우리에게 절대적으로 필요한 것은 이 자유 분위기를 지키며 이용하여 농민교육, 노동교육을 확충하는 것이다.

셋째, 오늘날 교육계의 추세에서 주목되는 것은 큰 학교제도인데 큰 건물, 강당을 짓는다던지 대규모로 학생을 모집한다던지 하는 것으로, 사회적 구조 등을 고려하지 않는 교육이 민족 전체의 입장에서 득이 될지 실이 될지는 식자들에 따라 판단이 다를 것이다. 내

생각에는 비록 큰 학교라 할지라도 사회의 현실에 응하는 종합학교의 성질을 가져야만 할 것이다.[148]

심진구, 위대한 교육실천가

강성갑에 관한 연구논문은 저자의 연구이전에 1968년 심진구의 「향토교육의 선구자 강성갑에 관한 사례연구」가 유일하다. 심진구는 1950년 부산사범학교 재학 중에 졸업반을 대상으로 했던 강성갑의 강연을 직접 들었으며, 이때 강연내용을 정리해 둔 자신의 노트를 중요한 자료로 사용하여 1968년 강성갑에 관한 최초의 연구논문을 발표하였다. 심진구는 논문을 통해서 우리나라에도 교육개혁의 모범적 사례가 있었다는 사실을 널리 알리고자 했다.

그간 우리는 우리 것을 찾는 데 소홀히 해 왔기 때문에 향토교육 문제만 하더라도 으레히 지역사회학교를 연상하고, 그것은 1920년대 세계적 불경기가 미국사회를 휩쓸어 미국의 사회적 경제적 사정에 일대변화를 일으켜 실업청년군이 가두에 홍수처럼 밀려 나오자 극단적인 아동중심주의 교육을 강조해 오던 진보주의교육자들이 반성의 기회를 가지게 되어 '개개(個個)의 아동'이 아닌 사회, 과학, 실업, 국가 계획경제, 세기의 대공황에 대한 구제방법, 교사와 교육의 사회적 책임, 새로운 사회적 질서의 건설 등을 문제시하게 되었으며 이런 문제를 해결하기 위하여 E.G.Olsen 같은 분이 중심이 되어 전개한 미국의 The Community School Movement가 시사해 준 교육으로만 알고 있지, 한국사회가 당위적으로 필요로 하고 있는 교육이란 절실한 느낌도 없으며, 해방 직후 무법천지를 연상케 하는 사회질서, 좌우사상의 극심한 갈등, 장기간에 걸쳐 일제의 잔악한 착

취정책에 시달려온 농촌의 피폐상, 소비에만 치우쳐진 기형적인 사회경제적 조직, 고등유민만 기루어 내고 있는 맹목적 교육 등을 목격하고 「이래서는 안되겠다.」는 위기의식을 가진 강성갑이란 우리의 교육선각자가 교육을 통해서 이런 문제를 해결하려고 이미 20년 전에 경남 김해군 진영읍이란 곳에서 심혈을 기우려 실천하고 있었던 교육이란 것을 아는 사람이 적다. (중략)

그리하여 필자는 한국적인 것을 찾는 하나의 노력으로써 향토학교를 건설하여 향토교육을 한다는 것이 미국의 필요에서 E.G. Ol-sen 이 한 것을 그대로 모방하자가 아니라 한국의 필요에서 강성갑이란 우리의 교육선각자가 이미 구국구민(救國救民)의 첩경으로써 몸소 시범해 준 것이란 것을 세상에 널리 알림으로써 향토교육이 우리가 필요로 하는 교육이며 미국의 Community School 이론도 우리의 전통에 연결되어 있는 것이란 것을 인식시키고자 본 사례를 연구한다.

심진구는 강성갑의 교육 실천에 대해, 한국의 교육 방향을 올바르게 지시해 준 위대한 교육사상가이지만, 그의 진가는 교육사상가라는 면모보다 교육실천가로서의 면모에 무게를 두는 것이 그를 옳게 평가하는 것이라고 강조하였다.

그는 한국의 교육방향을 올바르게 지시해 준 위대한 교육사상가였다. 그럼에도 불구하고 그의 진가는 교육사상가란 면모보다는 더 교육실천가로써의 면모에 무게를 두는 것이 그를 옳게 평가하는 일이라고 생각한다. 사람은 누구나 자기가 가지고 있는 지식을 토대로 하여 어떤 이론을 안락의자에 앉아서 조리정연하게 구상해 내기는 쉬우나 그것을 현실의 장에 실현시키기는 결코 쉽지 않기 때문이다. 그는 글자 그대로 언행일치, 솔선수범한 교육실천가였다.

그는 이 나라의 모든 교육자들이 뜻만 있으면 자기와 같은 교육을 능히 할 수 있다는 것을 실천을 통해서 보여주기 위하여 일체의 외적 원조를 배격하고 맨손으로 출발하여 모든 교육사업을 자력과 향토사회 인사들의 힘의 규합으로 추진시켰으며, 대내적인 그의 학교에서도 모든 교사, 모든 학생들이 나처럼 하라는 식으로 솔선수범하고 따라하게 하였다. 말이 쉬워 언행일치, 솔선수범이지 동서양의 교육사를 전부 뒤져보아도 그처럼 철저하게 언행일치, 솔선수범으로 남을 지도하였다는 교육자의 수는 그리 많지 않다. 그런 뜻에서 필자는 그를 한국의 교성(敎聖)으로 추앙하고 싶다.[149]

조향록, 열렬한 실천가이면서 이상가(理想家)

조향록[150]은 강성갑이 1950년 8월 사망한 이후 한얼중학교에 대한 대책을 논의하던 김재준, 강원룡 등의 권유로 한얼중학교 교장을 맡게 되었다.[151] 조향록은 1984년 서울시교육위원회에서 연수자료로 발간한 『스승의 길』에 「농민교육의 개척자 강성갑」이라는 제목으로 강성갑의 생애, 교육내용 및 사상 등을 정리하여 소개하였다.

조향록은 이 글에서 강성갑은 "인간이 자기 스스로 서고 또 스스로 자기의 길을 개척하여 갈 수 있게 해주는 일"이 교육이라는 투철한 교육철학을 가지고 있었다고 소개하였다.

강성갑은 처음부터 투철한 교육 철학을 가졌다. '사람을 키운다는 것은 그 인간이 자기 스스로 서고 또 스스로 자기의 길을 개척하여 갈 수 있게 해주는 일이다'라고 한 점이다. 즉 '자립자조의 기반을 닦아 주는 것이 교육신조의 제1조'라 생각했다. 그래서 그는 교실을 짓기 위해 어느 부자나 정부의 원조금을 얻으려고 찾아 다니지 않았다. (중략) 그것이 구체적으로는 학생들의 손으로 진흙을 이겨서 흙벽돌을 만들어 교실을 짓게 한 일이다. 학생들과 학부형들을 학교 교육에 근원적으로 참여하게 하여 땀과 눈물과 노력을 함께 바쳐 교육의 장을 개설해 가게 한 것이다. 학부형들은 매우 열성으로 참여했다.[152]

조항록은 "옛날에 위대한 인물들은 대개 전기보다 전설을 남기고 가는 예가 많다. 나는 그 까닭을 강성갑에게서도 보게 되었다. 나는 나름대로 과장된 표현인지는 모르나 6·25 사변에 가장 큰 손실의 하나는 한국 교육계가 강성갑을 잃은 것이라 생각한다. 교육계뿐만 아니라 종교와 사상계에도 그렇다고 믿는다."[153]며 강성갑의 희생을 매우 아쉬워하였으며, 강성갑을 열렬한 실천가이면서도 이상주의자였다고 평가하였다.

당시는 모두 정치, 애국운동, 반공운동, 국회의원에 정신이 쏠려 있던 때로 매일 같이 신문과 방송은 시국의 변화와 정치적 투쟁 등의 보도들로써 국민의 신경을 자극시키던 때이다. 그런데 누구보다 현실에 민감했던 강성갑은 그러한 감정적인 풍조에는 귀를 막은 듯하고 민족의 영구한 번영과 국가의 공고한 기반은 오직 올바른 교육에 있다고 믿었으며, 국민을 바로 기르고 올바른 정신과 그 정신을 몸에 배이도록 생활로 실천하는 교육을 키워야 한다는 데 일념을 쏟았던 것이다. 그리고 한얼중학교가 그러한 교육의 표본이 되게 하려 했다.

강성갑은 열렬한 실천가이면서도 이상주의자였다. 기계적이고 강압적 주입적 교육방법으로만 굳어져 있던 일제 교육의 잔재를 아직도 벗지 못했던 당시의 교육 풍토 속에서 과감하게 학생들의 자유로운 성장을 도와 주는 선진적 교육방법을 택했다. 인간을 인간답게 키우는 교육은 그럴 수밖에 없다. 좋은 국민도 훌륭한 사회인도 인간교육에서 출발한다. 인간교육에서 과감하다는 신념이었다. 학생들의 자유의사를 최대한으로 존중하면서도 동시에 학생들에게 학생으로서 약속한 책임도 철저히 물어가는 교육이었다. 책망과 꾸중과 채찍으로 하는 교육이 아니라 이성에 호소하고 스스로 책임을 지게 하여 자유로우면서도 자율하는 인격자로 키우려 했다. 사람의 정신이 올바르면 공부도 잘하게 된다는 것이 그의 신념이었다.

그는 학생들에게 때로 허황하리만큼 원대한 꿈을 불어 넣어 주는 이상주의 교육자였다. 10대의 학생들에게는 꿈을 가지게 해야 한다는 점을 그는 잘 알고 있었다. 그 때의 꿈을 실현성이 약한 동화같은 것이라도 좋다고 생각했다. 그는 학생들에게 현실을 비판하는 능력보다도 현실을 보다 낫게 창조하려는 의지와 용기와 창의력을 더 강하게 불어 넣어 주려 했다. 학생들에게는 교장 선생님이 냉철한 지성적 인물로서보다도 무조건 신뢰하고 신봉할 지도자로 인식되었다. 그것이 10대의 교육자로서는 가장 이상적 교육자형이기도 했다.

강성갑은 시골 농촌의 작은 교육의 장을 한국 민족성을 개조하는 민족교육의 장으로 알고 헌신했으며, 그 곳을 새 민족 교육의 거점이 되게하려는 야망으로 불붙어 있었다. 그것은 질과 정신은 양적 변화의 원동력이라고 믿었던 까닭이다.[154]

제자들, 결코 잊을 수 없는 진정한 기독교인

강성갑의 제자로서 복음중등공민학교 시절부터 강성갑의 사택에서 함께 기거하며 강성갑의 삶을 가까이에서 지켜보았던 심사수에게 강성갑은 교육자이기 전에 '성직자'였다.

그분은 성직자로서 그리스도의 제자로서 뜨거운 이웃사랑의 실천가이셨다. 40년간의 압박에서 이제 막 해방된 겨레, 그 중에서도 빈곤과 무지에서 용기조차 잃은 농촌의 아들들, 배움의 욕구가 불타는 젊은이들, 이 청소년들에게 「뜻이 있는 곳에 길이 있다.」고 가르치며, 몸소 앞장서서 달려 나아가신 분이셨다. 그분은 몸소 가난한 자 속으로 들어가 가난하게 되셨고, 힘없는 자 속으로 내려가셔서 스스로 일어서는 법을 보여 주셨다.

그분은 가장 가까이 있는 이웃부터 사랑하시고 그 사랑을 민족과 나라사랑으로 확대해 가셨다. 진영교회의 목사로 부임하시자 곧 야간 공민학교(복음중학교)를 시작하셨다. 배움에 불타는 젊은이들이 운집하자 정규중학교를 설립하셨다. 교회 내에서의 외침 만으로써는 이 민족의 개혁이 불가능하다고 판단하시고 교회의 목사직을 사임하셨다. 그분은 기독교정신에 입각한 교육에 의해서만이 국민정신의 개혁이 가능하다고 믿으셨다. 그분은 진영과 김해군을 발전된 농촌의 모델로 만든 다음 이 개혁운동의 전국적 확산을 꿈꾸셨다. 마치 예수께서 순박한 갈릴리의 농부와 어부들을 제자로 삼아, 이들을 훈련시켜 세계의 변혁을 꿈꾸셨듯이, 강성갑 목사께서도 진영이라는 한 농촌지역을 거점으로 하여 한국의 개혁을 이룩하고자 꿈꾸셨다.[155]

강성갑의 신앙의 핵심은 예수의 사랑을 실천하는 것이었다. 그것은 바로 이웃사랑이며, 민족사랑이며 애국이었다. 애국애족은 그에게 주어진 하나님의 명령이었다. 이 이웃사랑은 봉사와 희생으로써만 실천되는 것이다. 그래서 강 목사님은 하나님의 이 명령을 자기가 몸소 실천할 뿐만 아니라 실천할 수 있는 제자를 길러야 된다고 믿었다. 이것이 교육이다. 그에게 있어 교육은 애국이며, 애국은 바로 하나님의 명령이었다. 그래서 그가 가장 중시한 성경 말씀은 「한 알의 밀이 땅에 떨어져 죽지 아니하면 한 알 그대로 있고 죽으면 많은 열매를 맺느니라」(요한복음 12장24절)라는 예수의 말씀이었다. 그분에게 있어 크리스찬의 사명은, 예수믿고 위로받고 천국가는 것 만이 아니고 배고픈 자를 먹여주고 병든 자를 고쳐주며 고통당하는 자를 돌보고 싸메어 주는 「착한 사마리아 사람」이 되는 것이었다. 이 세상에서 불행의 원인인 「무지와 질병과 빈곤」을 퇴치하며, 퇴치하도록 도와주는 것이 크리스찬의 사명이라고 그분은 굳게 믿었다. 그리고 이 세 가지 원인 중에서도 가장 근본적인 원인인 「무지」의 퇴치를 위해 교육에 투신하였다. 교육은 그분에게는 바로 「성직」이었다. 그래서 나는 강성갑 「목사님」이라고만 부른다.[156)]

한얼중학교 5회 졸업생이며 한신대학교 교수로 재직했던 장일조는 스승 강성갑에 대하여 "생활 그 자체가 교육이었으며 그의 이념은 곧 행동으로 나타났다."고 술회하였다.

안수를 받은 목사인 그는 신앙이 투철하여 아침 직원회는 반드시 성경낭독과 기도로 시작하였으나, 주일의 교회 설교는 무의미하니 그 시간에 이웃을 위하여 작은 봉사라도 하는 것이 오히려 하나님께 영광이 될 것이라고 자신있게 말하곤 하였다. 그만큼 그는 형식주의

를 배격했으며 실천성을 강조했던 것이다.[157]

　장일조가 기억하고 있는 강성갑의 설교는 아버지가 자식들에게 말하는 것처럼 자연스러운 화법을 사용하였으며 어려운 얘기가 아닌 매우 평범한 양식으로 이루어졌지만, '말'보다는 자신의 '삶'을 통해서 설교했기에 말할 수 없는 교훈을 주는 설교였다. 강성갑의 목회관은 제도권 교회로부터는 이단으로까지 취급을 받기도 했다. 진영교회 교인들은 그의 목회관을 모두 이해할 수 없었으나, 예수의 제자로 살아가고자 애쓰는 그의 모습을 보면서 두렵고 존경하는 마음이었다. 장일조는 그 이후 지금까지 강성갑과 같은 분을 다시 만나지 못했으며, 자신에게 스승 강성갑은 '진정한 크리스챤'이었다고 증언하였다.[158]

제6장

스러지고 잊혀진 꿈, 새나라가 선다

01. 한국전쟁 중의 억울한 죽음과 특별한 장례식

1950년 8월 2일 밤, 강성갑은 집으로 찾아온 지서장 김병희와 경찰 2명에게 최갑시와 함께 끌려 나가, 곧바로 수산교 아래 낙동강변에서 총살당하였다.[1] 강성갑의 최후는 이때 같이 끌려갔다가 극적으로 탈출하여 살아 남은 최갑시와 가해자들의 증언을 통해 확인할 수 있다. 최갑시는 강성갑의 최후를, 총살당하기 직전 기도시간을 요청하여 "그냥… 성서 그대로야. 복을 달라고… 이 분들에게… 이 사람들이 몰라서 그렇습니다. 학교 잘 되게 해주시고, 이 나라가 참된, 아버지가 원하는 나라가 되게 해주십시오."라는 기도를 마치고 총살당하였다고 증언하였다.[2]

심진구는 강성갑 살인사건의 가해자로 재판을 받았으나 풀려난 후 진영에서 의용소방대장으로 재직중에 있던 하계백,[3] 강백수 등을 만나 강성갑의 최후를 전해 들었다.

그림 1 동아일보 1959년 7월 21일

어윤강, 하계백, 강백수 씨들이 들은 이야기를 전해 주는 바에 의하면 그 군인들과 지서원들이 수산교 낙동강변의 모랫벌 위에 세워 놓고 총살을 하려 하니 그는 "나는 목사이니 기도할 수 있는 시간을 달라."고 요청하고 전기한 바와 같은 기도 [주여! 이 죄인들을 용서하시옵소서. 이 겨레, 이 나라를 가난과 재앙에서 건져 주시옵고 「한얼」을 축복해 주시옵소서. 이제 이 죄인은 주의 뜻을 받들어 주의 품에 육신과 혼을 기탁하오니... 주여 남기고 가는 저들을 살펴 주시옵소서..... 아멘.[4]]를 대단히 큰소리로 하였다 하며 기도가 끝나자 마자 100여발의 총알은 그들을 향해 쏟아졌고, 그들은 총을 맞고 강물에 넘겨졌으며, 강물에 빠진 뒤에도 총은 계속 그들을 향해 쏘아졌다고 한다. 그런데 하느님은 그가 죄없이 죽어감을 인류에 고발할 사자를 살려 보내기 위해서 최갑시에게 기지를 준 것이다. 최갑시는 다리에 총상을 입자마자 재빨리 강물에 뛰어 들었고, 강물에 들어가서는 수중역류 헤엄으로 살아났던 것이다.[5]

강성갑이 경찰의 손에 억울하게 죽었다는 소문은 지역에 널리 퍼졌다. 당시 진영을 비롯한 김해지역에서는 보도연맹원 등 요시찰인에 대한 즉결처형이 이루어지고 있었다. 진실화해위원회의 보고서에 의하면, 한국전쟁 직후 김해지역에서 예비 검속된 인원은 총 1,220명이었으며, 이 중 보도연맹원이 전체의 59%인 721명이었고, 보도연맹원이 아닌 사람이 전체의 41%인 499명이었다. 김해지역에서 읍·면별로 예비 검속된 인원이 제일 많은 지역은 진영읍으로 모두 166명이 검속되었다.[6] 진영읍의 보도연맹원 등 요시찰인들은 1950년 6월 25일과 29일 양일간에 걸쳐 전국 경찰에 하달된 치안국 통첩에 따라 일차로 예비 검속되었고, 이어서 7월 12일 김해경찰서 통첩에 따른 진영지서의 비상소집명령과 8월 4일 비상소집명령에 따라 지서에 자진하여 출두하거나 연행되었다. 소집에 응하지 않은 사람들은 곧바로 검거대상에 올라 계속 검거되었고, 소집된 사람들은 진영지서 유치장과, 진영금융조합 창고, 한얼중학교 등에 분산 수용되어 진영지서에서 좌익 활동경력에 대해 조사를 받았다. 구금된 인원은 진영금융조합 창고에 250~300명, 한얼중학교에 40~50명 정도였다.[7] 진영읍에 구금된 보도연맹원 등 요시찰인들은 6월 28일부터 구금장소에서 사라지기 시작해 늦게는 8월 17일까지 행방불명되었다. 진영읍의 구금자들이 가장 많이 행방불명된 날은 김해읍과 동일한 7월 15~16일과 8월 1~2일이었다.[8]

진영에서 공산주의자로 몰린 사람들에 대한 즉결 처형이 이루어지고 있던 억압적인 분위기 속에서도 강성갑의 죽음은 지역사람들의 공분을 샀다. 강성갑이 총살당하고 일주일 정도 지난 후 강성갑의 시신이 총살을 당한 수산다리에서 약 2km정도 떨어진 대산면 모산리 낙동강변에서 발견되었다. 강성갑의 아들은 큰아버지로부터 아버지의 시신이 발견되었다는 연락을 받고 어머니와 함께 아버지의 시신을 수습하였다.[9] 억울하게 희생된 강성갑의 시신이 발견되었다는 소식을 들은 지역의 많은 사람이 강가로 모여들기 시작하였다. 강성갑이 억울하게 죽었다는 소문이 파다하게 퍼져 있었기에, 강성갑의 시신이 발견되자마자 미리 약속이나 한 것처럼 흰옷을 입은 수천명의 사람들이 모산에서 진영까지 이루어진 운구행렬에 함께 하였다.

강성갑의 형과 아들은 전쟁 중의 급박한 사정이었기에 미처 영구(靈柩)를 구하지 못하고 '반닫이'에 그의 시신을 앉히고 흰 천을 싸서 묶은 것으로 상여(喪輿)를 대신하였으며, 운구는 한얼중학교 학생들이 맡았다. 운구행렬에 모여든 수천명의 사람들은 강성갑이 했던 실천을 직접 목격하고 들었으며 그의 실천에 함께 했던 사람들이었기에, 강성갑의 억울한 죽음에 분노하였고 그의 마지막 가는 길을 함께 하고자 하였다. 경찰들은 이러한 운구행렬을 그냥 지켜볼 수 밖에 없었다.

강성갑의 시신은 제자들, 지역의 수많은 사람과 함께 그의 집을 거쳐 마지막 인사를 위해 총살당했던 수산다리 밑에 들렀다가, 한얼중학교로 운구되어 학교장으로 장례식을 치뤘다. 그의 시신은 '생전에 내가 죽으면 여기 묻어 달라'는 유언에 따라 한얼중학교 교정에 안장되었다.[10] 강성갑의 딸은 아버지의 장례식에 제자들이 많이 참석하였고 진영 사람들이 많이 울었던 것과 자녀 셋이서 찬양을 불렀던 것 등이 기억은 나지만, 너무 갑자기 돌아가셔서 정신이 없었으며 뭐가 뭔지 몰랐다고 증언하였다.[11]

강성갑이 남긴 유산은 아무것도 없었다. 후일 한얼중·고등학교학생들은 설립자 유족에 대한 생활비 지급 등을 요구하며 학교 측과 대립하기도 했지만, 강성갑이 설립한 학교는 공공의 재산이었으므로 그가 가족들에게 남긴 것은 책과 설교집 몇 묶음 뿐이었다.[12]

당시 공산주의자로 몰려 희생된 사람들의 경우에는 1960년 6월에 가서야 시신을 수습하고 장례를 치를 수 있었지만,[13] 강성갑의 경우에는 특이하게도 공산주의자로 몰려 경찰의 손에 희생당했음에도 불구하고, 슬픔 속에서도 격식을 갖춘 성대한 장례식을 치를 수 있었다. 제자들과 진영교회 교인들, 지역의 많은 사람이 함께하였던 그의 장례식과 운구행렬은 진영지역의 특별한 기억으로 남았다. 한국전쟁중의 험악한 분위기 속에서 누가 시키지 않았음에도, 또 불이익을 받게 될지도 모름에도 불구하고 많은 사람들이 자발적으로 그의 운구행렬과 장례식에 모여들 만큼, 강성갑은 특별한 인물이었다. 이러한 강성갑의 특별한 장례식은 공산주의자라서 강성갑을 죽였다는 경찰의 발표가 허구였음을 분명하게 보여주는 사례였다.

02. 한국전쟁 중의 이례적인 고등군법회의

사건의 진상, 애국자 모략(謀略)살해

강성갑이 경찰의 손에 살해된 사건은 소위 '진영살인사건'으로 알려져 있으며, 당시 『국제신보』, 『부산일보』, 『민주신보』 등 3개 신문은 사건의 진상과 재판과정 등을 자세히 보도하였다.

보도에 의하면 1950년 10월 1일 경남지구 계엄사령관 김종원은 진영살인사건의 진상을 발표하였다. 김종원은 경고문에서 "우익진영에 열렬한 동지인데도 불구하고 세력다툼과 물질에 눈이 어두어 8월 1일 24시경 피해자 한얼중학교장 강성갑, 최갑시를 5·10선거 이래 세력분쟁의 야심으로 공산당으로 모라 천진란만한 군경을 금품으로 매수"하여 총살했다는 사건의 전모를 발표하였다. 김종원은 가해자들이 "우익진영의 간판을 걸고 세력과 금품에 혈안이 되어 인정과 도덕을 무시하는 천인공노할 만행을 감행한 것"이며, "전쟁승리도 중요하지만 내부적인 부패된 사이비 애국자들의 단속에 일층 박차를 가할 것이며 중상모략을 일삼고 불법단체를 조직하여 암암리에 막대한 모리(謀利)를 취하고 있는 비애국자들은 차후 단호히 천죄(天罪)를 가할 것"임을 다짐하였다.

『국제신보』는 「소위 진영살인사건 진상, 애국자 모략살해로 판명, 세력분쟁의 악질배 엄벌방침」이라는 제목으로 경남계엄사령부에서 발표한 내용의 전문을 보도하였다.

군경의 월권행위 방지와 민폐근절에 항상 노력하고 있는 경남지구계엄사령관 김종원 대령은 소위 진영살인사건에 관하여 다음과 같은 경고문을 발표하였다.

소위 진영살인사건 진상은 진영읍 국민회 부위원장 이석흠(54세) 국민회 위원장이며 동읍 읍장 김윤석(56세)[14] 동읍 부읍장 강백수(40세)는 5.10 선거 이후 지방세력을 장악코저 항시 세력다툼을 하여 오다가 6.25 사변 발생후 시국의 급박함을 기화(奇貨)로 우익진영의 중진인 동읍 한얼중학교 교장 강성갑씨 동읍 과수업자 최갑시씨를 무리하게 좌익으로 모라 거(去) 7월 27일경 읍사무소 이층에 전기(前記) 3인외에 동읍 지서주임 김병히 청방단장 하계백(31세) 등이 모여 이석흠의 제의로 강성갑 최갑시 양씨를 총살할 것을 공모, 수단과 시기는 지서장이 책임질 것을 결정하고 8월 1일 24시경 전기 피해자를 낙동강변에 새끼로 루꺼 납치하여 카-빙급(及) M1 총을 난사 강성갑씨는 즉사하였으나 최갑시씨는 좌대뇌부(左大腦部)에 관통총상을 입고 구사일생으로 피신하였는데 부산지구 헌병대는 사건의 보고를 듣고 즉시 조사에 착수하고 있다.

우자(右者)들은 우익진영에 열렬한 동지인데도 불구하고 세력다툼과 물질에 눈이 어두어 8월 1일 24시경 피해자 한얼중학교장 강성갑, 최갑시를 5.10선거이래 세력분쟁의 야심으로 공산당으로 모라 천진란만한 군경을 금품으로 매수하여 우피해자를 낙동강변에 끌어내어 드디여 강성갑씨는 현장에서 총살을 당하고 최갑시씨는 좌족대대부를 관통하였으나 야중(夜中)을 이용하여 구사일생으로 ○○방면에 피신하여 총상의 완치에 따라 계엄사령관에 이에 대한 진정서를 제출하여 즉시 사건조사를 착수한 것이다.

우자들은 우익진영의 간판을 걸고 세력과 금품에 혈안이 되어 인정과 도덕을 무시하는 천인공노할 만행을 감행한 것이다. 우자들은 물론 전쟁승리도 중요하지만 내부적인 부패된 사이비애국자들의 단속에 일층 박차를 가할 것이며 중상모략을 일삼고 불법단체를 조직하여 암암리에 막대한 모리(謀利)를 취하고 있는 비애국자들은 차후 단호히 천죄(天罪)를 가할 것이다. 소위 진영살인사건 관계자는 고등 군법회의에 회부하여 그 판결을 국민에게 공표할 것이며 이 기회를 타서 10월 1일 경남지구계엄사령부에서 개최되는 도내 시장군수 서장 및 각기관장회의에 회부하여 군작전에 직접 필요없는 사설단체는 해산시킬 것이다.(사설단체해산은 10월 1일 부로 발표한다).[15]

『민주신보』 또한 「세력다툼에 동지살해, 진영살인사건 진상발표, 김계엄사령관」이라는 제목으로 보도하였으며, 내용은 『국제신보』기사와 동일하다.[16] 『부산일보』는 「내부단속이 긴급, 소위 진영살인사건 진상발표」라는 제목으로 보도하였으며, 표현에 다소 차이는 있으나 전체적인 내용은 『국제신보』의 기사와 같다.[17]

이어서 경남계엄사령부는 「경남지구계엄사령부 발표」를 통해 김종원이 강성갑을 살해한 주범으로 지적했던 사설 불법단체를 10월 1일 경남 각 기관장회의에 회부하여 해산할 방침임을 분명히 하였다. 경남계엄사령부는 진영살인사건의 진상을 발표하고 군법회의를 1950년 10월 3일 개정하였으며, 이들을 취조하는 중에 여교사를 살해한 추가 범행 사실을 확인하였다. 이를 『국제신보』는 「진영사건 죄상 속속 폭로, 여교사 인치(引致)코 사살, 지서주임 등 십일명의 괴행, 계엄사령부 발표」라는 제목으로 보도하였다.

진영살인사건 후보! 즉 진영지서주임 김병희 외 11명에 대(對)한 사건의 취조의 결과 그 죄상이 꼬리를 물고 속속들어나고 있다. 이번에는 진영중학교 여교사 김영명 양(25)은 평시에 그 품행이 단정하였으며 용모가 아름다움을 피고 김주임 등은 탐내어 오든바 동 김교사를 모종 혐의로서 진영 후산(後山)에 인치(引致)하여 9월 10일 밤 12시경에 칼빙총으로 사살한 후 구덩이를 파고 그 시체를 감추어 버렸든 것이 금반 취조의 결과 나타낫다고 한다. 그런데 김여교사는 상시에 열렬한 기독교 신자라고 한다.[18]

『민주신보』는 1950년 10월 3일 「진영살인사건 오늘 공판개시」라는 제목의 기사에서 진영살인사건 군법회의를 개정한다는 것과, 「김여교사도 김주임이 살해」라는 제목의 기사에서 여교사 살해사건의 동기 등을 보도하였고,[19] 『부산일보』 또한 「여교사 능욕할려다 살해, 진영사건 주모자의 거듭한 범행」이라는 제목으로 이를 보도하였다.[20]

고등군법회의 개정(開廷)

소위 진영살인사건 고등군법회의는 부산의 경남지구계엄사령부 법정에서 10월 3일 개정되어 10월 6일 결심공판까지 모두 4일 동안 이루어졌다. 보도에 의하면, 고등군법회의는 재판장 육군중령 김태청 이외에 심판관 3명(박석청, 한덕선, 오군평 대위), 법무사 1명(노정현), 검찰관 2명(김기돈 대위, 서주연 검사), 변호인 유춘산 대위 외 4명(관선변호인 1명 포함)으로 구성되었다.

재판장을 맡은 김태청 대령은 평안남도 강서 태생으로 평양고보와 경성법전을 졸업하였다. 김태청은 일본 주오대학(中央大学)에 유학 중이던 1942년 고등시험 사법과에 합격하였으나 사법관 시보에 임용되지 못하고 평양지방법원 검사국 서기로 취업하였다. 해방 후 김태청은 북한에서 검사로 임용되었으나 북한의 사법 분야를 사회주의자 최용달이 장악하자 1948년 7월 월남하여 1948년 12월 법무장교로 선발되었고,[21] 경남지구계엄사령부 법무참모로 전속되어 진영살인사건의 재판을 맡게 되었다.[22] 김태청은 이후 국민방위군 사건의 수석검찰관을 맡았으며, 육군본부 법무감을 거쳐 대한변호사협회 회장을 역임하였다. 김태청은 진영살인사건 재판에 대한 기억은 없다고 증언하였다.[23]

보(補)검찰관 서주연 검사는 경상남도 거제 출신으로 마산공립상업학교, 니혼대학(日本大學) 법률과를 졸업하였으며 총독부 조선장학회 장학고시 법과시험에 합격하여 부산지법 진주지청에서 근무했다. 1946년 사법요원양성소 시험에 합격하여 부산지법 판사에 임명되었으나 한국전쟁 중에 군검찰관으로 차출되어 진영살인사건 재판에 참여하게 되었다. 이후 서울지검과 부산지검 검사장을 역임하였으며 1964년 8월 1차 인혁당사건 관련자들을 무리하게 기소하기도 했다.[24] 재판에 참여한 다른 인물들에 대한 이력은 확인되지 않는다.

재판은 강성갑이 총살당한 소위 진영살인사건과 여교원 살해사건이 병합되어 진행되었으며, 김기돈 검찰관의 범죄사실 낭독으로 시작되어 한영교 박사 등 9명의 검찰 측 증인에 대한 증인 심문으로 이어졌다. 검찰 측 증인으로 출석한 한영교 박사는 1934년 도미하여 프린스턴 대학을 졸업하였고, 2차 세계대전 때는 미국 정부의 외국경제부 직원으로 근무하였으며 종전(終戰)과 함께 미국 국방부 직원으로 귀국하였다. 한영교는 1945년 11월 미군정으로부터 군정 경남도에 파견되었기에 군정 경남도에 상당한 영향력을 갖고 있었고,[25] 재판 당시에는 부산에 피난 중이던 연희대 신과대학 학장으로 재직 중이었다.

검찰측 증인심문으로 오전 공판은 마무리되었고 오후 1시에 공판이 재개되었다. 오후에 재개된 공판에서는 주로 진영중학교 여교원 살해사건 관련 심문이 이루어졌으며 첫 번째 공판은 오후 5시경 마무리되었다. 『국제신보』는 「진영살인사건 고등군법회의 개막」이라는 제목의 기사에서 재판부의 구성 및 공판 진행과정을 자세하게 보도하였다. 검찰관의 범죄사실 증명과 검찰 측의 한영교 등 9명의 증인신문이 있었다는 사실과, 재판이 끝난 후 재판에 임석(臨席)했던 경남지구계엄사령관 김종원이 약 1시간에 걸쳐 민폐를 근절시키고 조국재건에 매진하자며 열변을 토했음을 상세하게 보도하였다.

파쟁과 사리사감(私利私感)으로 민족진영의 동지를 무참히 살해하여 세인을 경악케 한 소위 진영사건과 아울러 지서주임이라는 직권을 기화(奇貨) 순진한 여교원을 능욕하려다 실패에 돌아가매 악독하게도 산중으로 끌고가서 총살하는 등 동족으로서 도저히 용납치 못할 사건 등의 고등군법회의는 작(昨) 3일 상오 10시부터 경남지구계엄사령부 법정에서 재판장 김태청 중령, 검찰관 김기돈 대위, 보(補) 검찰관 서주연 검사, 관선변호인 유춘산 대위 등 출석하에 개정되었는데 김검찰관으로부터 김병희, 이석흠, 김윤석, 하계백, 강백수 외 12명에 대한 범죄사실 낭독이 있었는데 이에 대하여 피고인들은 무죄를 주장하였으나 김검찰관은 이를 반증하는 사건전모를 밝힌후 한영교 박사 외 9명의 증인심문이 끝난 다음 상오의 공판을 마치고 하오 1시부터 재개하였는데 하오 공판에서는 주로 진영중학교 여교원 살해 당시 현장에 참여한 진영지서 경찰요원 강치순(31)에 대한 심문이 있은 후 하오 5시경 폐정하였는데 공판 끝난 후 이 공판에 임석한 경남지구계엄사령관 김종원 대령은 약 1시간에 걸쳐 민폐를 근절시켜 조국재건에 매진하자는 열변을 토하고 청중에게 다대한 감명을 준 바 있었다.[26]

두 번째 공판은 10월 4일 오전 9시에 부산지방법원 제4호 법정에서 개정되었다. 이날에는 주로 가해자들의 변호인측에서 신청한 증인들에 대한 심문이 이루어졌다. 증인심문은 첫째, 피해자인 강성갑과 최갑시가 좌익계 인물인지 하는 것과 둘째, 피고인들이 강성갑 등의 살해를 사전에 모의하였는지 하는 두 가지 쟁점을 가지고 검찰관과 변호인 사이에서 치열한 공방이 이루어졌다. 변호인측 증인들은 모두 강성갑, 최갑시 두 사람을 좌경적 인물이라고 진술하여 전일의 검찰관측 증인들의 진술과는 정반대의 증언을 하였다.

『국제신보』는 「민주적 심문 계속, 추가심문에 계획적 범행 력연, 진영사건 군재 속보」라는 제목의 기사를 통해 검찰관과 변호인 사이에 공방이 이루어지고 있는 법정의 분위기가 "극히 자유로운 분위기에 넘처있고 증인을 둘러싸고 버려지는 검찰관측과 변호인측의 응수(應酬)는 민주주의 원칙에서 진행"되고 있다는 것과 경남지구계엄사령관 김종원이 전일에 이어 오후 공판을 방청했다는 사실을 보도하였다.

소위 진영읍살인사건의 제2회 고등군법회의는 전일에 이어 지난 4일 오전 9시부터 부산지법 제4호 법정에서 개정되였다. 이날은 전일의 검찰관측 증인심문에 계속하여 주○ 변호인측에서 신립(申立)한 증인심문이 있었는데 본 사건의 주요 관건이 되어 있는 1. 과연 피해자인 고 강성갑목사와 최갑시씨가 좌익계 인물이였든가 2. 피고들 즉 지서장 김병희 외 이석흠, 김윤석, 강백수, 하계백 등이 사감으로 전기(前記) 양씨를 살해코저 계획적으로 사전 모의하였던가의 2항의 주요 골(骨)를 중심으로 변호인 직자(直子)측과 검찰관측의 접급(接及) 반대심문이 치열하게 전개되었다.

그러나 정내(廷內)는 극히 자유로운 분위기에 넘처있고 증인을 둘러싸고 버려지는 검찰관측과 변호인측의 응수(應酬)는 민주주의 원칙에서 진행되었다. 그런데 이날 변호인측 증인들은 모-두 강성갑,

최갑시 양씨를 좌경적 인물이라고 진술하여 전일의 검찰관측 증인들 진술과는 정반대의 증언을 하였다. 그리고 개정 즉전(卽前) 특히 김기돈 검찰관으로부터 긴급 추가심문이 있다고 지서장 김병희의 증인 유립(由立)이 있어 심문한 결과 김병희 등 피고 일당이 헌병대에 피포(被捕) 부산으로 연행되는 차중에서 역시 피고인의 1인인 부읍장 강백수가 지서장 김병희에 대하여 『금반 사건은 당신이 혼자서 책임지시요』라고 귓속말을 한 사실이 있다고 명백히 진술하여 계획적으로 범행한 것을 암시하여 방청객들을 다시 한번 놀래게 하였다. 그리고 항상 민폐근절에 부심하여 이 사건도 역시 민폐의 한가지 표본이라고 말하고 있는 경남계엄사령관 김종원 대령은 오후 이 공판을 방청한 바가 있었다.[27]

세 번째 공판은 10월 5일 개정되어 피고인들에 대한 심문이 이루어졌다. 『국제신보』의 보도에 의하면 "피고인들은 모두 사실모의를 한 것이 아니고 좌익숙청을 회의한 것이라고 진술하는 동시에 강성갑, 최갑시씨는 역시 좌경적 인물"이라고 주장하였으며, 검찰관의 반대심문이 있었다.

세인의 이목을 집중하고 있는 진영살인사건 제3일 고등 군재는 이미 작보(昨報)하였거니와 작일(昨日) 하오 2시부터 다시 자유롭고 민주적으로 피고 김윤석, 이석흠, 강백수, 김병희 등 외 증인신문이 시작되었다. 피고들은 모두 사실모의를 한 것이 아니고 좌익숙청을 회의한 것이라고 진술하는 동시에 강성갑, 최갑시씨는 역시 좌경적 인물이라하고 주장하였다.

이에 대해 특히 검찰관측의 좌익측 숙청을 논의하면서 강성갑,

최갑시씨는 숙청대상에 넛치 안햇느냐고 강백수 피고에 대한 반대질문에 강백수 증인은 이 2명에 대해서는 지명할 일이 없다고 진술하자 정내(廷內) 방청객은 강백수에 대해 비웃슴을 하는 자도 없지 않었다. 이리하여 각 피고의 증인신문을 하오 5시에 끝마첫다. 그리고 익(翌) 6일은 변호인의 변호가 상오 12시까지 있었다.[28]

재판의 진행과정을 상세하게 보도한 『국제신보』이외에도, 『민주신보』는 10월 3일 진영살인사건 군법회의가 개정된다는 사실을 보도한 이후 10월 5일에는 「진영살인사건 제1회 군법회의개정」이라는 제목으로 군법회의 개정소식을 더욱 자세하게 보도하였으며,[29] 10월 7일에는 「진영살인사건 4일 제2회 공판」이라는 제목으로 관련소식을 보도하였다.[30] 『부산일보』또한 10월 4일 「진영살인사건 제1회공판!」이란 제목의 기사로 군법회의 개정소식을 보도하였다.[31]

고등군법회의 결심(結審)

소위 진영살인사건 고등군법회의의 결심공판은 10월 6일 오전 9시 30분에 개정되었다. 『국제신보』는 진영살인사건의 재판 결과를 「진영사건 결심공판. 주범 김병희엔 사형, 유죄 5명 무죄 7명을 언도」라는 제목으로 자세히 보도하였고, 재판이 끝난 후 발표한 재판장 김태청의 담화문과 사진을 실었다.

보도에 의하면 먼저 변호인의 변론이 오후 1시 30분까지 이루어졌다. 각각의 변호인들은 변론을 통해 강성갑은 기독교사회주의의 신봉자로 명백한 좌익분자이며 고소인의 사원(私怨)을 풀어주는 수사였고, 중요한 하수인인 군인은 체포하지 않고 지서장에게 모든 죄를 전가함은 부당하다는 것과 일본의 관련 판례를 인용하여 무죄를 주장하였다.

『국제신보』는 "변호인측 각각 장시간에 걸친 변론이 있었는데 민주적인 극히 자유분위기 속에서 열린 재판정"이지만 자유를 과도하게 남용하여 억지변론이 심판관의 제지까지 무릅쓰고 이루어졌으며, 법정의 분위기는 "이로 말미암아 비웃음과 분격에" 가득 찼다고 보도하였다.

진영살인사건의 경남지구계엄고등군법회의의 제4일채의 공판은 지난 6일 상오 9시반부터 개정되었다. 연 삼일간에 걸친 출정심문 등으로 주범 김병희를 위시한 피고 12명들의 얼굴은 모다 초조하였다. 재판장 육군중령 김태청, 심판관 박석청, 한덕선, 오군평○대위, 법무사 노정현 검찰관측으로 김기돈 육군대위, 서주연 검사, 변호인측 유춘산 대위 외 4명 착석한 가운데 김 재판장의 개정선언으로 즉시 변호인측에 변론에 드러갓다.

처음 관선 변호인 유 대위로부터 작고 피해자에 대한 심심한 조위 표명이 있은 다음 총체적으로 변론이 있었는데 먼점 안준기 변호인으로부터 본 사건은 일개 고소인의 사원을 푸르주는 수사방식을 하고 있다. 피해자 강성갑 목사는 기독교사회주의의 신봉자로서 명백한 좌익분자이였다. 그리고 본 사건의 중요 하수인의 1인인 임 대위 등 군인은 아직끝 체포치도 않고 지서장에게만 그 죄를 전가함은 부당하다는 내용과 이원배씨로부터는 과거 일본 대진재시 감백(甘栢)대위가 무정부주의자의 대삼영(大杉榮) 급(及) 그 외조카를 살해한 사건의 판례를 인용하여 피고인을 변호하는 등 변호인측 각각 장시간에 걸친 변론이 있었는데 민주적인 극히 자유분위기 속에서 열린 재판정이기는 하나 이 자유를 너무나 과도히 남용하여 변호인측의 변론은 극단적으로 또 언어도단할 만치 정도를 넘음 억지변론을 하는 등으로 정내는 이로 말미암아 비웃음과 분격에 충일(充溢)하고 있었다.

더구나 각 변호인은 천하지상 그 존재를 인정할 수 없을마치 극악무도한 살인마 김병희를 필사적으로 무죄변론을 그덥함에 있어 심판관의 제지까지 무릅쓰고 중복한 변론을 계속하고 있었다.

변론이 끝난 후 1시간을 휴정한 다음 오후 2시 30분 속개된 공판에서 검찰 측은 임 대위가 살해에 가담한 것은 군인의 공산당에 대한 적개심을 악용하여 지서장 등이 모함한 것으로 임 대위는 현재 수배중에 있으며, 명령은 절대적이지만 위법한 경우에는 복종할 필요가 없고, 고등군법회의는 어느 한쪽 편에 서 있지 않으며, 기독교사회주의자 운운하며 강성갑을 좌익이라고 하는 것은 부당하다는 등 변호인 측의 변론을 적극적으로 반박하였다. 이어서 검찰 측은 피고인들에 대해 9명은 사형, 3명은 징역 7년을 구형하였다. 구형을 마친 후 3시30분 일단 휴정하고 오후 5시에 공판이 재개되었으며 김태청 재판장의 선고가 있었다. 진영읍 지서장 김병희 사형, 진영읍장 김윤석, 부읍장 강백수, 청년단장 하계백 등은 각각 징역 10년형을 선고 받았다.

변론이 끝난 다음 1시간 휴정 2시반 다시 속개되어 서 검찰관으로부터 움직일수 없는 피고인들의 범죄사실을 세밀히 설명하였는데 "특히 임대위가 강, 최 양씨 살해에 가담한 것은 군인의 대 공산당 적개심을 악용하여 지서장 등이 모함한 것이다."라고 말하고 다음 김기돈 검찰관으로부터 ①변호인측의 감백(甘栢)대위사건 인용은 부당하며 명령은 절대적이나 그러나 위법인 동시에는 하등 복종할 필요가 없다 ②임대위는 그 소속과 거재처(居在處)를 몰라 수배중이나 체포되지 않는 것이지 군인인 따위에 방치해 둔 것은 아니다 ③고소인의 사원을 푸로주는 것이라는 변호인측의 말은 실로 언어도단이며 고등군법회의가 일방에 가담하고 있지는 안는 것을 명백히 아러야 한다 ④기독교사회주의자 운운으로 강성갑씨를 좌익이라고 함은 부당하다 등으로 변호인의 변론의 부당을 일일히 통격 반박하고 피고들의 잔인무도한 죄과에 대하여 추상같은 논고를 그덥한 후 구형을 하였다.(괄호내는 구형)(사형 9명 7년징역 3명)

이로서 3시반 일단 휴정 다시 5시에 재개되어 재판장 김태청 중령으로부터 다음과 같은 언도가 나렷다. 4일간에 의(宜)하여 세인의 이목을 집중케하고 있든 희대의 학살인사건도 전후 4일간에 걸친 민주적인 재판으로서 종말지우고 정내는 비희교교(悲喜交交)의 잡음으로 일시소란하였다. 재판장의 온후한 안용(顏容)에는 임무완수의 안도감이 미우(眉宇)에 넘치는 반면 살인마 김병희는 사형언도가 나리자 비겁하게도 울고만 있었다. 때는 5시반 언도내용(괄호내는 구형) △진영읍지서장 김병희 사형(사) △국민회부위원장 이석흠 징역10년(사) △읍장 김윤석 동10년(사) △부읍장 강백수 동10년(사) △청년단장 하계백 동10년(동) △김태성, 차두만, 강치순, 박계조 각각 무죄(사) △김기영, 이근택, 정봉기 각각 무죄(징역7년) 그리고 이 사건의 재판장 김태청 중령은 언도를 나리고 중하(重荷)를 나린듯한 소(笑)로서 다음과 같이 말하였다.

재판장 김태청 중령은 언도를 내린 후 피고들의 범죄행위는 "국민의 정부에 대한 신뢰를 감쇄하며 나아가서는 충량한 국민을 공산당을 만드는 결과를 초래하는 것으로 국가민족의 피해 실로 공비에 못지 않다."고 지적하였다.

김태청 중령담: 연 4일에 의(宜)하여 소위 진영지서 주임 김병희 외 11명에 대한 살인피고사건은 경남지구계엄고등군법회의에서 가장 민주주의적 형사소송절차에 의하여 신중심리한 결과 사건전모가 판명되었음으로 6일 사건주모자에 대하여는 사형이라는 판결을 언도하는 동시에 본건 재판장으로써 일반에게 일언하고저 하는 바이다.

6·25사변 이래 군경관민 일치단결하여 침략적군을 격퇴하고 백두산 상봉에 태극기 휘날릴 날도 멀지 안는 차제 시국에 편승하여 군경 또는 소위 애국단체원중에 우익진영이라는 아름다운 간판 밑에 숨어서 국사를 위하여 부여된 신성한 직권을 남용하여 도리혀 파당을 지혀 민중을 괴롭히는 사례가 왕왕있다 함은 사건사안에 비추어 항간에 낭설이라고 일소하기에는 곤난하는 점이 있다.

이러한 행위는 국민의 정부에 대한 신뢰를 감쇄하며 나아가서는 충량한 국민을 공산당을 만드는 결과를 초래하는 것으로 국가민족의 피해 실로 공비에 못지 안는바가 있다. 본관은 계엄사령관 각하의 참모의 일원으로 금후 여하한 자에 대하여는 엄중히 처단하여 민폐근절이라는 각하의 통솔방침을 본관이 받든바 사법으로서 실천하고자 하는 바이다.[32]

10월 8일 『민주신보』는 「김병희에 사형, 진영살인사건 언도」라는 제목으로 재판 결과를 보도하였으며,[33] 10월 9일에는 「직권남용의 민폐, 공산당을 만든다. 진영사건 김재판장 담화」라는 제목의 기사를 통해 김태청 재판장의 담화내용을 보도하였다.[34] 10월 8일 『부산일보』는 「진영살인사건 주범자 김병희에 사형언도」라는 제목으로 재판결과를 보도하였으나 김태청의 담화는 보도하지 않았다.[35]

고등군법회의 재판의 의미

당시 군법회의 판결문의 판결이유 중 강성갑과 관련된 부분은 다음과 같다.

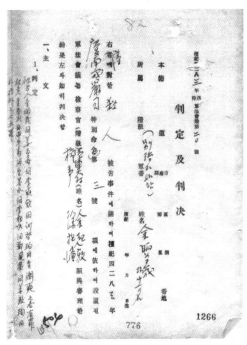

그림 2 고등군법회의 판결문

피해자 강성갑, 동 최갑시에 대하여 종전부터 사감을 포지(抱持)하여 오든 것은 물론 기중(基中) 강성갑은 국기게양을 하지 아니할 뿐 않이라 배례도 않이 하고 또 피해자 등은 5·30 선거 시에 진영의 좌익 거두로 지명된 안창 득의 선거운동을 적극적으로 후원하는 등 피해자 등을 회색분자라고 의심하여 오든중 6·25 사변이 공약(空若)되자 군경의 작전상 후퇴로 인하여 진영읍이 혼란하자 단기 4283년 7월 27·8일경 피고인 김병희와 진영읍사무소 2층 읍장 피고인 김윤석 실에서 피해자를 살해할 것과 기(基) 살해방법을 피고인 김병희에게 위임할 것 등을 상호 모의한 후 해산하였는바 동년 8월 1일 오후 8시경 피고인 김병희는 진영중학교 학생징병에 관한 공문서를 훼손한 사실을 문지(聞知)하자 격분

함과 동시에 당시 일선에서 후퇴하여 동소에 주재중이든 임 대위에
차를 보고하고 동 피해자 등을 금야(今夜) 살해 실천할 기회라고 생
각한 후 피고인 차두만 동 김태성, 동 김기영, 동 이근택, 동 정봉기
로 하여금 동인 등을 체포케 한 후 동인 등과 창원군 대산면 낙동강
변에 연행하여 칼빙총으로써 동인 등을 발사하여 피해자 강성갑을
즉사케 하고 피해자 최갑시는 좌측 대퇴부에 관통상을 수(受)하였으
나 살해의 목적을 달(達)치 못하고(후략).[36]

이러한 판결문의 내용에 의하면, 피고인들은 강성갑과 최갑시에 대
하여 평소 사감(私感)을 갖고 있었으며, 특히 강성갑이 국기게양과 국
기배례를 하지 않고 안창득의 선거운동에 앞장서자 이들을 회색분자로
의심하였다.[37] 피고인들은 한국전쟁으로 진영 지역이 혼란해지자 이들
을 살해하고자 모의하였으며, 학생징병에 관한 공문서 훼손을 이유로
살해하였다는 것이다. 판결문에서는 피고인들이 강성갑을 회색분자라
고 생각했다는 이유를 단순히 적시(摘示)했을 뿐, 그들의 주장을 받아
들이지 않았으며, 특히 최갑시의 경우에는 사감을 제외하고는 강성갑
과 가까운 사이라는 것 이외에 가해자들이 그를 회색분자라고 의심할
만한 사유도 없었음을 분명히 하였다.

재판의 전말에 대해 심진구의 논문을 통해 알려진 가해자들의 증언
과는 달리 변호인이 "피해자 강성갑 목사는 기독교 사회주의의 신봉자
로서 명백한 좌익분자"라고 주장하였으나, 검찰관이 "기독교사회주의
자 운운으로 강성갑 씨를 좌익이라고 함은 부당하다."고 말했다는『국
제신보』의 보도와,[38] 판결문의 내용에 의하면 군법회의에서 강성갑을
회색분자로 여기지 않았음은 분명하며, 이러한 사실은 최갑시에 대해
별도의 사법처리가 없었다는 사실에서도 재차 확인된다고 할 것이다.

진영사건의 재판과정을 보도한 신문으로 현재 확인되는 것은『부산일보』,『민주신보』,『국제신보』등 3개 신문이다. 이 중『국제신보』는 다른 신문에 비해 진영사건의 재판과정을 더욱 상세하게 보도하였다.『국제신보』가 재판과정을 상세하게 보도한 이유는 알 수 없으나, 재판 관련 보도는 강력한 언론통제하에서 이루어진 보도임은 분명하다. 전쟁 직후인 1950년 7월 8일 정부는 비상계엄을 선포하였고, 7월 22일에는 언론출판특별조치령(言論出版特別措置令)을 선포하여 언론에 대한 사전 검열을 실시하였다. 부산에서는 7월 26일 경남지구계엄사령부에 보도부를 신설하여 사전 검열을 통한 강력한 언론통제를 행하였다.[39]

당시 부산지역의 주요 신문은 해방 직후 부산에서 가장 먼저 창간되어 미군정기 부산지역의 언론계를 선도했던『민주중보』가 1950년 2월 1일 개제(改題)한『민주신보』와,[40] 전쟁발발 얼마 후인 1950년 8월 19일『산업신문』에서『국제신보』로 제호를 바꾸어 경제지의 성격을 벗고 종합일간지로 탈바꿈했던『국제신보』,[41] 여러 가지 내우외환을 겪으며 후발주자였던『국제신보』에 추월당한『부산일보』[42] 등 모두 3개 신문이 있었으며, 서울의 중앙 일간지들은 전쟁발발 이후 신문을 정상적으로 발행할 수 있는 여건이 되지 못하였다.[43] 특히『국제신보』는 전쟁 중임에도 불구하고 제호를 변경하고 편집과 운영의 혁신을 통해 도약의 기틀을 확보하였으며, 경남지역에서 가장 영향력 있는 언론사로 거듭나게 되었다.[44] 아마도 이러한『국제신보』의 상황이 다른 두 신문에 비해 강성갑 사건에 더욱 집중하게 된 이유였던 것으로 생각된다.

판결문 및『국제신보』등의 언론보도에 의하면 소위 진영사건의 재판은 첫째, 전쟁중에 민간인 학살의 가해자에 대한 재판이 있었다는 점에서도 이례적이지만 재판부의 구성, 재판 절차 등 재판 자체가 당시 상황에서는 매우 특이한 재판이었다. 보도에 의하면 고등군법회의는 재판장 김태청 이외에 심판관 3명, 법무사 1명, 검찰관 2명(현직 검사 1명 포함), 변호인 4명(관선변호인 1명 포함)으로 구성되었고 10월 3일(화)부터 6일(금)까지 4일 동안 재판이 진행되었으며, 한영교 외 9명의 검찰 측 증인과 변호인 측 증인 또한 다수 출정하여 치열한 법리다툼을 벌였다는 사실을 확인할 수 있다. 이러한 재판은 1950년 8월 중순경에 인민군 환영을 준비한다는 죄목으로 조작된 '문화공작대' 사건

그림 3 이광우 『회고와 추억』 표지

으로 구속되었던 부산지역 신문기자들의 재판과 비교된다. 부산일보 전임수 기자는 연행 당일 고문으로 사망했으며,[45] 자유민보 이광우 기자는 경남계엄사의 군정재판에서 사형을 선고받았다.

> 군정재판을 받게 되었는데, 재판이라면 검사가 있고 형식적이라도 변호사가 있고 판사가 있어야 하는 건데, 육군 중령 한 사람이 달랑 나왔다. 혼자서 인정심문하고, 아니라고 주장해도, "알았어, 사형"하고는 '사형'이라고 쓰고는 넘겨버렸다. 아무리 계엄하의 군정재판이라도 그런 재판이 세상에 있을 수는 없었다.[46]

둘째, 이러한 재판이 가능했던 이유를 기존의 연구는 강성갑과 함께 끌려갔다가 구사일생으로 살아난 최갑시의 폭로가 지역의 여론을 일으켰으며, 강성갑의 '목사' 신분으로 미국 선교단체와 국제연합 한국통일

부흥위원단[47]에서 문제를 삼았기 때문으로 알려져 있으나 자료로 확인이 필요하다고 설명하였다.[48] 재판과 관련하여 참고할 만한 것은 검찰 측(강성갑 측)의 증인으로 재판에 참석했던 한영교의 역할이다. 재판 당시 부산에 피난 중이었던 연희대 신과대학 학장 한영교의 증인 출석은 원한경 및 연희대학교와 밀접한 관계가 있었을 것이다. 원한경은 1950년 5월 미국으로 돌아갔다가 한국전쟁이 발발하자 1950년 10월 다시 한국으로 돌아와 '미국심리전 G-2'의 민간고문 자격으로 부산에서 활동하였다.[49] 원한경은 강성갑이 죽었다는 소식을 듣고 연희가 배출한 최고의 인재를 잃었다고 슬퍼했으며, 원한경이 강성갑을 무척 아꼈고 높게 평가했다는 사실은 당시 연희대학교 내에 널리 알려져 있었다.

셋째, 경남계엄사령관 김종원은 강성갑의 죽음과 관련하여 문제를 제기한 측에 재판의 전 과정을 의도적으로 보여주고자 노력한 것으로 보인다. 김종원의 숨은 의도는 알 수 없지만 김종원은 이례적으로 경고문을 발표하였고, 대대적으로 재판부를 구성하였을 뿐만 아니라 재판에도 직접 참석하여 민폐를 근절하겠다고 열변을 토하였다. 또 재판장 김태청은 담화를 통해 김종원의 뜻에 따라 재판이 이루어졌으며 앞으로도 "금후 여하한 자에 대하여는 엄중히 처단하여 민폐근절이라는 각하의 통솔방침을 본관이 받든바 사법으로서 실천"하겠다는 의지를 표명하였을 뿐만 아니라 4일간에 걸친 재판의 전 과정을 언론에 공개하였고 적극적으로 보도하게 하였다.

넷째, 이러한 재판을 통해 강성갑의 억울한 죽음이 분명하게 확인되었으나 가해자의 처벌은 제대로 이루어지지 못하였다. 양민을 학살했다는 이유로 가해자인 군·경을 엄격하게 처벌한다는 것은 당시의 시대 상황에서는 생각할 수 없는 일이었다. 외부의 압력으로 재판은 진행했으나 가해자를 철저하게 처벌할 수는 없었다. 계엄사령부에서 여교사

살해사건을 발표한 것은, 외부의 압력과 내부의 불만을 감안하여 처벌에 대한 내부적 불만을 무마하고자 했던 정치적 행위였던 것으로 보인다. 재판이 있었음에도 가해자에 대한 처벌이 제대로 이루어지지 못한 것은 이러한 타협의 결과였으며 양민학살의 책임에 정부 또한 자유롭지 못했기 때문이다. 재판을 통해 가해자에 대한 처벌은 제대로 이루어지지 못했으나 재판이라는 법적절차를 통해 강성갑의 억울함은 분명히 인정되었기에, 전쟁 직후인 1954년 5월 함태영 부통령과 이상룡 경남도지사가 참석한 강성갑 추모동상 제막식이 진해 해군군악대의 주악(奏樂)속에 열릴 수 있었던 것이다.

억울한 사람을 살리는 계기가 된 강성갑의 죽음

이례적인 소위 '진영살인사건' 고등군법회의가 열릴 수 있었던 이유는 강성갑의 장례식에 자발적으로 모여 함께 슬퍼했던 수많은 지역 사람의 경찰에 대한 부정적인 여론과 강성갑과 함께 끌려갔다가 구사일생으로 살아난 최갑시의 폭로, '미국심리전 G-2'의 민간고문 자격으로 부산에서 활동 중이었던 스승 원한경의 노력, 미국의 선교단체와 국제연합 한국통일부흥위원단(United Nations Commission for the Rehabil-itation of Korea, UNCRK)에서 문제를 제기한 것 등이 종합적으로 작용한 결과라고 할 수 있을 것이다.

1950년 10월, 국제연합 총회의 결의로 설치된 국제연합 한국통일부흥위원단은 한국정부와 더불어 "근래에 널리 보도된 바 있는 사형집행"에 대해 협의하였으며, 그 결과를 1950년 12월 21일 발표하였다.

사형집행된 사람은 한국의 일반 혹은 군사재판소에 의하여 살인, 방화 및 태업과 같은 법에 규정된 특정범죄로 판결되든 것입니다.

대한민국 정부는 본 위원단에게 관계법령이 적용될 사람에 관련하여 다음의 표준을 채택하기로 결정하였습니다.

1. 대통령은 12월 23일에 그의 헌법상 권한에 따라서 제일 흉악한 성질의 범죄일 경우를 제외하고 모든 사형선언을 유기금고로 경감할 것임. 10년 혹은 그 이하의 형기를 언도받은 피고는 면죄(免罪)될 것임. 모든 기타의 선언은 형벌을 경감할 목적으로 재심될 것이며 부인 및 소년 범죄자에 대하여 특별한 고려가 부여될 것임. 동일한 원칙은 현재 재판을 대기중인 피고들에게 적용될 것이며 검찰관은 그와 같이 훈령받을 것임.

2. 장래에는 모든 사형집행은 개별적으로 실시될 것이며 집단적으로는 실시하지 않을 것임. 피고인의 근계(近系)가족들은 사형집행이 되기전에 통고받을 것이며 또한 시체를 요구함이 허용될 것임. 각 사형집행이 검찰관 및 의사를 입회시킬 것을 현행규정수속(現行規定手續)에 추기(追記)하였다. 피고는 그가 선택하는 목사를 회견함이 허용될 것이며 또는 그가 원하는 경우에는 목사를 사형집행에 출석토록 함이 허용될 것이다.

3. 현재 혹은 장래에 부과될 모든 사형도 이를 적용, 심사위원에 재심하기 위하여 별도 심사위원회가 창설될 것임. [50]

한국 정부는 국제연합 한국통일부흥위원단과 협의한 내용에 따라 1950년 12월 23일 특별사면을 단행하였다.

지난 12월 23일 대통령께서 특사로 6·25사변 이후의 「비상사태하 범죄처벌에 관한 특별조치령」 위반 조문에 해당되어 반민족 비인도적행위로서 기소를 받은 자중(者中) 10년 이하의 유기형의 판결언도를 받은자는 그 형을 면하게 되어 있으며 아직 판결을 받지 않는 자로서 10년 이하의 구형을 할만한 사건에 대하여도 검사가 그 공소를 취소하게 되었다. 그리고 현재 수사 도중에 있는 사건도 악질이 아닌 사건에 대하여는 특히 관대히 처분하게 되었다.[51]

문화공작대 사건으로 구속되어 사형선고를 받았던 자유민보 이광우 기자는 10월 말 쯤 다시 재판을 받기 시작했으며, 결국 12월 중순께 무죄로 석방되었다. 이광우는 자신이 알기로는 미국의 뉴욕타임스에 "한국은 전쟁과 학살을 혼동하고 있다. 적도 그 자리서 총을 쏴서 죽지 않고 살아 있으면 적십자에 보내 수용하는 건데, 하물며 전쟁상대도 아니고 단지 자기와 생각이 다르다고 해서 죽인다는 것은, 이건 학살이다, 그것도 재판절차도 없이."라는 기사가 여론화되어서 이승만 대통령이 '재판을 하라'고 특명을 내린 것으로 기억하고 있다.[52]

진영살인사건의 재판에 국제연합 한국통일부흥위원단이 어느 정도 개입했는지는 아직 분명하게 확인되지 않지만, 강성갑은 자신의 죽음으로 이루어진 재판을 통해 억울한 누명을 쓰고 고통 속에 있던 많은 사람을 살리는 계기를 만든 것은 분명하다. 특사령에 해당된 「비상사태하 범죄처벌에 관한 특별조치령」은 수많은 부역혐의자를 처벌하는데 악용되었던 대통령령으로 형법과 형사소송법을 배제한 것이었다.[53]

진영살인사건의 재판 결과 주범이었던 지서장 김병희는 사형선고를 받고 처형당했으며 다른 가해자들은 징역 7년에서 10년 형을 받고 수감되었으나, 이들은 얼마 있지 않아서 모두 풀려나서 진영에 계속 거주하였다. 민간인 학살사건의 유가족들은 이들이 "3,000만환을 김종원(당시 계엄 민사부장)이 한테 갖다 주고 한달도 못되어서 형집행정지"로 나왔다고 증언하였으며,[54] 풀려나서 진영에서 살고 있던 가해자들은 "계엄사령관인 김종원 대령이 '여러 가지 이야기로 보아 그 강성갑이 공산주의자인 것 같은데 설령 당신들이 그를 죽였다 하더라도 무죄다.'고 하여 무죄 석방하였다. 그러나 김병희란 지서장만은 이 무죄 석방에서 제외되었고 뒤에 사형이 집행되었다. 그런데 그해 12월 24일에는 죄가 없어서 석방된 것이 아니라 계엄사령관에게 돈을 써서 석방된 것이라 하여 다시 계엄사령부에 잡혀갔으나 사실 무근하였으므로 다시 석방되었다."[55]고 주장하였다. 그러나 재판에서 이들 가해자들에게 적용된 법률이 「비상사태하 범죄처벌에 관한 특별조치령」이었기에, 이들 또한 12월 23일 특사령의 대상이었으므로 형의 집행을 면하고 풀려나게 되었다.

03. 추모 동상 제막식

한국전쟁이 끝난 후 1954년 5월 27일 한얼중학교 교정에서, 함태영 부통령과 이상룡 경남도지사가 참석한 가운데 강성갑 추모동상 제막식이 성대하게 거행되었다. 강성갑의 추모동상은 조각가 윤효중[56]이 제작하였으며,[57] 동상의 탑신 아래에는 강성갑의 유해가 안치되어 있다.

한얼중고등학교는 이제 큰 학교가 되고 자리도 잡히니 강성갑 목사의 동상을 건립해야 한다는 얘기가 본격화됐다. 그 일을 반대할 사람은 아무도 없었다. 그러나 그 일은 큰돈이 필요한 일이라 걱정을 하기도 했다. 그런데 그때 마침 서울 홍익대 미술대학장인 윤효중 선생이 진해에 와 있어서 조향록 교장과 함께 찾아가 강성갑 목사에 대한 얘기를 하고 그분의 동상 제작을 부탁했다. 우리의 설명

에 감동된 그분은 즉석에서 실비만 받고 강 목사님의 동상을 제작해
줄 것을 약속해 모두 크게 기뻐했다. 곧 강성갑 목사 동상건립위원
회가 조직되고 윤효중 조각가에게 제작을 의뢰하기로 결정이 됐다.
모금도 시작했다.[58)

그림 4 추모동상과 뒷면의 새김글

『동아일보』와 『조선일보』가 동상제막식이 열린 사실을 보도했으
며,[59) 특히 지역신문인 『마산일보』는 「한얼교의 강 교장, 27일 동상 제
막식」이라는 제목의 기사에서, 강성갑을 "진영 「한얼」 학교의 설입자이
며 진실로 교육자다운 종교인"으로 소개하며, "고 강성갑씨의 업적을
추모하며 씨의 숭고한 정신을 영원히 남기고저" 동상제막식이 열린다
는 사실과, "금후 한얼교 교정에 웃득 서있는 고인의 위품은 농촌청년
들의 추앙과 교육에 무언의 채쭉질을 하게 될 것."이라고 보도하였
다.[60) 또 5월 28일에는 「고인 추모의 감회속에 한얼교 강 교장 동상 제

막식 엄수」라는 제목으로 추모식의 모습을 자세히 보도하였다.

28일[27일의 오기이다] 상오 10시 30분 동 교정에서 만여 명이
운집한 가운데 엄숙히 거행되었다. (중략) 함 부통령의 뜻깊은 인사
가 있은 후 이 경남도지사의 감격한 축사로서 듣는 사람마다 고인을
추모하는 눈물의 장면을 이루었다. 동일 12시 15분 식이 끝난 후 진
해 해군군악대로부터 동교 교정에서 행진곡 연주가 있었다.[61]

그림 5 추모동상 제막식에 참여한 함태영 부통령

한얼중·고등학교 학생들은 동상제막식을 기념하여 27일 진영극장
에서 예술제를 개최하여, 학생 연극 「한얼의 미알이 땅에 떠러져」를 공
연하는 등 스승 강성갑을 추모하였다.[62] 동상 제막식에서 학생들이 불
렀던 추모합창곡 「스승의 길」의 가사는 당시 한얼중학교에서 영어교사
로 재직하고 있던 이규호가 썼으며, 음악교사로 재직중이었던 이삼은
이 작곡하였다.[63]

스승의 길

낙동강 고이 흐르는, 한나라의 남쪽 마을

메마른 이 땅 위에, 또 하나의 십자가, 또 하나의 떨어진 밀알

이 마을의 행인들아, 발걸음을 살피어라

고인의 흘린 땀이, 고인의 흘린 피가, 이 흙을 적시었다

농민의 친구이며, 서러운 자의 형제, 이 겨레의 선구자

아 아 고인이 밟은, 고인이 밟은, 험한 가시의 길은

곧 이 겨레의 수난의 길

한 나라의 얼을 닦으려, 이 겨레의 혼을 기르려

이 마을 저 마을 찾아 다니며

어린 동지 모아놓고, 마음같은 일꾼 모아

땀으로 쌓아 올린 이 흙벽돌

모진 비바람, 차디찬 조소, 날로 늘어도

무너질 수 있나뇨 한얼의 건설, 무너질 수 있나뇨 이 겨레의 혼

천국에서 쫓겨온 어둠의 마왕이

백의민족의 피를 뽑고, 삼천리 강산을 짓밟았네

순결한 이 어린양, 이 겨레 위해, 어린 제단위에 한결 놓였네

영원히 흐르는 강가에, 영원한 승리의 죽음

영원히 흐르는 강가에, 영원한 승리의 죽음

영광 영광 영광, 사랑의 영광 영광, 영광 영광 영광, 의의 영광 영광

우리의 자랑 우리의 스승, 이 겨레 맘속에 빛 발하라

불멸의 빛을 불멸의 빛을, 영원히 영원히 발하라

영광 영광 영광, 사랑의 영광 영광, 영광 영광 영광, 의의 영광 영광

04. 그럼에도 여전히 '공산주의자'라는 기억

강성갑의 꿈과 실천이 완전히 잊혀지다

1954년 5월 27일 한얼중학교 교정에서 함태영 부통령과 이상룡 경남도지사가 참석한 가운데 거행되었던 강성갑의 추모동상 제막식은, 그의 억울한 죽음을 재차 확인하고 그의 꿈과 실천을 이어받아, 한국전쟁의 참화(慘禍)를 극복하고 새로운 나라 건설에 앞장서자는 각오를 새롭게 하는 행사였다. 이렇듯 한계는 있었으나 한국전쟁중에 열렸던 군법회의로 강성갑의 억울한 죽음과 관련한 법적절차는 모두 마무리되었기에, 이제 남은 것은 그의 뜻을 이어서 실천하는 것이었다. 지역의 많은 사람은 추모동상 제막식 이후 강성갑을 추모하는 행사는 계속되고 그의 뜻을 기릴 수 있으리라 생각했으나 현실은 그렇지 못했다.

한국전쟁 이후 반공이 국시(國是)가 되면서 강성갑과 관련되어 있었던 많은 일들이 잊혀지기 시작했으며, 오히려 왜곡되어 전달되기 시작했다. 한얼중·고등학교는 계속된 학내분규로 여유가 없었고 교회들은 그의 뜻을 이해할 수 없었기에, 강성갑의 꿈과 실천은 그의 삶을 목격했던 제자들과 지역 사람들의 가슴에만 남게 되었다. 이후 오랫동안 강성갑의 꿈과 실천은 우리가 이어가기에 너무나도 큰 꿈이었기에 그 실천의 의미를 온전히 이해할 수 없었고, 그의 목회 실천 또한 쉽게 이해할 수 없는 수준의 실천이었기에 차츰 잊혀져 갔다. 더욱이 강성갑이 관여했던 교회들은 여러 차례 있었던 기독교 교단의 분열로 모두 다른 교단에 속하는 일이 벌어지기도 하였다.

그 결과 강성갑에 대한 기억은 그의 꿈과 실천보다 억울한 죽음이 우선 기억되기 시작했으며, 가해자를 처벌한 재판 또한 민간인 학살 가해자를 제대로 처벌하지 못한 대단히 형식적인 재판으로만 기억되는 등 한국전쟁 중 김해 지역 민간인 학살사건의 일부로만 남게 되었다.

민간인 학살 가해자를 제대로 처벌하지 못한 아쉬운 사례

애국자를 모략 살해했다는 경남지구 계엄사령관 김종원의 발표와, 강성갑을 살해한 경찰의 행동은 "충량한 국민을 공산당을 만드는 결과를 초래하는 것으로 국가민족의 피해 실로 공비에 못지"않는다는 재판장 김태청의 소감에도 불구하고, 강성갑이라는 이름은 그의 활동을 목격했던 지역 사람들의 가슴에만 남아있었고, 유가족들의 억울함은 전혀 해소되지 못하였다. 이후 강성갑의 죽음과 관련한 장례식, 매우 이례적인 재판 등의 전 과정은 차츰 기억에서 사라져 갔다.

1960년 4.19혁명으로 집권한 민주당 정권이 국회 차원에서 민간인 학살사건을 조사하면서 강성갑과 관련한 재판이 다시 언급되기 시작하였다. 국회는 1960년 5월 31일 양민학살사건조사특별위원회를 구성하고 3개 반을 편성해 6월 10일까지 조사 활동을 벌였으며, 「양민학살사건 증언청취 속기록」 등 관련 자료를 남겼다.[64] 1960년 6월 5일, 경남 반에 속해있던 국회의원들은 경남도지사실에서 진영 지역의 김영욱 유족회장 등을 상대로 증언을 청취하였다.

당시 민간인학살 사건 가운데 드물게도 학살책임자 중 한명이 재판에 회부돼 사형을 받은 일이 있었는데, 바로 김해 진영 강성갑 목사의 학살책임을 물어 김병희 진영지서장이 총살됐던 것이다. 그러나 진영 학살사건의 진짜 책임자는 해군과 육군의 특무대(CIC)였다. (중략) 증언에 나선 김영봉(작고, 당시 진영유족회 고문)은 "1심 구형이 전부 사형이었는데 지서 주임만 사형을 당하고 나머지 사람들은 10년 징역에 3,000만환을 김종원(당시 계엄 민사부장)이 한테 갖다 주고 한달도 못되어서 형집행정지로서 나와 있는 사람이 있습니다. 그 중에서 세 사람이 현재 살고 있습니다."라고 말했다. 학살을 자행한 군 관계자는 아무도 다치지 않았다.[65]

이러한 과정을 통해 강성갑을 살해한 사건에 대해 형식적인 재판이 있기는 했으나, 군인의 책임은 묻지도 않았으며 그나마 김종원에게 뇌물을 써서 바로 풀려났다는 주장이 기억되기 시작했다. 그러나 5.16쿠데타 이후 민간인 학살사건에 대한 진상규명이 좌절되면서 강성갑의 꿈과 실천 뿐만 아니라 억울한 죽음조차 잊혀졌다.

1968년 강성갑에 대한 유일한 연구논문을 발표한 심진구는 강성갑이 "공산주의자로 몰려 암살되었을 뿐만 아니라 생전에 부당한 오해로 인하여 그를 미워했던 지방의 유력한 인사가 건재하고 있으니 본 연구를 잘못하다가는 곤경에 빠지지 않을까 하는 연구자들의 필요 이상의 불안감"이 작용하여 관련연구가 이루어지지 못했다고 지적하였다. 가해자를 완전하게 처벌하지 못했다는 한계는 있을지라도 재판과 공적인 추모행사를 통해 강성갑의 억울한 죽음에 대한 문제는 모두 해소되었음에도 그러한 사실 자체가 왜곡되어 잊혀져 버렸기에, 심진구는 다시 한번 강성갑의 억울한 죽음을 강조할 수 밖에 없었다.

심진구는 1968년 7월 강성갑에 대한 사례연구를 실시하면서 재판을 받고 풀려난 후 당시 진영에 살고 있던 하계백, 강백수 등을 만나 강성갑이 공산주의자로 몰려 살해당했던 이유를 질문하였으며, 이들의 주장을 논문에 소개하고,[66] 해명을 시도하였다.[67] 또 심진구는 가해자 하계백, 강백수로부터 전해들은 재판의 과정과 결과를 논문에 수록하였으며, 이러한 가해자들의 증언은 사실여부가 검증되지 않은 채 재판의 전말로 널리 알려지게 되었고, 진실화해위원회의 보고서에도

수록되었다.[68]

　당시 진영읍의 읍장·부읍장·지서장·국민회 의장·방위군 대장…
등 7명이 죄없는 사람을 죽였다는 명목으로 1950년 9월 19일 잡혀
가서 심한 고문을 당했으나 결국 증거가 없으므로 10월 17일 무죄
석방되었다. 그 당시 계엄사령관은 김종원 대령, 재판장은 육군준장
이었으며 검찰관 김기동 대위가 논고를 할 때 강성갑에게 혐의가 있
다는 것은 인정하겠으나 그 7명에게 사형을 구형했다.
　그런데 그때 사건이 둘이 있었다. 하나는 강성갑 암살사건이고
또 하나는 지서장이 모 여교사의 오빠가 공산주의자였는데 그 오빠
의 행방에 대하여 묵비권을 쓴다고 직결처분 [각주에서 지서원으로
하여금 산중에 끌고 가서 암살하게 하였다 함이라고 설명하고 있다]
한 사건이었다. 그 7명에게 사형이 구형된지 1시간 뒤에 다시 재판
장이 판결하기를 지서장은 양쪽 사건에 연관되어 사형언도, 7명 중
몇 명에게는 10년 언도 [각주에서 하계백, 강백수 씨도 10년 언도받
는데 끼었음 이라고 설명하고 있다]가 내려졌다.
　그러나 그 당시는 계엄하였기 때문에 계엄사령관의 최종적 인정
이 필요했는데, 언도가 내린지 3일 후에 계엄사령관인 김종원 대령
이 "여러 가지 이야기로 보아 그 강성갑이 공산주의자인 것 같은데
설령 당신들이 그를 죽였다 하더라도 무죄다."고 하여 무죄석방하였
다. 그러나 김병희란 지서장만은 이 무죄석방에서 제외되었고 뒤에
사형이 집행되었다. 그런데 그해 12월 24일에는 죄가 없어서 석방된
것이 아니라 계엄사령관에게 돈을 써서 석방된 것이라 하여 다시 계
엄사령부에 잡혀갔으나 사실무근하였으므로 다시 석방되었다.[69]

관련 증언에 의하면 강성갑을 총살한 가해자들에 대한 재판은 있었으나 학살을 주도한 특무대(CIC) 등 군 관계자들에 대한 처벌은 전혀 이루어지지 않았으며, 그나마 지서장을 제외한 나머지 가해자들이 모두 풀려난 형식적인 재판이었다는 것이다. 가해자들이 풀려난 이유는 당시 계엄사령부 민사부장이었던 김종원에게 뇌물을 주고 한 달도 못되어 형 집행정지로 풀려났다는 유족회의 주장과, 강성갑이 공산주의자였으므로 무죄로 석방되었다는 가해자들의 주장이 서로 다를 뿐이다.

이렇듯 강성갑의 억울한 죽음이 이미 재판을 통해 입증되었으며 공산주의자라는 누명을 완전히 벗었음에도 불구하고, 그러한 재판의 모든 과정이 완전히 잊혀졌기에 강성갑을 기억하는 사람들은 강성갑의 공산주의자 누명을 변호하는 글을 남기게 된 것이다.

심사수에 의하면 강성갑은 학생들과 많은 대화를 나누었고, 함께 의논을 했지만 정치 노선에 관한 이야기를 한 것은 한 번 뿐이었다.

진영읍 기관장 회의에 다녀오신 후에 우리 3학년 학생들에게 다음과 같이 말씀하셨다. 「유지회의에 갔더니 어떤 사람이 왜 교장 선생은 좌익 활동경력이 있는 사람을 학교 선생으로 채용하느냐 라고 하기에, 나에게는 빨갱이고, 노랭이고가 없다. 마음 고치고 예수 믿고 그 인격이 변화되어 나와 손잡고 일하면 누구든지 나의 동지라고 생각한다고 대답했지요.」[70]

심진구는 강성갑의 정치성향에 대하여, 그는 정치를 몰랐고 안중에도 없었으며, 오로지 도움을 기다리는 이웃, 배움에 갈급한 젊은이들, 가난과 무지를 떨치고 일어서겠다는 자신감조차 없는 순박한 농촌 사람들만이 가득 차 있었으므로, 당시의 '극단적인 사상 분열적 상황'하에서 공산주의자로 몰리게 되었을 것이라고 설명하였다.

관련된 증언에 의하면, 강성갑은 미군정기에 미군정에서 빈민농가에 나눠 주는 구제금품을 가로채던 관리들을 공개석상에서 나무랐고,[71] 정부 양곡을 도정하는 이들이 대량으로 부정을 저지르자 이를 심하게 질책하여 부정을 저지르는 자들에게는 목에 가시 같은 존재였다.[72] 한국전쟁 중에도 강성갑은 여기저기를 찾아다니면서 구호품과 양식을 얻어 피난민을 돌보고 있었으나 전쟁 중의 위급한 상황에도 버릇이 나쁜 몇몇 관리들이 상부에서 보내준 구호금품을 가로채는 것을 보고는 읍사무소와 경찰지서를 찾아가 항의하였다고 한다.[73] 이러한 강성갑의 행동들이 미움을 받아 공산주의자로 몰려 살해당한 이유가 되었다고 알려졌다.

또 다른 주장으로는 해방 후 진영에서는 3.1절을 맞아 친일파들과 목사인 강성갑, 김정태 등 민족주의자들이 따로 기념식을 가졌는데, 김정태는 제자의 강간사건으로 교직에서 쫓겨 난 강백수의 인격을 얕잡아 보았으므로 비상시국대책위원회의 간부로 활동하던 강백수가 한국전쟁을 기회로 김정태와 강성갑을 보도연맹원이라는 혐의를 씌워 살해했다고 한다.[74] 강성갑이 별도의 3.1절 기념식에 참석했다는 증언의 진실성은 확인하기 어렵지만, 강성갑이 민족주의자이며 김정태 등과 가까웠다는 것을 의미하는 것으로 이해할 수 있다. 하지만 증언에 의하면 김정태와 한얼중학교 사이에 특별한 관계는 없었다.[75]

강성갑이 공산주의자로 몰렸던 가장 큰 이유 중의 하나는 한얼중학교 교장직을 일시 사임하고 안창득의 선거운동 참모장으로 나선 것이었다. 안창득이 출마한 선거는 1950년 5월 30일에 있었던 제2대 국회의원 총선거였다. 제2대 국회의원 선거 공고는 1950년 4월 12일에 있었고, 선거일인 5월 30일까지 48일 동안 선거운동이 이루어 졌다. 당시 진영읍이 속해있던 선거구는 경남 제19선거구(김해군 을구)로, 모두 14명의 후보가 출마하였다.[76] 한얼중학교를 졸업한 이후 고등학교 설립을 기다리고 있었던 심사수는 안창득에 대해 잘 알지 못하지만 강성갑의 지시에 따라 안창득의 선거운동을 도왔다.

안창덕씨는 교회에 열심히 출석하는 분이었다. 일요일 예배시간이 되면 일찍 나와 맨 앞줄에 앉아서 엄숙하게 예배를 드리는 모습을 많이 보았다. 항상 한복에 회색 두루마기를 입는 모습이었다. 1950년 5월 6일 한얼중학교 4년 과정(연수과)을 졸업하였고, 강 목사님의 지시에 따라 안창덕씨의 선거사무소의 심부름을 했다. 선거사무소라는 것은 역 위의 길가에 있는 식당 한 쪽 옆에 식탁을 하나 둔 것이었다. 내가 하는 일은 명함보다 좀 큰 종이 쪽지에 '기호 ?번 안창덕'이라는 고무도장을 찍는 일이었다. 사무소 직원이라고는 나 한 사람이었다.

선거운동을 위하여 강 목사님은 교장 직을 한 달간 사임하셨다. 유세는 후보와 마부 두 사람이 했다. 선거참모장을 그 때는 마부라고 불렀다. 이른바 5.30 국회의원 선거였다. 교통수단은 김우철 이라는 청년이 담당했다. 김우철 씨는 당시로서는 드물게 중형트럭을 소유한 청년이었고, 직접 자기가 운전하여 선거를 도왔다. 나는 선거유세 현장에 두 번 따라 가본 기억이 난다. 저녁햇살이 비치는 낙동강 농촌 작은 마을, 30명 정도의 시골 청년과 아기를 업은 아주머니들...,「여러분의 고달프고 힘든 생활을 그 누가 알아주고 해결해 주겠습니까...」라는「특별하지도 않은」연설에 눈물을 흘리는 아주머니들의 모습...[77]

심사수는 강성갑이 안창득의 선거운동을 도운 이유를 정확히 알 수는 없지만 강성갑의 자발적인 의사였던 것으로 기억하고 있다.[78] 안창득의 경남성냥공업조합 상무이사 경력에 미루어 볼 때 안창득은 한얼중학교의 성냥공장 운영 등 강성갑의 노작교육 실천에 함께 했던 것으로 보인다. 안창득은 보도연맹에 가입하였다가 한국전쟁 중에 학살당한 것으로 알려져 있다.[79]

진실·화해위원회의 진실규명과 손해배상 재판

강성갑의 아들은 2006년 8월 24일 진실화해위원회에 아버지에 대한 조사를 신청했다.[80] 조사를 신청한 것은 사건의 진상이 명백히 밝혀지지 않았고, 강성갑 및 유가족의 명예가 회복되지 않았기 때문이다. 진실화해위원회는 유가족의 신청에 따라 김해 국민보도연맹 사건과 함께 강성갑 사건을 조사하였다.

진실화해위원회는 김해 국민보도연맹 사건의 경우 기관이 소장한 각종 자료가 확보되었고, 국민보도연맹 사건 중 희생자 수가 매우 큰 사례로 알려져 왔으며, 1960년 유족회 활동과 1961년 5.16쿠데타 이후 유족회 탄압의 사례도 있었기에 전국 단위의 국민보도연맹 사건을 조망할 수 있는 지역이라고 판단하고 우선 조사 대상으로 설정하였다. 특히 김해 국민보도연맹 사건 중 일부는 사건발생 직후인 전쟁 중에 이미 언론에 알려져 1950년 10월 가해자가 군법회의에 회부되어 확정판결을 받았다는 점도 고려하였다.[81]

가해자들이 확정판결을 받았다는 사건이 강성갑의 사건이다. 강성갑의 죽음과 재판과정이 이미 알려져 있었다는 사실을 진실화해위원회에서는 알고 있었으며, 그러한 사정을 충분히 고려하여 조사를 시작했다는 것이다. 그렇다면 확정판결이 있었음에도 강성갑의 유가족이 진실규명을 신청한 이유는 무엇인지, 또 확정판결의 의미는 무엇인지 등을 조사할 필요가 있었을 것이다.

진실화해위원회는 조사를 통해, 그간 국가차원에서 규명하지 못한 국민보도연맹 사건의 진실을 밝히고, 이를 통해 잘못된 과거를 극복하여 화해와 국민통합의 계기를 마련하고자 하였다. 진실화해위원회가 규명하고자 하는 과제는 김해지역 국민보도연맹의 조직과 활동, 예비검속 및 희생경위, 희생자의 신원 및 수, 가해주체 및 책임소재 등을 밝히는 것이었다.[82]

진실화해위원회는 신청인을 조사하여 강성갑이 1950년 8월 2일 진영지서장과 경찰 2명에게 연행된 후 당일 창원군 대산면 일동리 수산교 인근 낙동강 강변에서 사망하였으며,[83] 강성갑의 사망사실이 「행불보련원 명부」에 기록되어 있다는 사실을 확인하였다. 강성갑의 사망사실이 기록된 「행불보련원 명부」는 1951년 9월 전쟁 직후 행방불명된(처형자 포함) 보도연맹원 및 그 가족에 대해 일제 조사하여 보고하라는 김해경찰서장의 지시에 따라 각 지서 및 출장소가 조사하여 보고한 명부이다.[84] 진실화해위원회가 강성갑 사건과 관련하여 조사한 자료들은 강성갑과 관련한 언론보도 자료,[85] 김해지역 향토지(진영읍지 외)와 희생자 관련 자료(희생자들의 경력과 신원, 목격자 진술, 피해현황)로 희생자 관련 제적등본, 제4대 국회 양민학살진상조사보고서 등을 사용하였으며,[86] 강성갑이 희생된 장소인 창원군 대산면 일동리 수산교 인근 낙동강변을 현장 조사하였다.[87]

진실화해위원회의 조사결과, 진영읍에 구금된 사람들의 희생과정에 진영읍 비상시국대책위원회가 깊이 관여했음이 확인되었다.[88] 1950년 7월 중순경 진영읍 유력자들이 모여 진영읍사무소 2층에서 비상시국대책위원회를 조직하였으며, 이들은 진영읍, 한림면, 진례면, 창원군 대산면에서 남녀 300여 명을 연행해 진영금융조합 창고에 수용하였고, 이들 중에서 뇌물을 바치는 사람은 석방하고, 남은 사람들을 생림면 나밭고개와 창원군 덕산고개 등 수십 군데로 데려가 살해하였으며, 강성갑은 수산교 인근 낙동강변에서 칼빈총으로 살해하였다.

덕산고개 희생현장에서 김영봉이 살아서 도피하자 진영지서 주임 김○○는 그를 잡기 위해 그의 여동생 김영명을 연행하여 15일 동안 고문한 후 겁탈하려 하였다. 그러나 이것이 실패하자, 김○○는 의용경찰 강○○과 김○○, 정○○을 시켜 1950년 8월 13일 진영읍 뒷산에서 김영명을 살해하였다. 또한 7월 27일경 진영지서 주임 김○○와 진영읍 청년방위대 대장 하○○은 평소에 사감이 있던 한얼중학교 교장 강성갑과 과수업자 최갑시(한얼중학교 이사장)[89]를 살해할 것을 모의한 후, 8월 1일 24시경 이들을 연행하여 창원군 대산면 일동리 수산교 인근 낙동강변에서 칼빈총으로 살해하였다.[90]

진실화해위원회 보고서는 강성갑의 죽음의 원인을 구호품 횡령에 대한 항의의 결과로 설명하였다.

기록에 따르면, 강성갑은 미군정 시기 빈민농가에 나누어주는 구제금품을 가로챈 관리들을 공개석상에서 나무라기도 하여 진영읍에 있는 일제시대 경찰이나 읍사무소 직원 출신들이 못마땅하게 여겼다고 하였다. 전쟁 직후에도 강성갑은 진영읍에서 피난민 구호사업에 열중하고 있었는데, 미군정 시기와 마찬가지로 관리들이 상부에서 보내준 구호금품을 가로채자 진영지서와 진영읍사무소를 찾아가 항의하였다고 한다. 그는 그 직후 희생되었다.[91]

강성갑이 미군정 시기에 빈민농가에 나누어 주는 구제금품을 가로
챈 관리들에게 항의를 했다는 것은 있을 수 있는 일이지만, 한국전쟁
중에 부산까지 후퇴를 거듭하던 정부가 피난민을 위한 대책을 세우고
구호금품을 보내 주었다는 사실은 당시의 불리한 전황에서 믿기 어렵
다. 관련 연구에 의하면, 경상남도의 경우 비상사태대책위원회가 전쟁
발발 직후인 6월 28일 구성되었으나 지방정부가 감당할 수 있는 사태
가 아니었으며, 7월 10일 '피난민 분산에 관한 통첩'을 하달하였으나
이 또한 피난민 내에 사상불온자의 개입을 방지하기 위한 조치에 불과
했다.[92]

진실화해위원회 보고서는 강성갑의 희생 사실을 부산일보 보도 등을
통해 확인하였으며,[93] 희생자 강성갑의 신원을 다음 표로 정리하였다.

⟨신청사건 희생자 강성갑의 신원⟩

연번	희생자					희생자 확인근거					확인여부
	이름	성별	연령	직업	사건당시 주소지	처형자 명부	부역자 명부 (행불일)	시신 수습	참고인 확인	제적부 확인	
50	강성갑 (姜成甲)	남	39	목사	진영읍 진영리 275-35		○	○		○	확인

출전: 진실·화해를 위한 과거사정리위원회, 『2008년 하반기조사보고서 03』 863.

진실화해위원회의 조사결과, 구금된 김해지역 보도연맹원 등 요시
찰인들은 군경에 의해 어떠한 재판과정도 없이 살해되었으므로 김해지
역 보도연맹원 등 요시찰인들에 대한 살해는 명백한 불법행위이다.[94]
진실화해위원회는 이번 조사를 통해 사건의 진실이 규명되었으므로 국
가의 공식사과, 위령사업 지원, 가족관계등록부 정정, 역사기록 수정,

평화인권교육 강화 등을 권고하였다.[95)]

이러한 진실화해위원회의 조사과정을 통해 강성갑의 추모동상이 세워지고 55년이 지난 후에 국가기관의 공식적인 조사로 강성갑의 명예가 회복되었다고 하지만,[96)] 진실화해위원회의 조사결과는 아쉬움이 남는다. 진실화해위원회가 한국전쟁 중의 민간인 학살사건의 진상을 규명하고자 노력한 것은 분명하지만 강성갑 사건의 경우에는 아쉬운 부분이 적지 않다. 비록 요시찰인이라 할지라도 적법절차 없는 처형은 있을 수 없는 일이지만, 강성갑의 경우에는 요시찰인도 아니었으며 억울하게 희생당했다는 사실은 이미 1950년 10월의 군법회의를 통해 확인되었다.

강성갑의 경우가 재판을 통해 억울한 죽음이 확인되었음에도 여전히 '공산주의자'로 기억되는 특이한 사건이라고 한다면, 이미 언론을 통해 알려진 사실의 진위여부 및 알려진 사실 이외에 새로운 사실은 없는지 충분한 조사가 이루어졌어야 했다. 그럼에도 불구하고 진실화해위원회는 언론을 통해 알려진 사실을 재차 확인하는 수준에 그쳤을 뿐, 재판에서 주장되었던 가해자 임 대위의 신원 등 강성갑의 죽음과 관련된 새로운 사실은 찾아내지 못했다.

강성갑의 유가족은 진실화해위원회의 진실규명 이후 2012년 1월 16일 국가를 상대로 국가의 불법행위로 인한 손해배상을 청구하였다. 재판 결과 2012년 11월 15일 서울중앙지방법원은 원고일부승소(原告一部勝訴)판결하였으며,[97)] 2013년 7월 11일 서울고등법원 또한 원고 일부승소로 판결하였다.[98)]

고등법원 판결문에 의하면, 진실화해위원회의 조사보고서는 국가를 상대로 손해배상을 청구하는 민사소송에서도 특별한 사정이 없는 한 유력한 증거자료가 될 것은 틀림없으나, 진실화해위원회의 희생자 확인 결정이 있었다는 사실만으로 별도의 심사 없이 국가의 불법행위책임이 반드시 인정되는 것은 아니다. 따라서 재판부는 개별 당사자가 해당 사건의 희생자가 맞는지에 대하여 조사보고서 중 해당 부분을 개별적으로 검토하는 등 증거에 의하여 확정하는 절차를 거쳐야 한다. 재판부는 증거에 의하여 확정하는 절차를 거쳐, 국가는 강성갑의 유가족에게 불법행위로 인하여 입게 된 정신적 손해를 배상할 책임이 있으며 손해배상의 범위를 산정함에 있어서는 "강성갑은 목사이자 교육자로서 농촌에서 목회활동과 교육활동 등 농촌 계몽운동을 전개한 선각자였고, 한국전쟁 당시의 특수한 사정에 비추어 보더라도 예비 검속 및 구금 대상이었던 보도연맹원, 불순분자 또는 요시찰대상자로 분류될 만한 사람이 아니었던 것"으로 보이므로 이를 참작해야 한다고 판시(判示)하였다.

소멸시효가 완성되었다는 국가(피고)의 주장에 고등법원 재판부는, 진실규명 결정에 기초하여 상당한 기간 내에 권리를 행사할 경우 적어도 소멸시효의 완성을 들어 권리소멸을 주장하지는 않을 것이라는 신뢰를 가질만한 특별한 사정이 있다고 보았다.

그러나 대법원은 불법행위로 인한 손해배상 청구는 민법이 규정한 단기 소멸시효기간인 3년 내에 이루어져야 하므로, 위원회의 진실규명 결정이 있은 때로부터 3년의 기간이 지난 후에 이루어진 유가족의 손해배상 청구에 대해 채무자인 국가가 소멸시효 완성을 주장하는 것은, 신의성실 원칙에 반하는 권리남용에 해당하지 않는다는 이유로 2013년 12월 12일 파기환송(破棄還送)하였다.[99]

패소(敗訴)한 유가족은 법원에 민법 제766조 제1항, 제2항, 국가재정법 제96조 제2항에 대한 위헌법률심판제청 신청을 하였으나, 법률조항에 관한 법원의 해석을 다투는 것에 불과하므로 부적법하다는 이유로 각하되었다.[100] 유가족은 헌법소원 심판을 청구하였으며, 헌법재판소는 "민법 제166조 제1항, 제766조 제2항의 객관적 기산점을 과거사정리법 제2조 제1항 제3, 4호의 민간인 집단희생 사건, 중대한 인권침해·조작의혹 시간에 적용하도록 규정하는 것은, 소멸시효 제도를 통한 법적 안정성과 가해자 보호만을 지나치게 중시한 나머지 합리적 이유 없이 위 사건 유형에 관한 국가배상 청구권 보장 필요성을 외면한 것으로서 입법 형성의 한계를 일탈하여 청구인들의 국가배상 청구권을 침해한다."는 이유를 들어 위헌결정하였다.[101] 유가족은 헌법재판소의 위헌결정에 따라 서울고등법원에 재심을 청구하였으며, 서울고등법원은 소멸시효가 완성되었다는 기존의 판결을 취소하고 국가의 손해배상 책임을 인정하였으며,[102] 정부의 상고 취하로 지난 2020년 5월 11일 서울고등법원의 재심 판결이 최종적으로 확정되었다.[103] 이러한 우여곡절 끝에 유가족은 일부일지라도 국가로부터 배상을 받게 되었으나, 그 과정을 보면 아쉬움이 크다. 소멸시효의 완성이라는 단순한 절차상의 이유만으로 유가족은 8년여 동안 법원과 헌법재판소를 오가며 지루한 법정 공방을 벌여야만 했다.

진실화해위원회는 2010년 6월말 까지 민간인 집단희생사건 8,206건을 비롯하여 모두 11,175건을 조사하는 등 나름의 성과가 있기도 했으나.[104] 희생자에 대한 추가적인 조사가 필요할 뿐만 아니라 역사교육 및 기억, 보상 및 배상 등에 대한 진실화해위원회의 권고사항은 거의 이루어지지 못하였다. 지난 2017년 5월 실시된 대통령 선거에서 더불어민주당은 과거사 진실규명을 완수하겠다고 약속한 바 있었으나, 지난 2020년 5월 20일 진실·화해를 위한 과거사정리위원회의 활동 재개를 주요 내용으로 하는 「진실·화해를 위한 과거사정리 기본법」 일부개정 법률안이 통과되었을 뿐이다.

나가는 글

나가는 글

 일반적으로 일제의 식민통치로부터 해방된 1945년 8월부터 대한민국 정부가 수립되고 한국전쟁이 발발하는 1950년까지를 의미하는 해방공간은 일본의 식민지에서 해방된 이 땅에 어떤 나라를 세울 것인가? 또 시대의 과제를 어떻게 해결해 나갈 것인가?를 둘러싸고 격렬한 의견의 대립이 있었다. 당시 우리나라의 가장 중요한 산업은 농업이었으며 국민들의 대다수가 농업에 종사하였기에 농촌문제가 가장 중요한 문제였다. 토지 소유의 집중에 따라 소수의 지주와 다수의 소작인 사이의 심각한 빈부격차에서 오는 사회·경제적 문제였던 농촌문제는 일제 강점기부터 중요한 문제였다. 따라서 해방된 새나라에서 농민들은 이제 농촌문제가 해결되어 수탈에서 벗어나 인간답게 살 수 있으리라 기대했다. 그러나 해방공간에서 농촌문제는, 새로운 나라가 일제로부터 수탈당하던 농민의 '인간다운 삶'을 위해 무엇을 해야 하는지 하는 '사람의 문제'에서, 좌·우를 선택해야 하는 '정치적 이념의 문제'로 변질되었다.

 하지만 해방공간에 농민의 인간다운 삶을 위해 농촌문제를 해결하고자 하는 노력이 전혀 없지는 않았다. 그 중에서 특별한 주목을 받은 인물이 강성갑이었다. 강성갑은 마산상업학교를 졸업하고 장유금융조합에 취직하였다. 당시 금융조합은 '채귀(債鬼)'로 불리며 농민들의 원성을 사고 있었다. 강성갑은 금융조합에 근무하면서 조선농촌과 농민의 참상을 직접 목격하였고, 농민의 삶의 문제의 해결책을 모색하고자 농촌문제에 깊은 관심을 갖고있던 연희전문학교에 진학하였다. 전문학교 졸업생이 선호하던 안정적인 직장인 금융조합을 사직하고 연희전문에 진학한 강성갑의 선택은 매우 이례적인 것이었다. 연희전문에서 원한경과 최현배 등으로부터 우리 말과 글, 조선 민족의 교육에 대해 가르침을 받은 강성갑은 좀 더 깊은 공부를 위해 일본으로 유학하여 도시샤대학 신학과를 졸업하였다.

강성갑은 부산 초량교회의 목사로 있던 중에 해방을 맞았다. 강성갑은 경남재건노회의 서기를 맡아 교회의 반성과 개혁을 위해 노력하였으나 좌절하고 1946년 3월 진영교회의 청빙을 받았다. 청빙을 받은 강성갑은 "그 교회에 가서 농촌운동을 할 수 있겠습니까?"하는 조건을 제시하고 진영교회의 담임목사로 부임하여 복음중등공민학교를 설립하는 등 본격적인 농촌운동을 시작하였다. 일제로부터의 해방은 대학교육을 받은 기독교인인 강성갑에게는 출세의 기회였으나, 그는 해방공간에서 출세가 보장된 길을 버리고 우리 농촌문제의 근본적 해결을 위해 어렵고 힘든 길을 선택했다.

연희전문 재학중에 한글학자 최현배의 애제자였던 강성갑은 새로 설립된 부산대학의 한글맞춤법 담당 전임교수로 임용되었으나 농촌운동에 전념하기 위해 교수직을 사임하였다. 부산대 교수로 계속 함께 일을 하자는 윤인구의 권유에 강성갑은 "대학을 만들고 대학교육을 할 사람은 내 아니라도 얼마든지 있지마는 농촌사회 개혁사업을 할 사람은 많지 않으니 진영으로 가야 하겠습니다."며 제의를 거절하고 진영에 남았다. 강성갑은 기회가 있을 때마다 "관혼상제의 폐습을 배격하고 근면과 노동을 권장하였으며 정치적 갈등으로부터 초월할 것을 부르짖었다. '좌도 우도 있을 수 없다. 민족중흥의 대도는 일치단결하여 배우고 일하는 것이다.'라든가 '미국도 소련도 우리의 역사적 과업을 맡을 자는 아니다. 우리의 문제는 몇 세대에 걸치더라도 우리의 문제로 남는다.'고 주장했다."

강성갑은 당시 우리 사회의 모든 문제가 농축되어 나타난 농촌문제를 근본적으로 해결하고자 한얼중학교를 설립하는 등 새로운 교육운동에 앞장섰다. 이러한 강성갑의 실천은 덴마크 그룬트비의 사상을 우리 사회에 맞게 창조적으로 적용하고자 하는 해방공간에서의 교육 개혁운동이었다. 덴마크의 농촌부흥 사례와 그룬트비의 사상은 1920-30년대 기독교 농촌운동에 앞장섰던 YMCA와 김교신 등 무교회주의자들에 의해 조선에 소개된 이래 1960년대까지 지식인들 사이에서 주요한 발전모델로 널리 알려져 왔다. 덴마크와 그룬트비에 대한 관심은 김교신의 제자 류달영이 주도했던 5.16 쿠데타 군사정권의 재건국민운동 이후 한동안 잊혀졌다가, 최근 우리 사회의 여러 문제를 해결하기 위한 대안으로 '행복지수 1위 덴마크'가 다시 주목을 받기 시작하였다.

홍성의 풀무학교를 세운 이찬갑의 아들이며 사학자인 이기백은 1959년 우리 사회의 덴마크에 대한 관심을 "덴마크의 현실적인 생활개선에 관하여 관심을 가질 뿐"이었으며, 더 나아간다고 해도 "협동조합의 조직이거나 국제무역에 관한 것 등"에 불과하므로, "능히 그 중심에 살아서 꿈틀거리고 있는 것, 그리하여 다른 모든 것이 그로부터 산출되고 이루어져 간 근본에 대한 관심은 오히려 적은 편"이라고 한계를 지적하였다.

그러나 강성갑은 해방공간에서 덴마크를 행복한 나라로 만든 '근본'에 대한 관심을 갖고 새로운 나라의 교육방침을 자신이 세워 보겠다는 다소 황당해 보이는 큰 꿈을 꾸었다. 행복한 나라 덴마크를 만든 그룬트비의 방법, 즉 "위대한 정신을 가진 애국자의 무리가 교육적 방법과 솔선적인 모범으로써 동포들을 움직인 것이다. 그들의 교육은 무계획한 것은 아니었다. 그들의 교육은 공동생활 속에서 실천되었다."는 그룬트비의 교육 방법을 우리 사회에 적합하도록 창조적으로 계승·실천하여, 이웃과 함께 주체적인 삶을 살아가는 인간을 양성하고자 한 것이었다.

덴마크의 그룬트비가 주도했던 기독교 신앙을 바탕으로 하는 국민의 의식개혁은 오래된 기독교 국가인 덴마크에서는 성공할 수 있었지만, 당시 우리 나라에서는 실현이 거의 불가능한 과제였다. 그러나 강성갑은 교육 활동에 전념하고자 진영교회 담임목사를 그만두고 교리에 갇힌 기독교 신앙을 넘어서, 인간을 중심에 둔 기독교 가치의 실현을 위해 노력하였다. 강성갑에게 기독교인의 사명은 예수 믿고 위로받고 천국가는 것만이 아니고, 배고픈 자를 먹여주고 병든 자를 고쳐주며 고통당하는 자를 돌보고 싸매어 주는 착한 사마리아 사람이 되는 것이었다. 기독교의 복음은 말이 아닌 삶으로 보여주어야 한다는 강성갑의 교육 이상과 실천이 진영교회와 지역 주민은 물론 교육행정 당국을 움직이기 시작했다.

강성갑은 인적, 물적 요건 등이 모두 부족 했지만, 교육개혁의 모범을 보이고자 정규학교 설립을 위해 노력하였다. 강성갑의 학교 설립 취지에 공감한 미군정 교육부장 오천석은 학교법인의 재정 등 설립요건이 미비했음에도 특수목적의 예외를 인정하고 한얼중학교 설립을 인가해 주었다. 학교설립 인가는 받았으나 부족한 재정과 자재난으로 교사확보에 어려움을 겪고 있던 강성갑은 진영지역에 많이 있던 양질의 흙을 이용하여 직접 건물을 짓기 시작했다. 진영 지역 사람들은 강성갑의 노력을 목격하고 교사 신축을 적극적으로 도왔다. 당시 진영에서 강성갑의 실천을 직접 목격했던 박형규는 강성갑의 목적이 "가난한 사람들이 스스로 자기들의 살길을 찾아갈 수 있게 하는 것"이었으며, 그 방법으로 "동네 사람들과 함께 흙벽돌로 학교를 짓는 등 손수 약자들이나 가난한 사람들 속으로 들어가서 그 사람들과 함께 일을 추진하는 독특한 태도"를 지니고 있었다고 회상하였다. 한얼중학교의 교사 신축

과정은 당시 건축자재가 부족한 상황에서 흙벽돌을 사용한 창조적인 자립의 사례로 당국으로부터 크게 주목을 받았다.

강성갑의 실천은 세상에 널리 알려졌고, 특히 당시 새로운 나라를 세우고자 하는 열정에 불타던 청년·학생들에게 커다란 영향을 끼쳤다. 그러나 강성갑의 꿈과 실천은 한국전쟁 중인 1950년 8월 2일 그가 '빨갱이'로 몰려 총살당하는 것으로 스러져 버렸다. 강성갑이라는 이름은 기억에서 망각되었고, 그의 꿈과 실천은 잊혀져 버렸다. 더욱 서글픈 것은 국가로부터 강성갑의 억울한 죽음이 인정되어 가해자가 처형되었고 공적인 추모 행사가 성대하게 거행되었음에도 불구하고, 여전히 공산주의자로 기억되고 의도적으로 잊혀져 왔다는 것이다.

이렇듯 가해자를 처벌한 재판과 공적인 추모행사가 있었으며 오늘날까지 그가 설립한 학교와 추모동상이 여전히 남아 있음에도 불구하고, 강성갑은 '공산주의자'로 기억되어 잊혀졌으며 그의 실천은 거의 언급되지 않는다. 연희전문 재학중의 스승 원한경은 특별히 아끼던 제자 강성갑의 억울한 죽음을 전해 듣고 연희가 배출한 최고의 인재를 잃었다며 슬퍼했다는 증언이 연세대 내에 전해져왔으나 그를 기억하는 사람은 거의 없다. 강성갑으로부터 영향을 받고 그를 기억하는 사람의 이름은 남아 있지만, 정작 그들에게 영향을 주었던 사람은 투명인간인 마냥 없는 사람으로 치부되고 있다.

이러한 강성갑의 사례는 죽음 후의 처리 과정, 즉 한국전쟁 중의 성대한 장례식, 가해자를 처벌한 재판, 공적인 추모행사 등의 과정이 한국전쟁 중의 다른 희생자와는 너무나도 판이하게 달랐지만, '공산주의자'라는 기억으로 남게 된 결과는 같아졌다. 며칠간에 걸친 나름 치열했던 재판도, 재판의 전 과정을 상세하게 보도한 신문기사도, 그가 일구었던 학교와 추모동상과 추모행사의 기억이 많은 지역 사람들에게 남아 있음에도 그는 '공산주의자'라는 억울한 누명을 벗지 못했다.

강성갑의 사례는 무엇보다 한국전쟁 전후에 '공산주의자'로 몰려 희생당한 사람들이 누구인가 하는 것에 의문을 가지게 한다. '공산주의자'로 기억된 희생자들은 무엇 때문에, 무엇을 했기에 죽임을 당할 수밖에 없었는지 다시 생각해 볼 필요가 있다. 가해자를 처벌한 재판과 공적인 추모행사가 있었음에도 '공산주의자'로 기억되었다면, 형식적인 재판도 추모도 전혀 없었던 수많은 희생자들 하나하나의 사연은 과연 어떨까?

분단 이후 '공산주의자'라는 낙인의 효과는 절대적이었다. 강성갑처럼 해방공간에서 우리 시대의 과제를 해결하는 새로운 나라를 세우고자 애쓰다가 억울하게 희생당한 사례는 여러 곳에서 쉽게 찾아볼 수 있다. 그러나 그들의 억울한 죽음조차 명백하게 밝히지 못하였기에 그들의 실천은 전혀 관심을 받지 못했다. 일제로부터 해방된 우리 사회와 이웃을 위한 그들의 실천은 완전히 묻혀 버렸고, 똑똑했지만 세상 물정을 몰랐던 사람으로 매도되었으며, 무관심과 망각만이 지금까지 이어져 왔다.

지난 2014년 4월 16일 세월호 참사 이후 박근혜 대통령의 하야를 불러온 촛불집회에 이르기까지 '이게 나라냐?'하는 문제 제기가 이루어졌다. 그러나 '이게 나라냐'하는 문제 제기는 대한민국의 시작과 민간인 학살이 동시에 이루어져 왔다는 사실을 전제로 한다면 전혀 새로운 질문이 될 수 없었다. 남과 북의 이념적 대치로 인해 분단과정에서는 불가피했을지라도, 70여년이 훌쩍 지나 평화와 통일을 추구한다는 오늘에 이르기까지 억울한 죽음의 진상을 명백히 규명하지도 못하고 유가족의 아픔을 보듬어주지도 못하고 있는 나라가 나라인가? 하는 질문 또한, 우리 사회의 미래를 위해 반드시 필요한 문제 제기일 것이다.

'촛불혁명의 완성으로 국민이 주인인 대한민국'을 만들겠다며 출범한 문재인 대통령은 못다한 과거사 진실규명을 완수하겠다고 약속하였다. 민간인 집단희생 사건이나 인권침해사건 등의 완전한 진실규명을 위해 「진실화해를 위한 과거사 정리 기본법」 등 과거청산 관련 법제도 정비를 추진하고, 과거 국가 잘못으로 인해 희생당한 피해자, 유족에 대한 배상을 검토하며, 위령사업과 연구 조사사업 지원을 위한 과거사 재단 설립을 추진하고, 과거사 청산 관련 후속 조치를 마련하겠다는 공약을 제시했으나, 지난 2020년 5월 20일 진실·화해를 위한 과거사 정리위원회의 활동 재개를 주요 내용으로 하는 「진실·화해를 위한 과거사정리 기본법」 일부 개정법률안이 통과되었을 뿐 아직 구체적인 성과는 없다.

여전히 우리 사회는 민간인 집단희생 사건이나 인권침해사건 등의 완전한 진실규명을 온전하게 받아들이지 못하고 있다. 비교적 진상규명이 이루어졌다고 할 수 있는 제주 4.3사건을 바라보는 시각에서 이를 확인할 수 있다. 오랜 노력 끝에 일방적으로 '공산주의자'로만 기억되던 희생자들의 억울함은 어느 정도 인정을 받았다. 하지만 대한민국의 건국을 반대하였기에 그들의 죽음은 불가피한 희생으로, 또는 나라를 세우는 과정에서 있을 수밖에 없었던 부차적인 희생으로 치부되기도 한다.

문제는 국가가 아니라 사람이다. '이게 나라냐'하는 문제 제기는 국민이 국가를 위해 존재하는 것이 아니라, 국가가 국민의 행복을 위해 존재한다는 의미일 것이다. 국가를 절대화하고 우선시한다면 한국전쟁 전후의 민간인 희생은 불가피한 것이 될 수밖에 없다. 이제는 억울한 죽음을 넘어서 그들의 꿈과 희망을 기억해야 한다. 우리가 분단과 분열을 넘어서 평화와 통일된 새로운 한반도를 꿈꾼다면, 낡은 이념을 버리고 인간을 중심에 놓고 미래의 대안을 모색해야만 한다.

강성갑은 이념이 모든 것의 기준이 되던 해방공간에서 이념보다 인간이 더 중요하다는 사실을 삶으로 보여주었으나, 이념에 의해 '공산주의자'로 몰려 희생당했다. 가해자를 처벌한 재판과 공적인 추모 행사가 있었음에도 강성갑은 오랜 세월동안 잊혀졌다. 오늘 강성갑을 다시 기억하고자 하는 이유는 무엇보다 먼저 그의 삶이 낡은 이념의 한계를 명확하게 보여주기 때문이다. 강성갑의 사례를 통해 우리 사회에서 '공산주의자'라는 단어가 가지는 의미를 다시 한번 생각해 볼 수 있을 것으로 기대한다.

더 나아가 해방공간에서 열정에 불타던 청년·학생들과 지역 주민들에게 깊은 영향을 끼쳤을 뿐만 아니라 직접 참여하게 했던 강성갑의 실천은, 오늘 우리 사회에도 의미가 있다. 지속적인 경제성장의 한계와 빈부격차의 심화, 세대와 계층, 남녀 간의 갈등 등 우리 사회의 많은 문제들을 해결하고 행복한 나라를 만들고자 하는 우리에게 중요한 역사적 교훈으로 참고가 된다. 우리가 강성갑 등 한국전쟁 전후 민간인 희생자들의 '억울한 죽음'뿐만 아니라, 이념의 이름으로 좌절된 그들의 '꿈과 희망'에도 관심을 가지기 시작하는 것은, '국민이 주인인 대한민국'을 만들어 가는 중요한 시작이 될 것이다.

이러한 강성갑의 삶을 오늘 되살리기 위해 그의 삶을 실천의 준비, 실천의 내용, 억울한 죽음과 기억 등 세 부분으로 나누어 살펴보고자 하였다. 그러나 그의 생애에서 가장 중요한 부분이라고 할 수 있는 그의 실천에 관한 내용은 간략하게 설명할 수밖에 없었다. 강성갑 본인이 자신의 활동과 관련하여 남겨놓은 자료가 거의 없기도 하고, 또 그가 활동한 3년 남짓의 짧은 기간은 본격적인 실천을 준비하는 기간이었기 때문이다. 강성갑은 실천을 준비하는 과정에서 희생당하였기에 의미 있는 결과를 많이 남기지는 못했다. 어쩌면 그동안 강성갑의 실천이 널리 알려지지 못한 것은 과정보다 결과를 더욱 중시하는 우리 사회의 분위기와도 관련이 있었을 것으로 생각된다. 그러나 강성갑이 자신의 교육 이상을 실현하고자 애쓰던 그 짧은 시간의 노력이 해방공간의 우리 사회에 끼친 영향력은 대단했다. 그가 성취한 결과물이 있어서가 아니라, 이루고자 했던 '꿈'을 현실화시키기 위해 준비하고 노력했던 과정이 놀라웠던 것이었다.

해방공간은 일제로부터 해방된 이 땅에 어떤 '새 나라'를, 어떻게 만들어 나갈 것인지 함께 고민하고 토론하고 준비하는 시기였다. 따라서 이 시대의 관심사는 '무엇을 이루었는가?'하는 결과보다, '무엇을 꿈꾸는가?'그리고 그 꿈을 현실로 이루기 위해 '무엇을 준비하는가?'하는 과정이 더욱 중요했다. 강성갑의 실천이 많은 사람에게 호응을 받고 기억될 수 있었던 것은, 일제로부터 해방된 '새 나라'는 국민의 대다수를 차지하는 농민의 삶의 문제가 해결되는 나라여야 하며, 이러한 '새 나라'는 하루아침에 그냥 만들어지는 것이 아니라, 인격적이며 주체적인 인간을 만들어 가는 교육을 통해 점진적으로 이루어질 것이라는 그의 '꿈'에 공감했기 때문이다.

강성갑은 '꿈'을 이루지 못하고 희생당하였다. 과정보다는 결과가 중요하며, 그것도 빠른 결과를 더욱 중요하게 생각하는 오늘 우리 사회에서 강성갑의 실천은 주목을 받지 못할 수도 있다. 그러나 강성갑의 시대와 오늘 우리 시대는 여러 면에서 비슷하다. 해방공간의 과제가 일제로부터 해방된 새로운 나라를 어떻게 세울 것인가? 하는 것이었다면, 오늘 우리의 과제는 분단을 넘어서 평화와 통일을 어떻게 준비할 것인가? 하는 것이다. 또 해방공간에서의 경제문제가 당시 산업의 대부분을 차지했던 농업에서의 자본집중, 즉 소수의 지주들에게 경제력이 집중되어 나타난 문제를 어떻게 해결해 나갈 것인지 하는 것이었다면, 오늘의 경제문제 역시 소수에게 집중된 자본의 문제를 어떻게 해결할 것인가? 하는 것이다.

오늘 우리에게 필요한 것은 강성갑이 끝내 이루지 못했던 그의 '꿈'을 되살리는 것이다. 강성갑의 '꿈'이 오늘 우리에게 현실적으로 의미 있는 대안이어서가 아니라, 그의 '꿈' 자체가 대안으로서의 의미가 있기 때문이다. 오늘 우리가 보기에 시대착오적이고 비현실적일지라도, 시대의 대안은 '꿈'에서 출발하고, 토론으로 확산되며, 공감을 통해 실천의 추동력을 얻기 때문이다.

주석

| 시작하는 글 |

1) 정원식(1928-2020)은 황해도 재령 출신으로 서울대 사범대학을 졸업한 교육자이며 철학자, 정치인으로 서울대 사범대학 교수, 문교부 장관, 국무총리를 역임하였다.

2) 정원식, 『변혁의 시대에서: 정원식 회고록』, 기파랑, 2010, 17-19.

3) 이 책에서는 설립당시의 법적인 명칭인 한얼초급중학교와 현재의 명칭인 한얼중학교를 같이 사용한다.

4) 정원식, 『변혁의 시대에서: 정원식 회고록』, 17-19.

5) 「정원식 구술증언」 2016.4.11.

6) 박형규(1923-2016)는 도쿄신학대학을 졸업하였고 한국기독학생회총연맹(KSCF) 총무, 서울제일교회 담임목사, 한국기독교장로회 총회장, 민주화운동기념사업회 이사장, 남북평화재단 이사장 등을 역임했으며 민주화운동에 앞장서서 남산 부활절 사건, 민청학련 사건, 긴급조치 9호 위반, 김대중 내란음모 사건 등에 연루되어 여러 차례 옥고를 치뤘다. 박형규는 진영에서 강성갑의 활동을 직접 목격했다.

7) 박형규, 『나의 믿음은 길 위에 있다』, 창비, 2010, 59-61.

8) 「박형규 진술서」, 2012.3.29.

9) 「박형규 진술서」, 2012.3.29.

10) 김동길(1928-   )은 연희대 영어영문학과를 졸업하였고, 미국 보스턴 대학교 대학원에서 철학박사 학위를 받았으며, 귀국하여 연세대학교 교수, 교무처장, 부총장을 역임하였다. 이후 조선일보사 논설고문, 제14대 국회의원, 신민당 대표최고위원을 거쳐 자유민주연합 상임고문을 지냈으며, 민청학련사건, 김대중 내란음모사건 등에 연루되어 옥고를 치루기도 하였다.

11) 김동길은 『새가정』 1965년 9월호에 「그리운 사람 강성갑 목사 이야기」, 『신동아』 1973년 5월호에 「같이 살기 運動의 姜成甲 목사」 라는 제목의 글을 실었고, 1978년 4월 범우문고 68권으로 출간된 『어떤 사람이기에』라는 책에도 「그리운 사람 강성갑」이라는 제목의 글이 수록되어 있다.

12) 김동길, 『백년의 사람들-김동길 인물한국현대사』, 나남, 2020, 172-176.

13) 김동길, 「같이 살기 運動의 姜成甲 목사」, 『신동아』 1973.5, 168-171.

14) 원한경(1890-1951)은 H.G.언더우드(한국명은 원두우)의 아들로 1912년 9월 선교사로 내한하여 경신학교 영어교사로 근무하였고, 1919년 3·1운동 당시 제암리 학살사건 등 일제의 만행을 전 세계에 알렸다. 1934년 연희전문학교 제3대 교장으로 취임했으며, 태평양 전쟁 당시 일본에 의해 강제로 미국으로 추방되었다가 8·15 해방 후에 다시 한국으로 돌아와 미군정청 고문, 미소공동위원회 고문, 미군정청 문교장관 고문 등을 맡아 활동했다.

15) 『민주중보』 1949.7.15. 「元博士 進永한얼中學校 視察談」

16) 김동길, 『백년의 사람들』, 나남, 2020, 48.

17) 『연세춘추』 1977.6.20. 「후세에 찬연한 선학의 얼」

18) 「김동길 구술증언」 2015.8.6. 최재건은 연세대 신학과 재학중에 지동식 교수 등으로부터 강의중에 "언더우드가 연희가 배출한 가장 큰 인물은 강성갑 목사"라고 말했다는 이야기를 두어 차례 들었음을 증언해 주었으며(2016.8.30), 유관지는 필자의 한국기독교역사학회에서의 「해방공간 기독교계의 교육운동-강성갑의 한얼중학교를 중심으로」 발표에 참석하여 연세대 신학과 재학중에 문상희 교수 등으로부터 동일한 내용의 이야기를 들었으며 진영 한얼중학교를 방문한 적이 있었다고 증언해 주었다(2016.10.1).

19) 김용기, 『가나안으로 가는 길』, 창조사, 1968, 145-146.

20) 김용기, 『가나안으로 가는 길』, 149.

21) 김용기, 『가나안으로 가는 길』, 152.

22) 김광현(1913-2006)은 1941년 고베중앙신학교를 졸업하고 초량교회에 부목사로 부임하였으며, 1943년 1월 초량교회를 사임하고 경북 안동교회 목사로 부임했다. 안동교회 원로목사, 예수교장로회(통합)총회장을 역임했다.

23) 김광현, 『이 풍랑 인연하여서』, 성서교재사, 1993, 61.

24) 손정목, 『한국 근대화 100년: 풍속의 형성, 도시의 탄생, 정치의 작동』, 한울, 2015, 179.

25) 유재기는 일제강점기에 배민수 등과 함께 장로회 농촌운동을 주도했으며, 해방된 후에는 1946년 10월 기독교흥국형제단을 창단하여 농민복음학교를 개설하였고 흥국시보를 발간하였으나 1949년 7월 지병으로 사망하였다. 유재기의 농촌운동에 관하여는 김병희, 「유재기의 예수촌사상과 농촌운동」, 계명대학교 대학원 박사학위논문, 2008.

26) 해방공간 김용기의 이상촌 운동에 대하여는 이일선, 『理想村』, 農村文化社, 1947.

27) 기독교연합봉사회의 농촌운동에 대하여는 한규무, 「1950년대 기독교 연합봉사회의 농민학원 설립과 운영」, 『한국기독교와 역사』33, 2010, 109-131.

28) 김옥길은 농촌운동에 앞장섰던 김활란의 문집을 간행하면서 김활란에 대하여, "본디 농촌운동에 헌신할 마음을 단단히 가지셨던 분이지만 한 시대의 요청이 그 분을 교육자로, 대학행정의 책임자로, 이화대학교라는 울타리 안에서만 사시게" 했다고 설명하여, 농촌운동과 교육운동을 따로 구분하였다. 우월문집편집위원회 편, 『又月文集 1』, 이화여자대학교 출판부, 1979, vi.

29) 방기중, 『裵敏洙의 農村運動과 基督敎思想』, 연세대학교출판부, 1999, 213. 1938년 6월 일제의 탄압을 피해 미국으로 망명한 배민수는 해방이 되자 미 전쟁성의 통역관 소집에 응하여 미군정 한인통역관에 임명되어 1948년 12월 미군철수와 함께 다시 미국으로 돌아갈 때까지 3년간 군정 통역관 업무에 종사하였다. "그는 미군정 통역관의 신분을 십분 활용하면서 우익진영의 반공주의 국가건설노선을 최전선에서 실천하였다. 그것은 곧 이승만을 지지하는 단정수립운동이었고, 동시에 이승만을 신국가의 통치자로 옹립하는 운동이었다." 방기중, 『裵敏洙의 農村運動과 基督敎思想』, 211.

30) 한국교육십년사간행회, 『韓國敎育十年史』, 풍문사, 단기4293[1960], 77.

31) 심진구, 「향토교육의 선구자 강성갑에 관한 사례연구」, 『인천교대 논문집』 3, 1968, 262-263.

32) 한성훈, 「진영지역 학살과 진실규명: 역사의 법정과 희생자 복원」, 『역사연구』 21, 2011, 73-101; 한성훈, 『가면권력: 한국전쟁과 학살』, 후마니타스, 2014, 73-81; 정희상, 『이대로는 눈을 감을 수 업소: 6.25 전후 민간인 학살사건 발굴 르뽀』, 돌베개, 1990, 93-106; 김기진, 『끝나지 않은 전쟁, 국민보도연맹: 부산경남 지역』, 역사비평사, 2002, 140-150 등이 있으며, 진영의 양민학살 사건을 소재로 한 소설인 조갑상, 『밤의 눈: 조갑상 장편소설』, 산지니, 2012 에도 강성갑의 죽음이 언급되고 있다.

33) 한성훈, 「진영지역 학살과 진실규명: 역사의 법정과 희생자 복원」, 87.

34) 「최갑시 구술증언」 1982.1.31. 최갑시의 구술증언은 심사수가 청취한 것으로 강성갑의 유가족으로부터 녹음파일을 제공받았다.

35) 심진구, 「향토교육의 선구자 강성갑에 관한 사례연구」, 261-282.

36) 허현(1903-1964)은 황해도 평산 출생으로 송도고보, 동경고등사범학교를 졸업하고 미국으로 유학하여 에모리와 보스톤 대학에서 공부하였고 1934년 보스톤에서 석사학위를 취득했다. 귀국하여 송도고보, 동래고보의 영어교사를

지냈고 해방 후 미군정이 1945년 11월 조직한 조선교육심의회에서 미군정이 새롭게 개설한 '사회생활과'의 성격을 밝히기도 했으며 한국전쟁이 끝난 후 성균관대 교수로 취임하여 정력적으로 교육활동을 폈으며 많은 글을 썼다. 허현은 미군정 이후 우리나라를 이끌었던 많은 교육학자들이 그렇듯 일제 강점기에 동경과 미국에서 공부하였으나 민족주의적이면서도 진보적인 교육사상을 갖고 있었고, 특히 교육의 사회 변혁적 역할을 강조하였다. 교육을 통해 학생들이 현실개조의 방법과 기술, 의지를 기를 수 있다고 믿었고 그 방안의 하나로 제시한 것이 바로 '지역사회학교'이다. 허현은 이런 이상을 실현하고 있는 대표적 사례로 강성갑의 한얼중학교를 소개했다. 많은 글을 썼으나 저서는 남기지 않았으며, 제자들이 유고집으로 『인간의 제4혁명』을 발간했다. 이윤숙, 「분단시대를 외롭게 살다간 진보적 교육사상가 허현」, 『우리교육』 1993.4, 118-123.

37) 조향록(1920-2010)은 함경남도 북청 출신으로 1943년 조선신학교를 졸업하였고 서울 초동교회의 담임목사로 오래 재직했다. 한국기독교장로회 총회장과 한국신학대학 학장 등을 역임하였으며 유신체제에 저항한 민주화운동의 지도자 중 한 명이었으나, 제5공화국 출범에 협조하여 국가보위입법회의에 참여하였다.

38) 서울특별시 교육연구원 편, 『스승의 길』, 서울특별시 교육위원회, 1984, 267-281.

39) 심사수(1932-)는 경남 장유출신으로 복음중등공민학교 시절부터 강성갑의 사택에서 함께 생활하며 강성갑의 활동을 지켜본 제자이다. 한얼중·고등학교, 서울대 문리대 사학과를 졸업하고 공군사관학교 교수로 재직하였으며 공군사관학교 명예교수이다.

40) 한얼중고등학교 동문회, 『위대한 스승 강성갑 교장(그 생애와 사상)』, 한얼중고등학교동문회, 2000, 35-47.

41) 최갑시(1904년생)는 마산 창신학교 고등과, 上海 法租界 三一專門을 졸업하였고 해방후 진영과수조합 조합장, 대한원예협회 상무이사 겸 경남지부장을 역임했으며 제헌의회 선거(경남 제18선거구, 김해군 을구)에 출마하였다. 강성갑의 마산창신학교 선배이며 진영교회 교인으로 강성갑의 열정에 감동을 받아 재정을 후원하고 복음중등공민학교 강사로 활동했다. 한얼중학교 설립당시 학교부지 확보를 위해 강성갑과 함께 노력하였으며, 대한원예협회 업무 등으로 바빠 학교 관련 직위를 맡지는 않았다. 강성갑이 살해당할 때 함께 끌려갔으나 극적으로 살아남아 강성갑의 억울한 죽음을 널리 알려 가해자들이 처벌받는 계기를 만들었다.

42) 강성갑이 경상남도를 경유하여 문교부에 제출한 설립인가신청서는 「재단법인 삼일학원 설립인가신청서」와 「한얼초급중학교 설립인가신청서」 두 종류이다. 설립인가신청서는 국가기록원 나라기록관(관리번호 BA0230294)과 역사기록관(관리번호 BA0236472) 두 곳에 보관되어 있다. 나라기록관에 보관되어 있는 신청서는 경상남도에 제출한 설립인가신청서를 필사하여 문교부에 제출한 것으로 강성갑이 제출한 원본은 역사기록관에 보관되어 있는 문서이다.

43) 당시의 『국제신보』는 부산 국제신문사 정보자료부에 실물로 보관되어 있다.

44) 강정택(1907-?)은 경남 울산출생으로 동경 제1고, 동경제대 농업경제학과를 졸업하였고 동경제대 농학부 부수(副手), 조수(助手)를 역임하였다. 해방 후 경성대학 법문학부 교수, 농림부 차관을 역임하였으나 한국전쟁 발발 후 납북되었다.

45) 강정택, 박동성·이문웅 역, 『식민지 조선의 농촌사회와 농업경제』, YBM Si-sa, 2008.

│ 제1장 식민지 조선 사람으로 어떻게 살아야 할지 고민하다 │

1) 심진구, 「향토교육의 선구자 강성갑에 관한 사례연구」, 265.

2) 이윤숙, 「해방시대, 서럽고 가난한 이들의 참 스승 -한얼중학교 강성갑 교장」, 『우리교육』 1993.11, 120.

3) 『경남매일신문』 1968.7.3. 「先驅者-洛東江의 血脈을 찾는 特別連載-姜成甲 牧師」

4) 「연희전문 학적부」기록에 의하면 강성갑은 4년 동안 창신학교를 다녔다. 창신학교는 강성갑이 입학하던 1923년에는 4학년제였으나, 1924년에 초등과를 마산예수교회가 독립경영하면서 교사를 신축하고 6년제를 실시하였으므로, 강성갑은 6년제 창신학교를 졸업한 것이다.

5) 창신학교의 연혁은 자료에 따라 다소 차이가 있으나 『동아일보』기사에 의하면, 창신학교는 1906년 호주 선교사 손안로와 마산예수교회 장로 이승규의 노력으로 초등과를 설립한 이래 1911년 교사를 증축하고 고등과를 설치하였으며, 1924년에는 고등과를 분리하여 호주 선교부가 독립경영하였고, 초등과는 마산예수교회가 독립경영하면서 이상소, 손덕우의 열성과 교회 및 사회 일반의 동정으로 반양식 교사를 신축하고 6학년제를 실시하였다. 『동아일보』 1926.12.1. 「地方論壇- 昌新校 昇格을 極力援助하라」

6) 유장근, 「일제시대 마산 창신학교 관련 신문기사의 유형과 특징」, 『가라문화』 26, 2014, 98-99.

7) 마산지역 3.1 만세운동의 주 참가자는 창신학교와 의신여학교, 마산 공립보통학교 학생들이었다. 마산창원지역사 연구회, 『마산·창원 역사읽기』, 불휘, 2003, 82.

8) 창신중·고등학교, 『창신90년사』, 창신중·고등학교, 1998, 89-90.

9) 창신중·고등학교, 『창신90년사』, 103-105.

10) 창신중·고등학교, 『창신90년사』, 115-116.

11) 유장근, 「일제시대 마산 창신학교 관련 신문기사의 유형과 특징」, 106.

12) 의신여학교는 1913년 4월, 창신학교가 남녀공학 운영을 포기하고 창신학교 여학생 26명으로 설립한 학교이다.

13) 『동아일보』 1925.5.25. 「昌新記念運動」

14) 『동아일보』 1926.5.23. 「盛況裡에 閉幕 兩校聯合大運動」

15) 심진구, 「향토교육의 선구자 강성갑에 관한 사례연구」, 271.

16) 『남조선민보』 1948.12.11. 「玄完俊 先生 謝恩會 發起文」

17) 『조선일보』 1923.10.27. 「昌校生及幼年生旅行」 조선수산공진회는 1923년 10월 10일부터 30일까지 열렸으며, 1915년 경성에서 열린 조선물산공진회 이후 조선 최대의 박람회이자 수산업 박람회로는 국내 최초의 박람회였다. 1923년 1월 설립된 조선수산회와 각 도 수산회 및 각 도가 주최하였으며, 박람회 기간 동안 약 28만 명 정도가 관람하였다.

18) 『동아일보』 1926.5.31. 「馬山昌新校生 本社見學」

19) 『동아일보』 1925.12.25. 「昌新校學藝會」

20) 『동아일보』 1927.2.27. 「마산소년현상웅변회」

21) 『동아일보』 1927.3.26. 「學窓新銳=새希望을 품는 各校卒業生」

22) 마산예수교회는 현재 대한예수교장로회 통합측의 마산문창교회이다. 『문창교회100년사』에 의하면 1912년 당회가 조직될 때 지명에 따라 마산포교회라고 했으나, 마산교회, 마산 상남동교회 등으로 불리기도 했으며, 1919년 신축 예배당으로 옮길 때부터 문창교회로 개칭하였다. 이 책에서는 마산예수교회, 마산교회, 문창교회 등의 명칭을 같이 사용한다. 문창교회100년사편찬위원회, 『문창교회 100년사』, 한국장로교출판사, 2001, 98.

23) 유장근, 「일제시대 마산 창신학교 관련 신문기사의 유형과 특징」, 117-118.

24) 창신학교 고등과는 운영상의 문제로 1925년 11월 호주 선교부가 인수하여 호신학교로 명칭을 변경하고 운영하였다.

25) 『동아일보』 1925.1.11. 「疑雲에 싸힌 昌新校」

26) 『동아일보』 1927.11.18. 「悲運에 빠진 馬山昌新校」

27) 유장근, 「일제시대 마산 창신학교 관련 신문기사의 유형과 특징」, 120-123.

28) 강성갑이 마산공립상업학교를 졸업한 사실은 신문 기사를 통해서도 확인할 수 있다. 기사에 의하면 마산공립상업학교 제6회 졸업식이 6일 오전 10시에 있었으며 졸업생은 41명이었다. 우등생이 7명이었고, 전근생(專勤生) 6명중 한명으로 강성갑의 이름이 기록되어 있다. 『중외일보』 1930.3.9. 「各郡中學校 卒業日程及 卒業生動態-馬山商校」

29) 김혜련, 『일제강점기 조선어과 교과서와 조선인』, 역락, 2011, 61-62.

30) 1929년말 당시 고등보통학교는 공립고등보통학교로 경성第一, 경성第二, 청주, 공주, 전주, 광주, 대구, 동래, 진주, 해주, 평양, 신의주, 춘천, 함흥, 경성(鏡城) 고등보통학교 등 15개 학교가 있었으며 사립고등보통학교로는 양정, 배재, 보성, 휘문, 중앙, 송도, 고창, 광성, 오산 고등보통학교 등 9개 학교가 있었다. 공립 15개교는 165학급에 조선인 5,871명, 일본인 119명 등의 학생이 있었으며, 사립 9개교에는 88학급 4,626명의 학생이 재학하고 있었다. 정병욱, 『일제강점기의 교육-한국근대사 기초 자료집 1』, 국사편찬위원회, 2010, 260-261.

31) 1929년말 당시 공립 실업학교는 상업학교 16개교, 농업학교가 경성농업학교 외 24개교, 수산학교로 여수, 통영, 용암포수산학교 등 3개교, 경성여자실업학교를 포함하여 모두 44개교, 229개 학급으로 학생수는 조선인 6,391명, 일본인 3,153명이었으며, 공립 상업학교는 경기, 경성, 인천, 인천남, 개성, 강경, 목포, 대구, 부산第一, 부산第二, 마산, 신의주, 함흥, 원산, 회령상업학교, 진남포상공학교 등이 있었다. 정병욱, 『일제강점기의 교육-한국근대사 기초 자료집 1』, 388-389.

32) 정병욱, 『일제강점기의 교육-한국근대사 기초 자료집 1』, 388.

33) 『동아일보』 1932.3.3. 「馬山商業校 甲種昇格 漠然 을종이라도 학생은 밀려 入學競爭은 依然激烈」 1929년 3월 13일부터 이틀간 실시한 입학시험에는 314명이 지원하였으나 합격자는 56명에 불과했다. 『조선일보』 1929.3.19. 「馬山商業學校 三百十四名 志願 合格은 五十六名」

34) 「학적부」의 '入學年月日及 試驗ノ有無'란에 '試驗檢定ノ上'으로 기재되어 있다.

35) 마산상업학교 재학 중 이수한 교과목

과목		1학년	2학년	3학년	비고
수신(修身)		○	○	○	
일본어	강독	○	○	○	
	작문	○	○	○	
	습자(習字)	○	○	○	
수학	산술	○			
	대수		○	○	
	상업산술		○	○	
	주산	○	○	○	
지리		○	○		
이과		○	○	○	
조선어		○	○		
영어	강독	○	○	○	
	?	○	○	○	
법제경제			○	○	
상업	요항(要項)	○	○	○	
	실천			○	
	상업부기	○	○		
	은행부기			○	
	상품			○	
체조		○	○	○	

출전: 강성갑의 「마산 상업학교 학적부」
비고: 영어는 강독과 과목명을 확인할 수 없는 두 과목이었으며 ○표시는 해당 학년에 이수했다는
것이다.

36) 이경숙, 「모범인간의 탄생과 유통:일제 강점기 학적부 분석」, 『한국교육』
2007, 30.

37) 마산상업학교 학적부의 평가표

구분	1학년	2학년	3학년
성질	온순(溫順)	?	?
지조	견고(堅固)	견고(堅固)	견고(堅固)
거동	?	?	오방(傲放)
재간		문학적	문학적

구 분	1학년	2학년	3학년
언어복장	과묵 단정	웅변	웅변
기호		운동	운동
장소(長所)			
단소(短所)	?	?	?
근타(勤惰)	근면	근면	근면
정표(旌表)	?	?	?
상벌	개근상	개근상	개근상
가정상황	빈곤	?	

출전: 강성갑의 「마산 상업학교 학적부」
비고: ?표시는 학적부에 내용은 기재되어 있으나 판독하지 못한 것이다

38) 심진구, 「향토교육의 선구자 강성갑에 관한 사례연구」, 271.

39) 김동길, 「같이 살기 運動의 姜成甲 목사」, 169.

40) 심진구는 오중은의 증언을 인용하여 강성갑의 좌우명을 소개하였다. 심진구, 「향토교육의 선구자 강성갑에 관한 사례연구」, 272.

41) 『동아일보』 1930.1.14. 「馬山商校生 檄文多數印刷」; 1930.1.20. 「馬山署 活動」

42) 심진구, 「향토교육의 선구자 강성갑에 관한 사례연구」, 264-265.

43) 『경남매일신문』 1968.7.3. 「先驅者-洛東江의 血脈을 찾는 特別連載-姜成甲 牧師」

44) 한국기독교역사학회 편, 『한국기독교의 역사 2』, 기독교문사, 2012. 194.

45) 한국기독교역사학회 편, 『한국기독교의 역사 2』, 197.

46) 한국기독교역사학회 편, 『한국기독교의 역사 2』, 198.

47) 김기대, 「日帝下 改新敎 宗派運動 硏究」, 한국정신문화연구원 한국학대학원 박사학위논문, 1997. 71-73.

48) 민경배, 『한국민족교회형성사론』, 연세대학교출판부, 2008. 230.

49) 장로교회의 경우에 당회(堂會)는 개별 교회의 의사결정 기구로서 담임목사와 장로들로 구성되어 개별 교회의 교인을 다스리는 치리(治理)기관이며, 노회(老會)는 당회의 상위 기관으로 지역의 각 개별 교회에서 파송한 목사와 장로의 대표자로 구성되고 입법과 사법을 담당하는 핵심 기관이며, 총회는 각 노회에서 파송한 목사와 장로들로 구성되는 교단의 최고 치리기관이며 의결기관을 말한다. 가스펠서브, 『교회용어사전』, 생명의 말씀사, 2013. 431; 433; 489.

50) 『동아일보』 1926.10.23. 「牧師의 辭表問題로 禮拜 끝에 一場風波, 堂會員과 敎人間에」; 1926.10.27. 「責任長老謝過로 問題는 圓滿解決, 아즉 一部에서 는 將來를 注目」; 1926.12.3. 「敎會裁判廷이 拳鬪의 修羅場, 老會長을 逐出 하고」; 1926.12.10. 「共同處理會 開催하고 責任者處罰을 討議」; 1927.1.10. 「老會判決로 牧師辭職勸告, 宗敎界의 一大問題인 馬山敎會事件」; 1927.2.10. 「敎人들과 牧師들이 敎堂에서 格鬪, 원인은 교인의 요구거절」; 1927.2.13. 「紛 糾中의 馬山敎會 禮拜中에 또 流血 목사를 등단 못하게 하다가 畢竟警官이 出動制止」, 『조선일보』 1926.11.20. 「馬山敎會 紛糾逐解決 問題長老의 辭免 受理와 不正分子의 責罰로」; 1926.12.9. 「紛糾中의 馬山敎會 共同處理會開催 제반사항을 결의하고 폐회」; 1927.1.13. 「宣敎師는 留任하고 敎會는 自治制로 림시교인회에서 결뎡해 紛糾擴大되는 馬山敎會」.

51) 『동아일보』 1927.8.17. 「말성만튼 馬山敎會 또다시 分裂? 多數派中 百餘名 結 束으로 自治敎會를 別設」이 보도에 의하면 예배는 8월 14일 밤에 있었으며, 이 날을 『문창교회 100년사』는 자치교회의 설립일로 보고 있다. 문창교회100 년사편찬위원회, 『문창교회 100년사』, 107.

52) 『동아일보』 1927.9.6. 「專權에 反抗 禮拜時에 紛爭 전권위원불법에 분개하 야 례배시에 풍파가 또이러나 馬山敎會紛糾再燃」; 1927.9.15. 「紛糾는 또 繼 續 선교사의 횡포가 그 원인 馬山基督敎會의 近況」; 1927.9.17. 「亂鬪로 禮拜 각파의 알력이 또 개시되여 례배 볼제마다 란투를 시작 醜態續出하는 馬山 敎會」; 1927.10.16. 「最高判決에 多數派가 不服 위원을 선뎡하야 리유질문 馬 山敎會紛糾妥協絶望」, 『조선일보』 1927.10.8. 「馬山敎會의 紛糾再燃 당회원이 경찰에 보호애원」.

53) 『동아일보』 1927.10.20. 「分離된 敎人 多數派 敎會獨立을 宣言 만세부르고 비 라를 산포 馬山基督敎會 紛糾 餘波」; 1927.11.29. 「禮拜보다가 亂鬪 畢竟 警 察이 鎭壓 마산교회의 독립을 선언하자 대풍파 량편이 싸호다 례배성당에 경 관출장 馬山敎會紛糾繼續, 禮拜堂爭奪戰 유년주일학교에서도 일허나, 兩便 代表召喚 주의를 식히여 馬山警察에서」; 1927.12.1. 「獨立派敎人大會를 警察 이 突然解散 장로파의 사표를 바든 듯 一般輿論도 沸騰」; 1927.12.3. 「殊常 한 馬山警察 自治派를 檢束 자치파의 례배당 사용을 마산경찰서가 금지한다 馬山敎會紛爭續報」; 1927.12.4. 「委員六人 釋放 설유하고 노아」.

54) 『조선일보』 1928.10.13. 「馬山敎會問題=再燃되어 紛糾中 경남노회의 태도강경 하야 耶蘇敎全國總會 頭痛, 合同하겟거든 革新하라는 독립파의 성명」

55) 『동아일보』 1927.12.1. 「自治, 獨立 兩派가 合同 교인의 수효도 절대다수 馬山 敎會 紛糾再燃, 獨立派 敎人大會를 警察이 突然解散 장로파의 사표를 바든 듯 一般輿論도 沸騰」

56) 『조선일보』 1928.1.18. 「面目一新한 馬山獨立教會 民衆本位의 綱領을 發表」

57) 김산은 1898년생으로 중국 금릉대학 신학과를 졸업하였고 3.1운동에 참가하여 1년 복역하였으며 무정부주의자 성향이 강하였다. 해방 후에 한국민주당에 참여하여 민주당 구파의 중견인물로 활약하였으며 1960년 7월 29일 실시된 제5대 민의원 의원선거 서울 서대문을구 선거구에서 민의원으로 당선되었다.

58) 『조선일보』 1928.1.18. 「面目一新한 馬山獨立教會 民衆本位의 綱領을 發表」

59) 『조선일보』 1928.2.18. 「馬山獨立教會 教人大會 開催 禮拜堂 新築을 決議後 卽席 千六百餘圓 捐補」

60) 『동아일보』 1928.10.2. 「馬山獨立教會 新教會堂을 洛城」

61) 『조선일보』 1928.2.1. 「馬山獨立教會 十字青年會 組織」

62) 『동아일보』 1930.4.13. 「十字青年行商」

63) 『조선일보』 1928.2.11. 「馬山獨立教會 復興講演會 每夜 大盛況」

64) 『조선일보』 1928.11.30. 「馬山耶蘇教會 獨立一週紀念 夜間엔 演藝會」

65) 『조선일보』 1929.2.22. 「新春大講演會 獨立馬山教會에」

66) 『동아일보』 1929.4.18. 「幼兒園 設置」

67) 『조선일보』 1929.1.9. 「全馬山懸賞童話大會 盛況裡에 終幕」

68) 『동아일보』 1928.10.17. 「少總紀念祝賀準備」

69) 『조선일보』 1929.2.22. 「馬山青年同盟 二回臨時大會」

70) 『동아일보』 1929.12.17. 「馬山青年同盟 三週紀念盛況」

71) 『동아일보』 1929.12.16. 「馬山新幹大會 廿七日에 開催」

72) 『동아일보』 1929.7.11. 「衛生講演盛況 륙일마산에서」

73) 『조선일보』 1929.6.2. 「馬山少年求飢演藝會 大盛況」

74) 『동아일보』 1929.12.2. 「馬山獨立教會 이주년 긔념식」

75) 김형윤은 김산 목사가 1927, 8년경 마산에 와서 기독교회를 세울 때, 자신은 기독교 신자가 아니지만 같은 무정부주의자인 김산의 적극적인 협력자가 되어 마산에 무정부주의자 그룹이 있게 하였다. 김형윤은 해방 후 무정부주의자의 전국조직인 자유사회건설자연맹을 조직하는데 앞장섰고, 마산일보 사장으로 마산 지방언론에 헌신하였다. 김형윤, 『마산야화: 김형윤 유고집』, 태화출판사, 1973, 323-324.

76) 김형윤, 『마산야화: 김형윤 유고집』, 216.

| 제2장 식민지 조선 농촌의 현실을 목격하다 |

1) 『경남매일신문』 1968.7.3. 「先驅者-洛東江의 血脈을 찾는 特別連載-姜成甲 牧師」

2) 강성갑의 「연희전문 학적부」에 기재되어 있는 경력을 정리한 것이다.

3) 『동아일보』 1931.11.10. 「長有金組 獨立, 지소이든 것을」

4) 東亞經濟時報社, 『朝鮮銀行會社組合要錄』, 京城, 東亞經濟時報社, 昭和 8[1933], 502.

5) 藤澤淸次郎, 『朝鮮金融組合と人物』, 京城, 大陸民友社, 昭和12[1937], 398-399.

6) 강정택, 박동성·이문원 역, 『식민지 조선의 농촌사회와 농업경제』, 118.

7) 최재성, 『식민지 조선의 사회 경제와 금융조합』, 景仁文化社, 2006, 230-231.

8) 『조선일보』 1930.4.3. 「金融組合에 對하야」

9) 1933~1937년 장유금융조합 현황 (단위는 方里, 円, %)

구분		1933년 4월~ 1934년 3월	1934년 4월~ 1935년 3월	1936년 4월~ 1937년 3월	1937년 4월~ 1938년 3월
구역	면정수 (面町數)	2면 4리	2면 4리	2면 4리	2면 4리
	면적	7.70	7.70	7.70	7.70
직원수	명예직원	11	11	10	11
	유급직원	4	4	6	6
세대 및 조합원	구역내 세대수	3,123	3,350	3,184	3,298
	조합원수	977	1,264	1,657	1,865
	조합원 비율	31.0	37.0	52.0	56.5
출 자 금		10,180	13,170	17,130	19,400
적 립 금		18,066	18,824	23,052	26,392
차 입 금		129,700	126,540	186,788	193,847
예금 및 적금	조합원	8,817	12,992	18,092	18,262
	원외	17,774	20,564	15,485	20,612
대출금		127,188	168,535	230,599	225,890
조합원 1인당 대출금		130	133	139	121
잉여금(剩餘金)		1,011	1,746	3,258	2,469

출전: 조선금융조합연합회 조사과에서 편집하여 매년 발간한 『金融組合統計年報』를 참고하여 필자가 작성. 소화 10년 금융조합통계연보(1935년 4월-1936년 3월) 는 확인할 수 없었다.

10) 『동아일보』 1930.11.19. 「江華郡의 金組員 負債가 卅七萬圓」; 1931.5.13. 「金融組合의 負債만 一人 百卄五圓」; 1932.6.24. 「全南道 農民負債 千九百十一萬圓」; 1932.7.9. 「過驛金組員의 負債 十六萬圓」; 1932.8.28. 「漆原金組 負債 每人 三百圓」; 1932.9.2. 「一人 百四十圓 의성금조부채」; 1932.10.4. 「慶南金組 負債 一千餘萬圓」; 1932.10.23. 「价川軍隅金組 負債 十萬八千餘圓」; 1932.11.2. 「中和金組 負債 每人 百卅七圓」; 1933.1.22. 「全北 四十九金組員 負債 千六十三萬圓」.

11) 『동아일보』 1932.2.17. 「組合員一人 平均貸出額 一百三十六圓」

12) 1933년 진영금융조합은 조합원 1,703명, 대출금 232,349원으로 1인당 평균 136원이었다. 朝鮮金融組合聯合會 調査課, 『金融組合統計年報－昭和八年度』, 京城, 朝鮮金融組合聯合會, 昭和9[1934], 73-74.

13) 『농아일보』 1932.9.17. 「競買 七十件 金海金組에서」 기사의 내용은 다음과 같다. "농촌경제의 심각화하여 감을 따라 김해읍(金海邑) 금융조합 八월말 현재 대출고는 二十一만 四十六원 五十五전인데 작년도에 비하여 약 二만원이 증가되었으며 예금은 년년이 감소되어간다 하며 조합수 九백 八十八명에 평균 二백 十원 九十전에 해당한 부채를 지게 되었으며 조합에서도 부채정리문제로 두통을 알코 잇다는데 지난번에는 七十여건을 경매에 부첫다 한다."

14) 『동아일보』 1932.8.10. 「九百餘人 組合員에게 家産差押 競賣手續」

15) 『동아일보』 1932.10.19. 「金海地方에 立稻差押頻頻」

16) 『동아일보』 1933.6.7. 「銀行과 金融組合襲擊 共産運動資金調達」

17) 『동아일보』 1932.1.20. 「義州金組를 襲擊한 ○○團全部被逮」

18) 이원수, 「나의 문학 나의 청춘」, 『월간문학』 1974.2, 165.

19) 강정택, 박동성·이문원 역, 『식민지 조선의 농촌사회와 농업경제』, 67.

20) 강정택, 박동성·이문원 역, 『식민지 조선의 농촌사회와 농업경제』, 82.

21) 강정택, 박동성·이문원 역, 『식민지 조선의 농촌사회와 농업경제』, 82-84.

22) 이경란, 『일제하 금융조합 연구』, 혜안, 2002, 22-23.

23) 이경란, 『일제하 금융조합 연구』, 23.

24) 강정택, 박동성·이문원 역, 『식민지 조선의 농촌사회와 농업경제』, 68.

25) 정연태, 『식민 권력과 한국 농업: 일제 식민농정의 동역학』, 서울대학교 출판문화원, 2014, 286-293.

26) 정연태, 『식민 권력과 한국 농업: 일제 식민농정의 동역학』, 301-310.

27) 강정택, 박동성·이문원 역, 『식민지 조선의 농촌사회와 농업경제』, 203.

28) 최재성, 『식민지 조선의 사회 경제와 금융조합』, 338-339.

29) 『조선일보』 1934.9.29. 「金融組合과 民衆-組合員 本位로 하라」

30) 『조선일보』 1935.5.20. 「金融組合과 庶民」

31) 장유면 무계리교회는 현재 한국기독교장로회 소속의 장유중앙교회이다. 당시의 자료는 한국전쟁 중에 소실되어 남아 있는 것이 없다.

32) 김희도는 강성갑의 후임으로 진영교회 담임목사로 부임하였으며, 대한예수교장로회(고신) 총회장(1971.9.23-1972.9.21) 등을 역임하였다.

33) 강성갑의 동생인 강무갑은 강성갑이 교토 도시샤대학으로 유학을 떠난 다음 해인 1942년 4월 교토제국대학 공학부 채광학과에 입학하였으므로 증언은 사실과 다르다. 강무갑에 대한 지원이 있었다면 1934년 강무갑이 서울의 보성고등보통학교에 입학했을 때 이루어졌을 것으로 생각된다.

34) 심진구, 「향토교육의 선구자 강성갑에 관한 사례연구」, 279.

35) 정연태, 『식민 권력과 한국 농업: 일제 식민농정의 동역학』, 225-226.

36) 정연태, 『식민 권력과 한국 농업: 일제 식민농정의 동역학』, 267-275.

37) 『동아일보』 1931.1.1. 「全北道內耕作地 所有權移動頻繁」 이외에도 『동아일보』 1932.1.4. 「兼併途程의 全北沃土 年復年急速進展」 참고.

38) 강정택, 박동성·이문원 역, 『식민지 조선의 농촌사회와 농업경제』, 130-131. 강정택은 이 표는 조선농회가 조사원을 1년간 농가에 동거시켜 채록한 결과에 의한 것이므로, 조선 농가경제의 현상을 가장 정확하게 말해줄 것이라고 설명하였다.

39) 『동아일보』 1931.1.2. 「米價暴落, 農村의 實情은 如何 細農生活의 細密調査」

40) 『동아일보』 1931.1.2. 「米價暴落과 農村實情(二)」

41) 정연태, 『식민 권력과 한국 농업: 일제 식민농정의 동역학』, 275-278.

42) 『동아일보』 1931.9.6. 「全朝鮮의 農業負債 總耕地價의 約六割 如實한 朝鮮農村의 破滅相 勿驚! 五億圓을 突破」

43) 『동아일보』에서 보도한 하자마농장 쟁의관련 기사의 주요 제목을 보면, 『동아일보』 1929.9.30. 「迫間農場 小作料 不遠間해결될 듯」; 1929.10.13. 「迫間農場 小作爭議 最後交涉도 缺裂」; 1929.10.20. 「極少數에 不過한 日人側만 解決」; 1929.11.5. 「日人側은 半分으로 落着 朝鮮人은 尙無解決」; 1929.11.6. 「朝鮮人側에는 强制로 引上」; 1929.11.14. 「迫間農場에 調査員 派遣 김해농련에서」; 1930.11.25. 「肥料代金 猶豫 來春까지 穀食保管」; 1931.10.21.

「二百餘 連署 分束制 歎願 종전대로 작료 줄수 업다」; 1931.10.29. 「迫間 小作爭議 雙方態度 强硬」; 1931.11.2. 「二百餘 迫小作人이 迫間農場에 殺到」; 1931.11.7. 「小作人 團結鞏固 立稻不刈코 抗爭 목적달성시까지 베지안키로」; 1931.11.8. 「二百餘 作人 農場에 又殺到」; 1931.11.9. 「二百餘名 小作人 徒步로 道廳等狀」; 1931.11.12. 「不食코露宿 强硬히抗爭」; 1931.11.13. 「迫間農場 小作爭議 當局의 調定으로解決」; 1931.11.15. 「調停一切를 郡守에게 一任」; 1931.11.16. 「爭議宣動 嫌疑? 五靑年을 檢擧 迫間爭議의 犧牲者」; 1931.11.17. 「金海署緊張 多數靑年 檢擧 진영등지와 읍내에서 小作爭議 關聯事件」; 1931.11.23. 「兩名又檢束 김해서에서」; 1931.11.24. 「爭議團 二百餘名 被檢者 釋放要求途中解散에 六名被檢 七十餘名이 署에 殺到」; 1931.11.27. 「農組幹部等 十三名 모다釋放」; 1931.12.1. 「小作爭議團의 集會一切禁止」; 1931.12.4. 「半打作으로 雙方折衝 迫間爭議遂解決」; 1932.1.15. 「二十餘代表 徒步로上道 비료대금과 작권이동으로 再燃된 迫間農場爭議」; 1932.1.17. 「二百作人 連署申請을 地主는 取消强迫, 陳情小作人 所得업시還去, 幹部 十一名에게 差押通知書」; 1932.1.22. 「二百五十餘 小作人 迫間農場에 又殺到」; 1932.1.26. 「迫間農場 二百作人 夜半에 乘船出發 부산본점과 도청에 진정코저 肥料半分外數條要求」; 1932.1.28. 「迫間小作人 所得업시 歸鄕 十여명만 남기어두고 警察出動에 抗拒不能」; 1932.1.30. 「支配人 金氏와 交涉은 缺裂 부산서 거짓말하얏다고 二百餘 小作人 大憤慨」; 1932.2.16. 「事務員을 各洞에 派遣 小作人 懷柔에 專力, 作人마다 尾行 嚴重한 警戒 작인의 가는 곳마다 따러가 爭議團에 莫大한 威脅」; 1932.2.18. 「迫間農場 爭議團 幹部十三名 檢擧 검거는 아직도 계속 하는중 金海, 馬山兩署 活動」; 1932.2.23. 「三名은 釋放 三名은 口置」; 1932.2.23. 「幹部 釋放要求 七十名殺到」; 1932.3.9. 「四名 아즉 留置 김해 검거사건」; 1932.3.15. 「進永 檢束者 釋放」; 1932.3.21. 「爭議團 家族 勝利를 祈禱」; 1932.7.11. 「廿四個細胞 各爭議操縱」 등이 있다.

44) 『동아일보』 1932.2.9. 「迫間農塲(一) 廿,卅斗落에 한兩식 歇價로 强制的買地」; 1932.2.10. 「迫間農塲(二) 地主밧긴 昭和三年부터 平和鄕이 紛爭地로」; 1932.2.11. 「迫間農塲(三) 小作權移動으로 威脅 白紙上에 小作契約」; 1932.2.12. 「迫間農塲(四) 四年동안 싸인 怨聲 昨春부터 畢竟爆發 自發形式의 契約改替로」; 1932.2.13. 「迫間農塲(五) 兩軍當局調停으로 作料는 解決된 셈 要求의 正當은 數字가 證明」; 1932.2.14. 「迫間農塲(完) 말성은 二百圓 肥料代 地主威信이 紛爭의 源 慘憺한 小作人의 收支」

45) 1929년 김해군 인구현황　　　　　　　　　　　　　　　　　　　(단위: 호, 명)

면(面) 명		김해	가락	대저	명지	녹산	장유	주촌
조선인	호수	3,751	1,523	2,081	1,091	1,197	1,591	967
	인구	18,941	7,815	10,913	5,525	6,451	8,709	5,108
일본인	호수	167	45	202	5	8	22	8
	인구	667	200	1,008	18	33	97	34

면(面) 명		진례	진영	이북	생림	상동	하동	합계
조선인	호수	1,463	1,961	1,449	1,256	684	1,390	20,404
	인구	7,804	9,909	9,272	6,328	3,753	6,769	107,297
일본인	호수	37	128	17	9	5	11	664
	인구	158	541	76	30	15	49	2,926

출전: 장유면지편찬위원회, 『장유면지』, 장유면지편찬위원회, 2013, 130-131.

1930년 김해군 농업경영 형태　　　　　　　　　　　　　　　　　　　(단위: 호)

면(面) 명	김해	가락	대저	명지	녹산	장유	주촌
지주	48	30	37	7	8	13	6
자작농	387	69	131	103	3	77	32
자소작	508	370	372	145	871	378	306
소작농	2,091	1,409	1,623	175	607	1,104	512
계	3,034	1,878	2,163	430	1,489	1,572	856

면(面) 명	진례	진영	이북	생림	상동	하동	합계
지주	26	18	12	15	6	23	249
자작농	54	28	74	78	15	26	1,077
자소작	493	324	217	404	158	541	5,087
소작농	734	1,105	898	618	452	913	12,241
계	1,307	1,475	1,201	1,115	631	1,503	18,654

출전: 장유면지편찬위원회, 『장유면지』, 장유면지편찬위원회, 2013, 131.

46) 장유면지편찬위원회, 『장유면지』, 장유면지편찬위원회, 2013, 131.

47) 장유면지편찬위원회, 『장유면지』, 131-132. 『동아일보』 1932.9.10. 「統計上에 나타난 全朝鮮要救急民(二) 草根木皮로 延命하는 그들」

48) 김용달, 『농민운동』, 독립기념관 한국독립운동사연구소, 2009, 19.

49) 김용달, 『농민운동』, 21-22.

50) 김용달, 『농민운동』, 205-208.

51) 일제 경찰은 하자마농장 소작쟁의가 김해 농민조합의 사주·선동에 의한 것이라고 확신하고 간부들을 검거하였다. 『동아일보』 1931.11.16. 「爭議宣動 嫌疑? 五靑年을 檢擧 迫間爭議의 犧牲者」; 1931.11.17. 「金海署緊張 多數靑年 檢擧 진영등지와 읍내에서 小作爭議 關聯事件」; 1931.11.23. 「兩名 又檢束 김해서에서」; 1931.11.24. 「爭議團 二百餘名 被檢者 釋放要求途中解散에 六名 被檢 七十餘名이 署에 殺到」; 1932.2.18. 「迫間農場 爭議團 幹部十三名 檢擧 검거는 아직도 계속 하는중 金海, 馬山兩署 活動」; 1932.2.23. 「三名은 釋放 三名은 □置」; 1932.2.23. 「幹部 釋放要求 七十名殺到」; 1932.3.9. 「四名 아즉 留置 김해 검거사건」; 1932.3.15. 「進永 檢束者 釋放」

52) 정연태, 『식민 권력과 한국 농업: 일제 식민농정의 동역학』, 282-283.

53) 한규무, 『일제하 한국기독교 농촌운동: 1925~1937』, 한국기독교역사연구소, 1997, 29.

54) 한규무, 『일제하 한국기독교 농촌운동: 1925~1937』, 55.

55) 조선 대표는 조선기독청년회 대표 신흥우, 조선여자기독청년회 대표 김활란, 조선주일학교연합화 총무 정인과, 북감리회 선교사 노블, 장로교 선교사 마펫, 조선기독교연합공의회 회장 양주삼 등 6인이었다. 예루살렘 국제선교협의회에 대하여는 최재건, 「1928년 예루살렘 국제선교협의회와 한국교회」, 『신학논단』 45, 2006, 181-214.

56) 『기독신보』 1928.7.11. 「예루살넴 會議의 特色」

57) 김활란, 「예루살넴大會와 今後 基督敎」, 『청년』 1928.11, 3-5.

58) 홍병선, 「丁抹을 向하면서」, 『청년』 1927.7·8, 3-4.

59) 당시에 발행된 덴마크 관련서적 등에 대하여는 박희준, 「1920-1930년대 한국교회의 덴마크 농촌운동 이해」, 감리교신학대학교 석사학위논문, 2013.

60) 한규무, 『일제하 한국기독교 농촌운동: 1925~1937』, 122.

61) 한규무, 『일제하 한국기독교 농촌운동: 1925~1937』, 124-129.

62) 백낙준, 『백낙준 전집. 9: 회고록 종강록』, 연세대학교 출판부, 1995, 29-30.

63) 김활란, 『그 빛속의 작은 생명』, 이화여자대학교 출판부, 1999, 140-141.

64) 한규무, 『일제하 한국기독교 농촌운동: 1925~1937』, 217-222.

65) 한규무, 『일제하 한국기독교 농촌운동: 1925~1937』, 223-225.

66) 한규무, 『일제하 한국기독교 농촌운동: 1925~1937』, 227.

67) 한규무, 『일제하 한국기독교 농촌운동: 1925~1937』, 52.

68) 김권정, 『한국기독교 민족운동론과 민족운동』, 국학자료원, 2015, 235.

69) 이경란, 『일제하 금융조합 연구』, 19.

70) 홀거 베그트룹 외, 이기백 역, 『새 역사의 창조:덴마크 국민고등학교와 농촌사회의 발전』, 동양사, 1959, 5.

71) 강정택, 박동성·이문웅 역, 『식민지 조선의 농촌사회와 농업경제』, 85-86.

│ 제3장 민족운동의 실천을 준비하다 │

1) 제적등본에 의하면 혼인계(届)는 단기4267년(1934년) 10월 12일에 제출한 것으로 기록되어 있다.

2) 독립유공자 공훈록 http://e-gonghun.mpva.go.kr/user/ContribuMeritList. do?goTocode=20002

3) 심진구, 「향토교육의 선구자 강성갑에 관한 사례연구」, 272.

4) 한국민족문화대백과사전 http://encykorea.aks.ac.kr/

5) 한국민족문화대백과사전 http://encykorea.aks.ac.kr/

6) 이윤숙, 「해방시대, 서럽고 가난한 이들의 참 스승-한얼중학교 강성갑 교장」, 1993.11, 121.

7) 『연희전문학교 졸업앨범』 1941. 2 「生徒鄕關錄」

8) 강성갑은 연희전문 23회 졸업생으로 1941년 3월에 졸업하였다. 23회 졸업생은 문과 20명, 상과 65명, 이과 17명으로 모두 102명이었다.

9) 심진구, 「향토교육의 선구자 강성갑에 관한 사례연구」, 265.

10) 연세대학교 국학연구원 연세학풍연구소, 『연·세전 교장 에비슨 자료집(Ⅲ)』, 선인, 2018, 172-211.

11) 홍성표, 「연희전문학교의 학생자치단체와 간행물」, 『동방학지』184, 2018, 58.

12) 홍성표, 「연희전문학교의 학생자치단체와 간행물」, 56.

13) 연희전문학교 학생들의 활동에 대하여는 홍성표, 「연희전문학교의 학생자치단체와 간행물」, 55-83.

14) 기독의 품성을 학생에게 배양식힘이 설립의 근본 목적인 만큼 기독교와 불가

분의 관계를 가지고 잇다. 교육의 근본 방침과 학생의 지도 정신이 기독교주의인 만침 기독교에 호의를 가지는 선생과 학생에게는 모든 것이 당연한 일가티 생각되겟지만 호의를 갓지 못하는 선생은 가면생활을 한다는 것이 학생간에 들니는 평이다. 호의를 갓지 못할 뿐 안이라 반기독사상을 갓고 잇는 학생에게는 일종의 고통인 농시에 투쟁의 대상이 되고 마는 것도 사실이다. 그럼으로 학생간에는 자연 사상충돌을 격화케 하는 것은 자미업는 일이면서도 피치 못할 사실인 모양이다. 여하튼 신앙을 강요하며 종교와 교육을 연결식히는 것은 찬성할 일이 못된다. 작년 6월 맹휴사건으로 90여 명의 희생자를 내인 것은 아직도 우리의 기억에 새롭건이와 이것은 연전이 가지고 잇는 영원의 암흑면이다. 『별건곤』1930.12. 「六專門學校 學生論評」, 127-128.

15) 『삼천리』1930.11. 「新進學者 總評(一), 延禧專門學校 敎授層」, 42-44.

16) 장덕순, 「윤동주와 나」, 『나라사랑』23, 1976, 143-144.

17) 라익진(1915-1990)은 전북 김제출신으로 1941년 연희전문 상과를 졸업하고 식산은행에서 근무하였으며, 해방 후에 상공부 차관, 한국산업은행 총재, 학교법인 연세대 재단 감사를 역임하였다.

18) 라익진, 『어머님을 그리면서: 각당 라익진 자서전』, 성지기획, 2010, 73-74.

19) 연세창립80주년기념사업연구회 편, 『연세대학교사: 1885-1965』, 연세대학교출판부, 1969, 323-324.

20) 유영, 「연희전문 시절의 윤동주」, 『나라사랑』23, 1976, 122-123.

21) 윤동주의 아버지는 윤동주의 문과진학을 격렬하게 반대하였다. 윤일주는 몇 개월간에 걸친 부자간의 대립은 대단한 것이어서 어린 우리들은 겁에 질릴 정도였으며, 아버지가 반대한 이유를 "젊어서 문학에 뜻을 두어 외유하시고, 명동에서 가장 선구적인 청년으로서 웅변·휘호 등으로 날리시던 아버지도 생활상의 실패를 아들에게 물려주고 싶지 않으셨던 것"으로 설명하고 있다. 윤일주, 「윤동주의 생애」, 『나라사랑』23, 1976, 154-155.

22) 연세대학교 문과대학, 『연세대학교 문과대학 100년. 1, 문과대학, 학과사』, 연세대학교 문과대학, 2015, 63-64.

23) 김도형 편, 『일제하 연세학풍과 민족교육』, 혜안, 2015, 225.

24) 김도형 편, 『일제하 연세학풍과 민족교육』, 140.

25) 심진구, 「향토교육의 선구자 강성갑에 관한 사례연구」, 272.

26) 『경남매일신문』1968.7.3. 「先驅者-洛東江의 血脈을 찾는 特別連載-姜成甲 牧師」

27) 『연세춘추』 1977.4.4. 「연세혈맥- 강성갑과 한얼정신」 당시 교장은 원한경이었다.

28) 『국민보』 1960.3.30. 「잊을 수 없는 인간상」

29) 이윤숙, 「해방시대, 서럽고 가난한 이들의 참 스승-한얼중학교 강성갑 교장」, 『우리교육』 1993.11, 121.

30) 연세대학교백년사편찬위원회, 『연세대학교백년사1, 연세통사(상)』, 연세대학교 출판부, 1985, 181-184.

31) 『매일신보』 1937.4.3. 「各 學校 入學者」 기사에 의하면 연희전문 문과 본과 입학생 35명, 별과 입학생 5명 중에 별과 합격자 명단에서 강성갑의 이름을 확인할 수 있다.

32) 연세대학교 문과대학, 『연세대학교 문과대학 100년. 1, 문과대학, 학과사』, 55-56.

33) 1940년 자료에 의한 연희전문 졸업생의 취직현황을 보면, 졸업생 1, 042명중 은행 및 금융조합 등 회사원이 201명으로 졸업생 중 19.3%를 차지하였으며, 금융조합 종사자는 43명이었다. 연세대학교 국학연구원 편, 『근현대 한국의 지성과 연세』, 혜안, 2016, 18-19.

34) 1917년부터 1942년 사이에 연희전문 입학생은 3,176명이며, 그중 퇴학 1,489명, 사망 32명으로 중퇴자가 거의 절반인 1,521명이었다. 연세대학교 국학연구원 편, 『근현대 한국의 지성과 연세』, 17.

35) 연세대학교 문과대학, 『연세대학교 문과대학 100년. 1, 문과대학, 학과사』, 51-52.

36) 연세대학교 문과대학, 『연세대학교 문과대학 100년. 1, 문과대학, 학과사』, 105.

37) 연세대학교백년사편찬위원회, 『연세대학교백년사 1, 연세통사(상)』, 248-249.

38) 연세대학교 문과대학, 『연세대학교 문과대학 100년. 1, 문과대학, 학과사』, 106.

39) 연세대학교백년사편찬위원회, 『연세대학교백년사 1, 연세통사(상)』, 248.

40) 연세대학교 문과대학, 『연세대학교 문과대학 100년. 1, 문과대학, 학과사』, 107.

41) 연세대학교 문과대학, 『연세대학교 문과대학 100년. 1, 문과대학, 학과사』, 110.

42) 연세창립80주년기념사업연구회 편, 『연세대학교사: 1885-1965』, 327.

43) 「강흥철 진술서」 2012.12.11.

44) 윤동주의 애창곡에 대한 내용은 『신동아』 2005.4. 「윤동주 서거 60년, 알려지지 않은 이야기들」; 송우혜, 『윤동주 평전』, 서정시학, 2014. 233-234; 장덕순, 「윤동주와 나」, 『나라사랑』 23, 외솔회, 1976, 146.

45) 윤지은, 「경계인으로서의 윤동주와 본향의 자리」, 『한국근대문학연구』 18(2), 2017, 180.

46) 심진구, 「향토교육의 선구자 강성갑에 관한 사례연구」, 271.

47) 『연세춘추』 1977.4.4. 「연세혈맥 – 강성갑과 한얼정신」

48) 라익진은 "당시 우리 학급 학생들은 대략 세 가지 그룹으로 나뉘어져 있었는데, 첫째는 운동선수들이요, 두 번째는 종교인들이요, 세 번째는 주로 자기 공부에만 열중하는 학생들이었다. 나는 자연히 셋째 그룹에 속하게 되었다. 그러니 더욱이 친구가 없었던 것이었다."라고 회고 하였다. 라익진, 『어머님을 그리면서: 각당 라익진 자서전』, 82.

49) 『연세춘추』 1977.4.4. 「연세혈맥 – 강성갑과 한얼정신」 당시 교장은 원한경 이었으나, 기사에서는 백낙준을 교장으로 계속 언급하고 있다.

50) 유영, 「연희전문 시절의 윤동주」, 124-125.

51) 김도형 편, 『일제하 연세학풍과 민족교육』, 130. 현재 연세대학교 학술정보원 국학자료실에 홍병선의 『丁抹과 丁抹農民』 등 당시의 농촌관련 서적이 다수 보관되어 있으며, 1937년 11월 양주삼이 기증한 백사당 문고에도 농촌문제에 관한 책이 포함되어 있었다. 연세창립80주년기념사업연구회 편, 『연세대학교사: 1885-1965』, 324-326.

52) 연세대학교백년사편찬위원회, 『연세대학교백년사1, 연세통사(상)』, 249.

53) 연세대학교 문과대학, 『연세대학교 문과대학 100년. 1, 문과대학, 학과사』, 81.

54) 최현배(1894-1970)는 울산 출생으로 1915년 일본 히로시마고등사범학교 문과에 입학하여 1919년 졸업하였다. 1922년 4월 일본 경도제국대학 문학부 철학과에 입학, 교육학을 전공하여 「페스탈로치의 교육학설」이라는 논문으로 1925년 졸업하였다. 1926년 4월 연희전문학교 교수로 취임하여 1938년 9월 흥업구락부사건으로 파면당할 때까지 재직하였으며, 1941년 5월 연희전문학교에 도서관 직원으로 복직하였으나, 1941년 10월 조선어학회사건으로 4년간 옥고를 치렀다.

55) 장원동, 『최현배의 교육철학: 외솔의 생애와 사상』, 20.

56) 연세대학교 문과대학, 『연세대학교 문과대학 100년. 1. 문과대학, 학과사』, 75.

57) 『삼천리』 1930.11. 「新進學者 總評(一), 延禧專門學校 教授層」, 43.

58) 연세대학교 문과대학, 『연세대학교 문과대학 100년. 1. 문과대학, 학과사』, 62.

59) 「심사수 진술서」 2012.3.29.

60) 강성갑은 1946년 부산대학교가 설립될 때, 한글맞춤법을 담당하는 전임교수로 임용되었다. 부산대학교 60년사 편찬위원회, 『부산대학교 60년사』, 부산대학교, 2006, 51.

61) 「강흥철 진술서」 2012.12.11.

62) 『현대평론』은 1927년 신문지법에 의한 월간잡지로 허가를 받고 조선사정연구회에서 발간한 잡지이다. 조선사정연구회는 조선민족의 정치적 자각과 대중운동의 중요성을 강조했고, 무엇보다도 그것이 조선의 실제적 사정에 바탕을 두어야 한다고 주장하였다. 잡지의 필진은 민족주의와 사회주의 계열의 다양한 지식인을 망라하고 있었는데, 조선 민중의 현실과 요구를 대변하면서 신간회 결성 직전의 국내외 정세 및 민족주의 및 사회주의 계열 지식인들의 인식을 보여준 잡지이다. 임경석, 『동아시아 언론매체사전: 1815-1945』, 논형, 2010, 1551-1553.

63) 원한경, 「페스탈롯지의 一生」, 『현대평론』2, 1927, 115.

64) 최현배, 「페스탈롯지 教育學」, 『현대평론』2, 1927, 121-130.

65) 장원동, 『최현배의 교육철학: 외솔의 생애와 사상』, 형지사, 2010, 15-16.

66) 최현배, 『朝鮮民族 更生의 道』, 정음사, 1971, 181.

67) 강명숙, 「고전의 재발굴: H. H. 언더우드의 『Modern Education in Korea』와 일제시기 한국교육사 연구」, 『동방학지』165, 2014, 243-247.

68) 정병욱, 「잊지못할 윤동주의 일들」, 『나라사랑』 23, 1976, 135.

69) 연세대학교백년사편찬위원회, 『연세대학교백년사1, 연세통사(상)』, 264.

70) 양현혜, 『빛과 소망의 숨결을 찾아: 이화여자대학교 대학교회 70년사』, 이화여자대학교출판부, 2005, 75-80.

71) 양현혜, 『빛과 소망의 숨결을 찾아: 이화여자대학교 대학교회 70년사』, 102.

72) 홍성표, 「연희전문학교의 학생자치단체와 간행물」, 64.

73) 홍성표, 「연희전문학교의 학생자치단체와 간행물」, 64-67.

74) 郭龍旲, 「朝鮮新基督靑年의 使命」, 『시온』1호, 37-39.

75) 홍성표, 「연희전문학교의 학생자치단체와 간행물」, 65-66.

76) 홍성표, 「연희전문학교의 학생자치단체와 간행물」, 65.

77) 연세대학교백년사편찬위원회, 『연세대학교백년사1, 연세통사(상)』, 78-79.

78) 김승태, 『식민권력과 종교』, 한국기독교역사연구소, 2012, 72-80.

79) 『동아일보』 1937. 8. 8. 「미슨學校運命지고 延專 元漢慶 博士歸國」

80) 『동아일보』 1938. 1.21. 「미슨系 "教育引退"의 颱風 延專, 世專엔 無事一過」

81) 『동아일보』 1938. 6.28. 「教育引退 原案可決 延, 世專 明年부터 引退」

82) 연세대학교백년사편찬위원회, 『연세대학교백년사 4, 부편』, 연세대학교 출판부, 1985, 69.

83) 이 시기(1938년)에 문과의 72.25%, 상과의 81%, 이과의 88.7% 등 보다 많은 학생들이 채플에 참석하였으며, 학생들의 종교 가입상황은 감리교 179명, 장로교 123명, 타 교파 8명, 비기독교인이 158명으로 조사되었다. 연세대학교백년사편찬위원회, 『연세대학교백년사 4, 부편』, 69-70.

84) 연세학풍연구소, 『내일을 걷는 연세역사』, 연세대학교 대학출판문화원, 2017, 90.

85) 연희전문 학생회의 민족운동에 대하여는 홍성표, 「기독교학교 학생들의 민족운동과 사회주의-연희전문학교 학생회를 중심으로」, 『한국독립운동사연구』, 68, 2019.

86) 홍성찬, 「일제하 연전 상과의 경제학풍과 '경제연구회'사건」, 『근대학문의 형성과 연희전문』, 연세대학교 출판부, 2005, 155-156.

87) 경제연구회 사건에 대하여는 홍성찬, 「일제하 연전 상과의 경제학풍과 '경제연구회'사건」, 158-185; 홍성표, 「연희전문학교의 학생자치단체와 간행물」, 69-73.

88) 연세학풍연구소, 『내일을 걷는 연세역사』, 91.

89) 심진구, 「향토교육의 선구자 강성갑에 관한 사례연구」, 264 : 『경남매일신문』 1968. 7. 3. 「先驅者-洛東江의 血脈을 찾는 特別連載-姜成甲 牧師」; 이윤숙, 「해방시대, 서럽고 가난한 이들의 참 스승 -한얼중학교 강성갑 교장」, 121 : 서울특별시 교육연구원 편, 『스승의 길』, 270 등에서 거의 같은 증언을 하고 있다.

90) 「강흥철 진술서」 2012.12.11.

91) 노동규 교수는 연희전문 상과를 1924년 졸업하고 교토제국대학 경제학부로

유학을 떠났으며, 1928년 연희전문 교수로 부임하였다. 기독교 사회주의에 공감하여 구세군에서 세례를 받았고, 일본 마르크스주의 경제학의 선구자 가와카미 하지메(河上肇) 교수의 영향을 받아 마르크스주의 이론이 연구방법론으로는 가장 과학적인 이론이라고 생각하였다. 노동규는 「조선농가 경제실상조사 해부」 논문을 쓰기 위해 총독부의 관제통계를 믿지 않고 전국의 1, 256호 농가의 실태를 직접 조사하였으며, 교토제대 재학시에는 「농촌진흥책 여하」라는 제목의 논문으로 동아일보 현상공모에 당선되기도 하였다. 김학은, 『연세대학교 상경대학 백년사.1, 한국의 근대경제학 1915~1956』, 연세대학교 대학출판문화원, 2015, 47-48.

92) 홍성표, 「기독교학교 학생들의 민족운동과 사회주의-연희전문학교 학생회를 중심으로」, 220-221.

93) 한얼중고등학교 동문회, 『위대한 스승 강성갑 교장(그 생애와 사상)』, 39.

94) 심진구, 「향토교육의 선구자 강성갑에 관한 사례연구」, 266.

95) 라익진, 『어머님을 그리면서: 각당 라익진 자서전』, 78-79.

96) 라익진, 『어머님을 그리면서: 각당 라익진 자서전』, 78.

97) 언더우드관에 국체명징, 내선일체 등의 플래카드가 걸린 것은 1938년도 졸업앨범 사진에서부터 확인된다. 강성갑의 1941년 2월 졸업앨범에서 창씨개명을 한 學監兼圖書館長 李宮卯默, 商科々長 張原凞昌, 理科々長 崔元奎南, 敎授 東原寅燮, 張村起元, 助敎授 葛城弘基, 英井孝參, 日戸來吉, 校牧 張本 輝, 金山孝祿 등의 이름을 확인할 수 있다.

98) 水野直樹, 정선태 역, 『창씨개명: 일본의 조선지배와 이름의 정치학』, 산처럼, 2008, 27.

99) 水野直樹, 정선태 역, 『창씨개명: 일본의 조선지배와 이름의 정치학』, 27.

100) 水野直樹, 정선태 역, 『창씨개명: 일본의 조선지배와 이름의 정치학』, 27.

101) 水野直樹, 정선태 역, 『창씨개명: 일본의 조선지배와 이름의 정치학』, 76.

102) 水野直樹, 정선태 역, 『창씨개명: 일본의 조선지배와 이름의 정치학』, 77.

103) 水野直樹, 정선태 역, 『창씨개명: 일본의 조선지배와 이름의 정치학』, 85-136.

104) 水野直樹, 정선태 역, 『창씨개명: 일본의 조선지배와 이름의 정치학』, 161.

105) 송우혜, 『윤동주 평전』, 304-310.

106) 1942년 4월 교토제국대학 공학부 채광학과로 유학을 떠난 강성갑의 동생은

'봉산무갑'이라는 창씨명을 사용하였다. 기독교계 사립대학과 비교해 볼 때 제국대학의 엄격한 행정처리가 반영된 것으로 생각된다.

제4장 참된 기독교인의 삶을 찾고자 떠난 일본 유학

1) 강성갑의 「도시샤대학 학적부」의 '入學試驗 / 有無' 란에 '有'라고 표기되어 있다.

2) 도시샤대학 신학과, 「彙報- 神學科本科入學試驗」, 『基督敎硏究』20(3), 1943, 89.

3) 심진구, 「향토교육의 선구자 강성갑에 관한 사례연구」, 265.

4) 감리교신학대·도시샤대학 학술교류세미나 자료집, 『초기 일본 도시샤대학 출신 한국인 유학생에 관한 연구』, 2010, 7.

5) 김도형 편, 『일제하 연세학풍과 민족교육』, 231.

6) 김도형 편, 『일제하 연세학풍과 민족교육』, 233.

7) 김도형 편, 『일제하 연세학풍과 민족교육』, 233.

8) 김도형 편, 『일제하 연세학풍과 민족교육』, 234에서 재인용.

9) 김도형 편, 『일제하 연세학풍과 민족교육』, 234.

10) 바르트, 브룬너, 고가르텐, 트뢸취, 불트만 등의 위기 신학, 변증법 신학을 일본에 가장 먼저 소개한 오오츠카 세츠지(大塚節治)는 1927년 『基督敎硏究』에 「위기의 신학과 에밀 브룬너」를 기고하였고, 그 다음해 우오키 타다카즈(魚木忠一)는 「하나님의 말씀에 관한 칼 바르트의 사상」을 집필하였다. 이는 서구 신학운동의 동향을 가장 빠르고 정확하게 인식하고 소개한 것이었다. 감리교신학대·도시샤대학 학술교류세미나 자료집, 『초기 일본 도시샤대학 출신 한국인 유학생에 관한 연구』, 8.

11) 정대위(1917-2003)는 북간도 용정출생으로 1938년 도시샤대학 신학과에 입학하여 예과 2년과 본과 3년 과정을 수학했다. 미국 예일대학교에서 철학박사 학위를 받았고, 한신대학 교수 및 초동교회 목사, 건국대학교 총장, 한신대학 학장 등을 역임하였다.

12) 정대위, 『노닥다리 초록 두루마기』, 종로서적, 1987, 22.

13) 감리교신학대·도시샤대학 학술교류세미나 자료집, 『초기 일본 도시샤대학 출신 한국인 유학생에 관한 연구』, 9.

14) 에큐메니칼(Ecumenical)이란 서로 다른 신앙고백을 가진 교파나 교회, 신앙

공동체들이 예수 그리스도의 교회가 하나라는 사실에 근거하여 교회의 일치와 하나 됨을 실현하고자 하는 운동을 의미한다. 가스펠서브, 『교회용어사전』, 615.

15) 이덕주, 「초기 일본 도시샤(同志社) 대학 신학부 한국인 유학생에 관한 연구 (1908-1945년)」, 『신학과 세계』71(0), 2011, 147.

16) 이덕주는 강성갑을 도표에서는 장로교파로 분류하여 소개하였으나, 별도로 장로교, 감리교 이외에 군소교단 출신으로 강성갑을 다시 소개하고 있다. "1920-1930년대 외국 선교부의 인종차별적 간섭과 지휘를 비판, 거부하다가 교단(주로 장로교단)으로부터 제명된 목회자들이 조직한 독립교단 소속 유학생들이 늘어났다. 귀국 후 대구 자치교회 목사로 활약한 조용기(趙龍基)와 마산 예수교회 출신으로 도시샤에 유학한 강성갑(姜成甲)이 대표적이다."고 설명하고, "이러한 '반선교사(反宣敎師)' 경향의 독립교회(독립교단)는 니이지마와 도시샤가 추구했던 바, 외국 선교부로부터의 독립노선과 상통하는 것으로 '반서구적' 민족의식이 강했던 유학생들에게 정서적 일치감을 느끼게 만들었을 것이다."라고 주장한다. 그러나 앞에서 독립마산예수교회에 대해 살펴본 것처럼, 강성갑이 다녔던 독립마산예수교회는 반선교사 성향의 반서구적 민족의식이 강했던 교회라기보다는 민중적 성격이 강했던 교회로, 독립마산예수교회의 성격을 오해한 주장이다. 이덕주, 「초기 일본 도시샤(同志社) 대학 신학부 한국인 유학생에 관한 연구(1908-1945년)」, 146-147.

17) 심진구, 「향토교육의 선구자 강성갑에 관한 사례연구」, 271.

18) 「강흥철 진술서」 2012.12.11.

19) 도시샤대학 신학과, 「彙報-神學專攻」, 『基督敎研究』18(3), 1941, 87.

20) 도시샤대학 신학과, 「彙報-入學宣誓式」, 『基督敎研究』18(3), 1941, 87.

21) 도시샤대학 신학과, 「彙報-修練團」, 『基督敎研究』18(3), 1941, 87.

22) 도시샤대학 신학과, 「彙報-夏期訣別聖餐式」, 『基督敎研究』18(4), 1941, 81.

23) 도시샤대학 신학과, 「彙報-勤勞奉仕」, 『基督敎研究』18(4), 1941, 82.

24) 도시샤대학 신학과, 「彙報-始業式」, 『基督敎研究』19(1), 1941, 79.

25) 도시샤대학 신학과, 「彙報-秋季退修」, 『基督敎研究』19(1), 1941, 79.

26) 도시샤대학 신학과, 「彙報-日本精神と基督敎」, 『基督敎研究』20(1), 1942, 85.

27) 도시샤대학 신학과, 「彙報-卒業生卒業論文」, 『基督敎研究』20(4), 1943, 84.

28) 강성갑과 같이 졸업한 감리교신학교 출신 김천태유의 졸업논문은 「요한문서의 로고스기독론(ヨハネ文書に於けるロゴス基督論)」이며 말미에 논문을 쓴 날

자가 '昭和 十八年 六月 三十日'로 기록되어 있다.

29) THE EERDMANS BLOG 'Who is Ernst Lohmeyer?' http://eerdword. com/2019/05/23/who-is-ernst-lohmeyer/

30) 강성갑 재학중의 도시샤대학 문학부 신학과 교과 과정

필수과목		선택과목	
과 목 명	매주시수	과 목 명	매주시수
구약문학	4	그리스어(はキリシャ)	
구약신학	2	라틴어(ラテン)	
신약문학	2	히브리의 고전어 외 (ヒブルの古典語の外)	
신약석의(新約釋義)	2	구약신약(舊約新約)	
신약신학	2	교회사	
교회사정(敎會史政)	4	조직신학 각각의 특강과 연습	
교리사	4	종교학	
조직신학	3	종교교육연습	
기독교윤리	3	종교음악 등(宗敎音樂等である)	
실천신학원론	2		
실천신학각론	2		
종교교육학	2		
종교철학	2		
종교심리	2		
사회학개론	2		
후생학원론	2		
일본정신사	2		
동양사상사	2		
일본불교	2		
기독교문학	2		
영서강독(英書講讀)	2		
독서강독(獨書講讀)	4		
교련	6		
계	60		

출전: 도시샤대학 신학과, 「휘보-신학과 이수학과」, 『기독교연구』18(2), 1941, 75.

31) 정대위, 『노닥다리 초록 두루마기』, 23.

32) 이덕주, 「초기 일본 도시샤(同志社) 대학 신학부 한국인 유학생에 관한 연구 (1908-1945년)」, 160-161.

33) 이덕주, 「초기 일본 도시샤(同志社)대학 신학부 한국인 유학생에 관한 연구 (1908-1945년)」, 158.

34) 한국기독교역사학회 편, 『한국기독교의 역사 2』, 274.

35) 경남(법통)노회백년사편찬위원회, 『경남(법통)노회 100년사』, 경남(법통)노회; KIATS, 196.

36) 이운형 목사는 1930년 3월 평양신학교를 졸업하고 경남노회에서 목사안수를 받은 이후 1947년 3월 경북 영주읍 영주교회의 청빙을 받을 때까지 경남노회의 웅천교회, 밀양읍교회, 거창읍교회 등에서 목회를 했으며, 당시의 일기를 남겼다. 한문으로 기록된 일기를 번역하고 설교문, 한시를 포함하여 후손들이 출간한 책이 『백광일기』이다.

37) 「심사수 구술증언」 2015.2.2. 심사수는 오중은으로부터 강성갑이 양성봉 장로의 청빙으로 초량교회에 가게 되었다는 사실을 전해 들었다. 양성봉 장로는 당시 초량교회의 중심인물이었고 해방 후 경남도지사 등을 역임했다.

38) 김광현의 자서전에 의하면, 1941년 고베중앙신학교를 졸업하고 초량교회에 부목사로 부임했는데, 당시 초량교회는 당회원과 제직사이에 분쟁이 그치지 않아 노회에서 제직을 총파면하고 김만일 목사를 노회의 권위로 파송한 복잡한 상황이었다. 김광현은 부목사로 교회행정에는 관여하지 않았고 심방에 힘썼으며 주일예배 설교를 했다. 김광현은 1943년 1월 초량교회를 사임하고 경북 안동교회 목사로 부임했다. 김광현, 『이 풍랑 인연하여서』, 36-40.

39) 『백광일기』에는 1943년 2월 25일 부산 임시노회에서 '안동교회 김광현 목사의 위임을 허락'했다는 결의 사항이 기록되어 있다. 이운형, 『백광일기』, 한국장로교출판사, 2006, 165.

40 1944년 6월 6일 일기에, 부산 지교구 상임위원회 참석하여 "정교사 시취: 감성갑[강성갑의 오기이다], 전성도, 양이록, 김년갑, 김학용, 배성근, 임종윤"와 교역자 근로봉사대 조직 등을 결의 하였다고 기록되어 있다. 이운형, 『백광일기』, 168.

41) 강성갑의 초량교회 목회에 대한 『초량교회 80년사』 등에서의 언급은 홍성표, 「해방공간 강성갑의 기독교 사회운동 연구」, 『한국기독교와 역사』45, 2016, 259, 각주 24.

42) 경남교구 회의록은 미출간 자료로 경남노회 역사를 연구하는 최병윤으로부터 입수하였다.

43) 「강흥철 진술서」 2012.12.11.

44) 김광현, 『이 풍랑 인연하여서』, 42.

45) 김광현, 『이 풍랑 인연하여서』, 40.

46) 이상규, 『교회쇄신운동과 고신교회의 형성』, 생명의 양식, 2016, 44-46.

47) 이상규, 『교회쇄신운동과 고신교회의 형성』, 46-47. 이운형의 1945년 9월 12일
자 일기에는 "김항옥, 전성도 목사와 동행하여, 경남노회에 참석. 새 임원진을
구성, 회장에 심문태, 최재와[최재화의 오기이다], 서기 강성갑, 김상권, 회계
구영기, 김상세 목사가 선출되었다. 결의 사항은 다음과 같다. 1.교회부흥 제
반사업 1.제일동포[재일동포의 오기이다]구제결의 1. 목사 총 사임을 결의하니
일본 통치하에서 정치적, 종교적 지도 행사가 하나님 앞에 양심가책, 체면손
상 등의 사실로 인함이다."라고 기록되어 있다. 이운형, 『백광일기』, 173.

48) 이상규는 제47회 경남노회가 열린 장소를 부산진교회라고 하지만(이상규, 『교
회쇄신운동과 고신교회의 형성』, 47-48.), 『경남(법통)노회 100년사』에는 마
산문창교회에서 열렸다고 기록되어 있다. 경남(법통)노회백년사편찬위원회,
『경남(법통)노회 100년사』, 207-208.

49) 이상규, 『교회쇄신운동과 고신교회의 형성』, 48-49.

50) 심진구, 「향토교육의 선구자 강성갑에 관한 사례연구」, 280.

51) 조향록의 증언에 의하면, 강성갑은 한얼중학교 설립을 전후하여 미국 유학을
떠나려고 했었다. 강성갑은 중학교를 세울 재단을 얻지 못하여 자신의 사명이
여기까지라 생각하고 미국유학을 떠나고자 결심하고 준비하였으나, 강성갑의
사돈 되는 지주 한 명이 자기 땅을 재단설립을 위해 이름만을 빌려주기로 했
다는 소식을 듣고 미국유학을 포기했다. 당시 송별회가 있었다고 하지만 심사
수는 송별회 등은 없었다고 증언하였다. 서울특별시 교육연구원 편, 『스승의
길』, 279.

52) 「정원식 구술증언」 2016. 4.11.

53) 오성철 외, 『대한민국 교육70년』, 대한민국역사박물관, 2016, 37.

54) 손정목, 『한국 근대화 100년: 풍속의 형성, 도시의 탄생, 정치의 작동』, 179.

55) 그레고리 헨더슨, 박행웅 외 역, 『소용돌이의 한국정치』, 한울, 2000, 333-
334.

56) 연세대학교백년사편찬위원회, 『연세대학교 백년사 4, 부편』, 연세대학교출판
부, 1985, 344. 연세대학교백년사에는 이러한 사정을 "세브란스와 연희동문의
눈부신 활약이 명백하게 전 민중에게 인식되게 된 것은 해방 후의 일이었다.

말하자면 일제의 압박 밑에서 본교가 뿌린 씨의 열매를 해방 후에 풍성하게 추수를 한 셈이다. 우리 연세 동문들은 해방과 더불어 국가적인 질서를 위하여 대내외로 온갖 힘을 기울여 국가건설에 경주하였다. 당시의 총장 백낙준은 「신흥 대한민국은 연희인으로 건설하자」고 부르짖었을 뿐 아니라, 사실상 대한민국의 건설에 많은 연희인이 참여했던 점은 역사적 사실이다."고 기록하였다.

| 제5장 해방공간, 모두가 행복한 새로운 나라를 꿈꾸다 |

1) 진영교회 당회록에서 언급하고 있는 제직 사면의 건은 경남재건노회에서 1945년 9월 12일 결의한 자숙안에 따라 처리된 것으로 보인다.

2) 『진영교회 당회록』 1945.9.29.

3) 『진영교회 당회록』 1945.9.30.

4) 『진영교회 당회록』 1946.1.9.

5) 이상규, 『교회쇄신운동과 고신교회의 형성』, 48–51.

6) 『진영교회 당회록』 1946.3.3.

7) 『진영교회 당회록』 1946.4.26.

8) 한얼중고등학교 동문회, 『위대한 스승 강성갑 교장(그 생애와 사상)』, 38.

9) 김태금은 박형규의 어머니이다. 박형규는 "강성갑 목사를 진영교회로 모시자고 주장한 것은 우리 어머니였다."고 증언하였다. 박형규, 『나의 믿음은 길 위에 있다』, 60.

10) 『진영교회 당회록』 1946.5.1.

11) 『진영교회 당회록』 1946.5.5.

12) 『진영교회 당회록』 1946.5.24.

13) 『진영교회 당회록』 1946.5.26.

14) 『진영교회 당회록』 1946.11.28.

15) 『진영교회 당회록』 1946.12.15.

16) 『진영교회 당회록』 1947.2.16.

17) 경남성경학원은 호주장로교선교회의 주관으로 1913년 진주읍교회당에서 선교사 4인, 한국인 3인으로 교수진을 세워 시작하였고, 3년 과정이었으며 여자성경학교도 있었다. 경남(법통)노회백년사편찬위원회, 『경남(법통)노회 100년

사』, 384, 미주 51.

18) 장유면지편찬위원회, 『장유면지』, 153.

19) 장유면지편찬위원회, 『장유면지』, 155.

20) 장유면지편찬위원회, 『장유면지』, 154.

21) 『동아일보』 1947.8.10. 「馬山에 또 騷擾事件」

22) 「어상선 구술증언」 2016.4.18. 어상선은 한얼중학교 재단이사장이었던 어윤 강의 아들이다.

23) 한성훈, 「진영지역 학살과 진실규명: 역사의 법정과 희생자 복원」, 76에서 재인용.

24) 「한얼초급중학교 설립인가신청서」 1947.12.20.

25) 부산대학교, 『부산대학교 60년사: 1946-2006』, 부산대학교, 2006. 51. 「한얼초급중학교 설립인가 신청서」에 포함된 강성갑의 이력서에 의하면 1946년 9월 부산대학교 교수로 임명되었고 1947년 8월 사임한 것으로 기록되어 있다. 「한얼초급중학교 설립인가신청서」 1947.12.20.

26) 윤인구(1903-1986)는 교육자이며 종교인이다. 부산 출생으로 1919년 부산 동래고등보통학교 3학년 때 3·1운동에 참가하여 퇴학당하였다. 1926년 메이지학원 신학부를 거쳐 1931년 영국 에딘버러 대학원을 수료하였으며 귀국하여 진주장로교회 강도사로 부임하였다. 해방후 미군정의 경남 내무국 학무과장으로 부임하여 부산대학 개교에 앞장섰으며, 1953년 부산대학을 종합대학으로 승격시켜 초대 총장으로 취임하였고, 1961년에는 연세대 총장을 맡았다.

27) 심진구, 「향토교육의 선구자 강성갑에 관한 사례연구」, 272.

28) 폴 담, 김장생 역, 『덴마크의 아버지 그룬트비』, 누멘, 2009, 42-43.

29) 서울특별시 교육연구원 편, 『스승의 길』, 270.

30) 복음중등공민학교가 설립되었던 1946년 8월 31일 현재 공민학교 현황을 보면, 학교수는 일반 8,198개교 공장 89개교로 합계 8,287개교였으며, 학생수는 일반 773,238명, 공장 4, 630명 합계 777,868명이었고, 교사는 일반 12,004명 공장 244명으로 합계 12,248명이었다. 1년 뒤인 1947년 8월 31일 현황은 학교수가 15,506개교, 학생수는 849,008명, 교사수는 20,507명 이었다. 한국교육십년사간행회, 『韓國敎育十年史』, 111-112.

31) 심진구, 「향토교육의 선구자 강성갑에 관한 사례연구」, 276.

32) 「심용주 구술증언」 2020.4.24.

33) 「복음중등공민학교 학생회 명부」 1947년 1학기.

34) 한얼중고등학교 동문회, 『위대한 스승 강성갑 교장(그 생애와 사상)』, 38.

35) 「심사수 진술서」, 2012.3.29.

36) 한얼중고등학교 동문회, 『위대한 스승 강성갑 교장(그 생애와 사상)』, 39.

37) 「강흥철 진술서」 2012.12.11.

38) 「심사수 진술서」 2012.3.29.

39) 「심사수 진술서」 2012.3.29.

40) 「심사수 진술서」 2012.3.29.

41) 심진구, 「향토교육의 선구자 강성갑에 관한 사례연구」, 276.

42) 홍성표, 「해방공간 강성갑의 기독교사회운동 연구」, 260-261.

43) 박혜진, 『일제하 한국기독교와 미션스쿨』, 景仁文化社, 2015, 283-285.

44) 대광50년사 편찬위원회, 『대광 50년사』, 대광학원, 1997, 7.

45) 심진구, 「향토교육의 선구자 강성갑에 관한 사례연구」, 276.

46) 심진구, 「향토교육의 선구자 강성갑에 관한 사례연구」, 274-275.

47) 「재단법인 삼일학원 설립인가신청서」 1947.12. 設立趣旨書.

48) 「한얼초급중학교 설립인가신청서」 1947.12.20. 設立理由.

49) 대광중학교 학칙에는 "本校는 基督敎 福音主義 精神下등에서 敎育法에 依하여 中等普通敎育敎育을 實施하므로써 基督敎的 人格을 陶冶하며 國家에 有爲한 中堅公民을 育成함을 目的함"이라고 규정되어 있으며(대광50년사 편찬위원회, 『대광 50년사』, 12), 1948년 거제기독교청년회 교육학원이 설립한 거제중학교의 학칙에는 "本校는 基督敎精神에 立脚하여 宗敎道德을 涵養하며 中等學校規定에 依하여 國家에 有爲한 中堅公民을 育成함으로서 目的으로 함"이라고 규정되어 있다. 「거제초급중학교 설립인가신청서」 1948.9.20.

50) 한얼중고등학교 동문회, 『위대한 스승 강성갑 교장(그 생애와 사상)』, 40.

51) 「심사수 진술서」 2012. 3.29.

52) 「한얼초급중학교 설립인가신청서」 1947.12.20.

53) 심진구, 「향토교육의 선구자 강성갑에 관한 사례연구」, 276-277.

54) 「최갑시 구술증언」 1982.1.31.

55) 「재단법인 삼일학원 단기 4281년도 사업보고서」 1950.2.1.

56) 재단법인 삼일학원 기본재산(토지) 목록   (단위는 평, 원)

소재지	지번	지목	평수	시가	비고
김해군 가락면 제도리	48-44	畓	6,256	541,205.60	
	48-54	〃	10,661	920,569.50	
	48-56	〃	8,737	754,432.10	
	48-115	〃	589	50,852.30	
	48-58	〃	9,501	1,044,159.90	
	48-60	〃	8,134	893,926.60	
	48-61	〃	940	103,306.00	
	48-64	〃	7,936	872,166.40	
	48-67	〃	12,604	1,385,179.60	
	48-73	〃	8,799	759,785.80	
	48-77	〃	5,980	309,823.80	
	48-117	〃	137	3,438.30	
	48-80	〃	7,751	401,574.60	
	48-120	〃	1,904	98,643.10	
	48-121	〃	2,240	56,268.80	
	48-82	〃	9,173	475,239.00	
	48-51	〃	2,940	253,869.00	
	48-70	〃	17,179	1,483,398.80	
	48-83	〃	8,031	416,081.40	
	48-88	〃	16,288	409,142.00	
	48-14	〃	7,024	771,937.60	
	48-69	垈	157	12,560.00	
	48-75	〃	67	5,360.00	
계			153,028	12,022,920.20	

출전: 「재단법인 삼일학원 설립인가 신청서」 재산목록 중 토지목록.

57) 「폐쇄된 부동산 등기부」 김해군 가락면 제도리 48-44번지 외 7건.

58) 박병호는 진영교회 교인으로 진영미할원(사진관)을 운영하면서 강성갑의 활동을 적극 후원하였고 입학식 등 학교 활동을 사진으로 남겼다.

59) 홍성표, 「해방공간 강성갑의 기독교사회운동 연구」, 265.

60) 김봉훈은 진영읍 여래리에서 남산의원(南山醫院)을 1932년 개원하여 1979년까지 운영하였으며, 복음중등공민학교 강사로도 활동하였다. 진영읍지편찬위

원회 편, 『진영읍지』, 진영읍지편찬위원회, 2004, 580.

61) 『진영교회 당회록』 1948.2.7.

62) 미군정하에서의 중학교 현황은 1945년 해방 당시 학교수는 97개교, 교원은 1,810명, 학생은 50,343명이었으나 1948년 정부 수립 당시의 학교수는 380개교, 학생수는 287,512명으로 늘었다. 중앙대학교 한국교육문제연구소, 『文敎史: 1945~1973』, 中央大學校出版局, 1974, 55.

63) 중앙대학교 한국교육문제연구소, 『文敎史: 1945~1973』, 52-53.

64) 오성철 외, 『대한민국 교육70년』, 364.

65) 財團法人 三一學園 設立 許可 申請의 件 (文普 第十九號, 1948년 1월 26일)

66) 「재단법인 삼일학원 설립인가신청서」 1947.12. 교사건축.

67) 「최갑시 구술증언」 1982.1.31. 최갑시의 증언에 의하면 강성갑은 김경진에게 학교 부지를 무기한으로 빌려달라고 요청했으며, 후일 싼값으로 매입했다고 한다.

68) 한얼중고등학교 동문회, 『위대한 스승 강성갑 교장(그 생애와 사상)』, 40.

69) 한얼중고등학교 동문회, 『위대한 스승 강성갑 교장(그 생애와 사상)』, 40-41.

70) 「장상조 구술증언」 2020.4.24.

71) 심진구, 「향토교육의 선구자 강성갑에 관한 사례연구」, 281.

72) 『연세춘추』 1977.4.11. 「연세혈맥-강성갑과 한얼정신(2)」

73) 문희봉, 『두무산 민들레』, 형설출판사, 1980, 86.

74) 「심사수 구술증언」 2015.2.2.

75) 최재건은 경상남도 하동군 고전면에 위치한 고전교회에 다니던 때에 강성갑 목사가 고전교회에 보낸 후원요청 편지를 본 적이 있음을 증언해 주었다. 최재건은 후일 연세대 신학과 재학중 지동식 교수로부터 '언더우드가 연희가 배출한 가장 큰 인물은 강성갑 목사'라고 말했다는 이야기를 두어 차례 들었으며, 이러한 지동식 교수의 이야기와 맞물려 어렸을 때 강성갑 목사의 편지를 보았던 사실을 기억하게 되었다고 한다. 「최재건 구술증언」 2016.8.30.

76) 「심사수 진술서」 2012.3.29.

77) 한얼중고등학교 동문회, 『위대한 스승 강성갑 교장(그 생애와 사상)』, 43.

78) 『연세춘추』 1977.4.11. 「연세혈맥-강성갑과 한얼정신(2)」; 「장일조 구술증언」 2020.4.26.

79) 「어상선 구술증언」 2016.4.18.

80) 한얼중고등학교 동문회, 『위대한 스승 강성갑 교장(그 생애와 사상)』, 43-44.

81) 심진구, 「향토교육의 선구자 강성갑에 관한 사례연구」, 273.

82) 심진구, 「향토교육의 선구자 강성갑에 관한 사례연구」, 281.

83) 김영환, 『한 민족의 가슴에 타는 불』, 보이스사, 1985, 136.

84) 한얼중고등학교 동문회, 『위대한 스승 강성갑 교장(그 생애와 사상)』, 46.

85) 『연세춘추』 1977.4.4. 「연세혈맥-강성갑과 한얼정신(1)」

86) 한얼중고등학교 동문회, 『위대한 스승 강성갑 교장(그 생애와 사상)』, 38-39

87) 미군정기 중등학교 교과과정

과 목	해방 전후	1946-7	비 고
수신	4	0	폐지
일본어(국어)	15	0	폐지
역사 지리	9	0	형식상 폐지
사회	0	15	신설
국어(조선어)	0	15	+15
화학 물리 생물	7 7	15	+1 (과학과목으로 통합)
영어	8(0)	15	+7(+15) 일제 말에는 사실상 영어를 가르치지 않았음.
미술(도화)	3	6	+3
음악	3	6~12	+3~+9
실업(직업)	8	0~35	-8~+17
공예	0	0~6	0~+6(신설)
습자	3	0	폐지
도덕훈련	11	0	폐지
체력훈련	11	0	폐지
군사훈련	9	0	폐지

출전: 오성철 외, 『대한민국 교육70년』, 대한민국역사박물관, 2016, 118.

88) 대광학교는 직업교육과 여성교육에 뜻을 두었던 건학 초기의 이사회 결의에 따라, "1949년 9월부터 약 500만원의 예산으로 목공부, 제말부(양말), 제화부, 상업 실천부 등을 신설하여 직업교육을 실시하고자 문교부에 사업계획서까지 제출하였으나 6.25사변 중 교내의 제화공장의 소실과 사회 제반사정의

변화에 따라 이의 실현은 좌절"되었다. 대광50년사 편찬위원회, 『대광 50년사』, 18.

89) 심진구, 「향토교육의 선구자 강성갑에 관한 사례연구」, 277.

90) 서울특별시 교육연구원 편, 『스승의 길』, 273-274.

91) 심진구, 「향토교육의 선구자 강성갑에 관한 사례연구」, 277. 심진구는 각주에서 1968년 7월 필자의 현지 답사결과로는 석공장, 이발소, 미용원의 실습장은 당시 마련되었다는 증거를 확인하지 못했다고 한다.

92) 허현, 「지역사회학교」, 『새교육』 1957.6, 132.

93) 「재단법인 삼일학원 자산증자에 대한 보고서」 1951.8.28.

94) 심진구, 「향토교육의 선구자 강성갑에 관한 사례연구」, 277.

95) 강성갑의 「연희전문 학적부」에 의하면 연희전문에서도 '성서'라는 과목명을 사용했다. 조향록은 1951년 한얼고등학교 설립인가 신청을 하면서 한얼고등학교 교과과정표에 '성경'으로 과목명을 변경하였다. 「한얼고등학교 설립인가 신청서」 1951.8.28.

96) 김교신(1901-1945)은 함흥보통학교를 거쳐 함흥농업학교를 졸업한 뒤 1922년 도쿄고등사범학교 영문학과에 입학했으나, 그 뒤 지리·박물과로 전과하여 1927년에 졸업하였다. 도쿄 유학 당시 무교회운동을 전개하던 우치무라 간조의 사상에 깊은 영향을 받았다. 당시 한국인 유학생 송두용, 함석헌 등과 조선성서연구회를 조직하였고, 귀국하여 월간 동인지 『성서조선』을 창간하였으나 성서조선사건으로 일제의 탄압을 받아 1년간 옥고를 치뤘다. 그는 함흥 영생여자고등보통학교, 양정중학교, 경기중학교, 개성 송도중학교의 교사로 있으면서 많은 제자를 양성하였다.

97) 김교신, 노평구, 『김교신전집 1: 인생론』, 부키, 2001, 197. 이 글은 「성서조선」 1937년 9월호에 '예언자의 소리'라는 제목으로 실린 글이었다.

98) 심사수는 당시의 분위기를 "무지와 가난과 질병이 심한 곳에서는 기적을 바라는 군중이 많은 법이다. 해방된 우리나라의 형편이 그러했다. 1946년에 콜레라가 유행하자 한때 경부선 열차가 운행정지되기도 하였다. 이 시기에 한국에는 유명한 박재봉 목사가 등장하여 병고치는 기적을 많이 행했다. 많은 교인들이 박재봉 목사의 부흥집회에 몰려 들었다. 나(심사수) 도 박재봉 목사의 집회에 참석하기 위하여 학교를 결석하면서 마산으로 김해로 달려 갔었다."고 증언하였다. 「심사수 진술서」, 2012.3.29.

99) 「심사수 진술서」, 2012.3.29.

100) 김동길, 「같이 살기 運動의 姜成甲 목사」, 170.

101) 『연세춘추』 1977.4.4. 「연세혈맥–강성갑과 한얼정신(1)」

102) 「심용주 구술증언」 2020.4.24.

103) 「심사수 진술서」 2012.3.29.

104) 한얼중고등학교 동문회(편), 『위대한 스승 강성갑 교장(그 생애와 사상)』, 45.

105) 「심사수 진술서」 2012.3.29.

106) 『연세춘추』 1977.4.11. 「연세혈맥–강성갑과 한얼정신(2)」

107) 문희봉, 『두무산 민들레』, 87.

108) 문희봉, 『두무산 민들레』, 87.

109) 「심사수 진술서」 2012.3.29.

110) 『남조선민보』 1948.12.15. 「無産교육의 建設譜–師弟一身으로 校舍를 竣工」

111) 『남조선민보』 1950.4.5. 「血淚凝結된 한얼校 五個校舍를 完成, 螢雪之功은 이곳에서」

112) 『자유민보』 1950.4.18. 「本道 梁 知事 한얼中學 視察」

113) 『남조선민보』 1950.4.12. 「梁山曺郡守 한얼校見學」

114) 중앙대학교 한국교육문제연구소, 『文敎史: 1945~1973』, 129.

115) 『동아일보』 1949.3.20. 「元漢慶博士 夫人變逝」

116) 「심사수 진술서」 2012.3.29.

117) 한부선(1903-1992)은 한위렴(W. B. Hunt)의 장남으로 평양에서 출생하였으며 웨스터민스터신학교에서 수학하였고 프린스턴 신학교를 졸업하였다. 목사안수를 받은 후 아버지에 이어서 선교사로 내한하였다. 신사참배 결의에 반대하여 목사직을 제명당하고 포로로 추방당하는 등 고초를 겪다가 해방후 부산에서 사역을 다시 시작하였으며 고려신학교 교수를 역임하였다.

118) 심진구, 「향토교육의 선구자 강성갑에 관한 사례연구」, 266.

119) 『민주중보』 1949.7.15. 「元博士 進永한얼中學校 視察談」

120) 「심사수 진술서」 2012.3.29.

121) 한얼중고등학교 동문회, 『위대한 스승 강성갑 교장(그 생애와 사상)』, 41.

122) 이규호(1926-2002)는 경남 진주 출생으로 한신대학교를 졸업하였고 연세대학교 교수를 거쳐 국토통일원장관, 문교부 장관, 대통령 비서실장, 주일대사

등을 역임하였다. 독일 튀빙겐으로 유학을 떠나기 전에 한얼중학교 교사로 근무하였다.

123) 이 글은 원래 「현대문학」 1986년 7월호에 실렸으며, 1999년 기독언어문화사에서 펴낸 『내가 가는 무명의 도』에 수록되었다. 이규호, 윤재흥 편, 『삶의 철학』, 연세대학교 출판부, 2005. 115-116.

124) 맹의순에 관하여는 신재의, 「맹의순의 삶과 포로수용소에서의 선교」, 『한국기독교와 역사』 41, 2014, 153-185.

125) 이규호, 윤재흥 편, 『삶의 철학』, 115.

126) 김희보, 『사랑을 받느니보다 사랑을 주게 하소서』, 종로서적, 2000, 117-120.

127) 김형석(1920-)은 김태길·안병욱과 함께 한국의 3대 철학자로 알려져 있다. 평안남도 대동 출신으로 1939년 평양 제3중학교를 졸업한 뒤, 일본 조치대학 예과를 거쳐 1944년 같은 대학 문학부 철학과를 졸업하였다. 1954년에 연세대학교 교수로, 1985년에는 연세대 명예교수가 되었다.

128) 김두혁(1908-1995)은 평남 대동 출신으로 평양 숭실전문학교를 졸업하고, 1935년 4월 평양에 이상촌을 건설하고자 했던 안창호의 지시에 따라 조만식과 이훈구를 이사로 하여, 덴마크의 국민고등학교를 모델로 한 송산고등농사학원을 설립·운영하였다. 교장으로 재직 중이던 1937년 4월부터 1938년 3월까지 도쿄농업대학으로 유학을 떠나 조선인 유학생을 규합하였으며, 귀국하여 송산고등농사학원을 거점으로 독립운동을 비밀리에 전개하다가 1940년 2월 치안유지법 위반으로 체포되어 옥고를 치뤘다. 이후 경영난에 봉착해 있던 한얼중·고등학교를 인수하고 진영여자중·상업고등학교를 설립하였지만, 1980년 국가에 헌납하였다.

129) 송산고등농사학원에 대하여는 윤소영, 「일제강점 말기 송산고등농사학원과 김두혁의 독립운동」, 『한국독립운동사연구』 62, 2018, 207-253.

130) 김형석, 『인생의 길, 믿음이 있어 행복했습니다-김형석 교수의 신앙 에세이』, 이와우, 2017, 71; 「김형석 구술증언」 2018. 1.18.

131) 김형석, 『인생의 길, 믿음이 있어 행복했습니다-김형석 교수의 신앙 에세이』, 71-72.

132) 이춘우, 『율원록』, 한울, 1999, 77-78.

133) 강원룡(1917-2006) 목사는 기독교장로회 소속 목사로 경동교회 담임목사를 역임했으며 정치가, 통일운동가, 시민사회운동가 등 다양한 활동에 참여하였다.

134) 유재기는 일제강점기에 배민수 등과 함께 장로회 농촌운동을 주도했으며, 해방된 후에는 1946년 10월 기독교흥국형제단을 창단하여 농민복음학교를 개설하였고 흥국시보를 발간하였으나 1949년 7월 지병으로 사망하였다. 유재기의 농촌운동에 관하여는 김병희, 「유재기의 예수촌사상과 농촌운동」, 계명대학교 대학원 박사학위논문, 2008.

135) 한얼중고등학교 동문회(편), 『위대한 스승 강성갑 교장(그 생애와 사상)』 46.

136) 김재준(1901-1987) 목사는 함경북도 경흥 출생으로 한국기독교장로회와 한신대학교 설립에 공헌하였으며, 1970년대 민주화운동에 앞장섰던 한국의 대표적인 진보 신학자이다.

137) 장공 김재준목사 기념사업회, 『김재준 전집 13, 새 역사의 발자취』, 한신대학 출판부, 1992, 300-301.

138) 「국민보」 기사에서 허현은 자신과 강성갑과의 관계를 "언제 나는 그와 여러 번 만나서 교육의 이념 방법 등을 토의하였다. 내가 그를 존경하는 뜻으로 몇 외국인을 데리고 그 학교를 시찰하였으며 그의 교육 목적과 방법에 대하여 이의가 없었으므로 사회여론을 조사했다. 농민들과 읍내에 빈한한 사람들은 그를 하나님과 같이 생각하였다. 또한 나는 그에게 한국의 (그룬트빅히) 같은 사람이 되라고 권했다."고 소개하였다. 『국민보』 1960.4.13. 「잊을 수 없는 인간상」

139) 허현, 「지역사회학교 제1회」, 『새교육』 1957.1, 153.

140) 허현, 「지역사회학교 제2회」, 『새교육』 1957.2, 151.

141) 허현, 「지역사회학교 제3회」, 『새교육』 1957.3, 159.

142) 허현, 「지역사회학교 제4회」, 『새교육』 1957.4, 157.

143) 허현, 「지역사회학교 제6회」, 『새교육』 1957.6, 135.

144) 허현, 「지역사회학교 제6회」, 『새교육』 1957.6, 131.

145) 허현, 「지역사회학교 제6회」, 『새교육』 1957.6, 133.

146) 허현, 「지역사회학교 제6회」, 『새교육』 1957.6, 131-133.

147) 허현, 「지역사회학교 제6회」, 『새교육』 1957.6, 134.

148) 『국민보』 1960. 4.13. 「잊을 수 없는 인간상」

149) 심진구, 「향토교육의 선구자 강성갑에 관한 사례연구」, 262; 279.

150) 조향록(1920-2010) 은 함경남도 북청 출신으로 1943년 조선신학교를 졸업하였고 서울 초동교회의 담임목사로 오래 재직했다. 한국기독교장로회 총회

장과 한국신학대학 학장 등을 역임하였으며 유신체제에 저항한 민주화운동의 지도자 중 한 명이었으나, 제5공화국 출범에 협조하여 국가보위입법회의에 참여하였다.

151) 조향록은 한얼중학교 교장을 맡게 된 과정을 다음과 같이 소개하였다. "1951년 5월 부산에서 김재준 목사님과 강원용 목사님이 최죽송 군을 통해 나에게 육지로 나와 달라는 소식을 전해왔다. (중략) 나를 육지로 나오라 한 의도는 경남 김해군 진영읍에 소재한 한얼중학교의 교장 직을 나에게 맡기기 위해서였다. 나는 그 몇 개월 전, 당시 교육부 장관 백낙준 박사로부터도 그런 제의를 받았으나 거절한 적이 있었다. 한얼중학교 설립자이며 교장이었던 강성갑 목사님은 백낙준 박사의 연희전문학교 애제자였고 내가 신사동 교회에서 농촌전도에 열을 올리고 있을 때 우리 집에 와서 하룻밤을 쉬며, 서로 꿈을 나누었던 선배이며 동지이기도 했다. 그러나 당시 나는 교육자가 된다는 것은 생각도 못해 보았고 또 비록 중학교이지만 교장 직은 맡을 자격도 없었으며 무엇보다고 내 전부를 바쳐서 주어진 직분에 전력 헌신하려는 마음의 준비가 되어 있지 않았기 때문이었다. 나는 또 다시 그러한 뜻을 최 군에게 전하여 돌려 보냈다. 그런데 부산에 돌아갔던 그가 6월 중순 또 제주도로 나를 찾아왔다. 전과 같은 소식을 가지고 온 것이다. 나는 생각을 다시 가졌다. 부산에 나가 김재준 목사님과 강원용 목사님을 직접 만나 내 뜻을 전하는 것이 좋겠다는 생각이었다. (중략) 부산에 이르니 강원용 목사님이 별 이야기 없이 우선 진영으로 가 보자고 했다. (중략) 저녁 무렵 진영에 도착하여 어윤강 이사장 댁에 머물렀다. 밤에 나는 어윤강 이사장과 강원용 목사, 한 둘의 교사와 자리를 같이했다. 그 자리에서 강원용 목사와 과 어윤강 이사장은 내가 이미 한얼중학교 교장으로 부임한 것으로 앞질러 표현하였다. (중략) 우물쭈물하다가 그냥 뒤집어쓰게 된 셈이다." 조향록, 『팔십자술: 내 한몸 바칠 제단을 찾아서』, 선교문화사, 2009, 196-197.

152) 서울특별시 교육연구원 편, 『스승의 길』, 272.

153) 서울특별시 교육연구원 편, 『스승의 길』, 281.

154) 서울특별시 교육연구원 편, 『스승의 길』, 278-279.

155) 한얼중고등학교 동문회(편), 『위대한 스승 강성갑 교장(그 생애와 사상)』 47.

156) 「심사수 진술서」 2012.3.29.

157) 『연세춘추』 1977.4.11. 「연세혈맥 63, 강성갑과 한얼정신」

158) 「장일조 구술증언」 2020.4.26.

| 제6장 스러지고 잊혀진 꿈, 새나라가 선다 |

1) 한성훈, 「진영지역 학살과 진실규명: 역사의 법정과 희생자 복원」, 84-87.

2) 「최갑시 구술증언」 1982.1.31.

3) 하계백은 두 차례(1956.5-1960.1, 1962.4-1965.4)에 걸쳐 진영읍 의용소방대
장을 역임했으며, 증언 당시에는 의용소방대장으로 재직 중이었다. 진영읍지편
찬위원회 편, 『진영읍지』, 550.

4) 심진구, 「향토교육의 선구자 강성갑에 관한 사례연구」, 266.

5) 심진구, 「향토교육의 선구자 강성갑에 관한 사례연구」, 269.

6) 진실·화해를 위한 과거사정리위원회, 『2008년 하반기조사보고서 03』, 진실·
화해를위한 과거사정리위원회, 2009, 824.

7) 진실·화해를 위한 과거사정리위원회, 『2008년 하반기조사보고서 03』, 829.

8) 진실·화해를 위한 과거사정리위원회, 『2008년 하반기조사보고서 03』, 844.

9) 「강흥철 진술서」 2012.12.11.

10) 「강흥철 진술서」 2012.12.11; 「장일조 구술증언」 2020.4.26; 「장상조 구술증
언」 2020.4.24.

11) 「강옥선 진술서」 2012.12.16.

12) 심진구, 「향토교육의 선구자 강성갑에 관한 사례연구」, 273.

13) 『부산일보』 1960. 6.26. 「통곡속의 合葬式 − 進永의 被殺者 二五八名」 기사
의 내용은 "1960년 6월 25일 상오 10시 진영역전 광장에서 500명의 유족과
5,000명의 주민이 참석한 가운데 한국전쟁 중의 학살 희생자 258명의 합장식
이 거행"되었으며 강성갑의 동생 강무갑의 조사가 있었다.

14) 김윤석(金潤奭)은 1895년 김해군 진영읍에서 출생하였으며, 일제하에서 진
영 면장을 두 차례(1935.5.13-1942.9.30, 1943.2.1-1943.2.26.) 역임하였고,
1950년 사건 당시에는 3대 읍장으로 재직(1948.6.17-1950.11.6.) 중이었다.
진영읍지편찬위원회 편, 『진영읍지』, 485.

15) 『국제신보』 1950.10.1. 「所謂 進永殺人事件 眞相, 愛國者謀略殺害로 判明, 勢
力紛爭의 惡質輩 嚴罰方針」

16) 『민주신보』 1950.10.1. 「勢力다툼에 同志殺害, 進永殺人事件 眞相發表, 金戒
嚴司令官」

17) 『부산일보』 1950.10.1. 「內部團束이 緊急, 所謂 進永殺人事件 眞相發表」

18) 『국제신보』1950.10.4.「進永事件 罪狀 續々暴露, 女教師引致코 射殺, 支署主任等 十一名의 怪行, 戒嚴司令部發表」

19) 『민주신보』1950.10.3.「進永殺人事件 오늘 公判開始, 金女教師도 金主任이 殺害」

20) 『부산일보』1950.10.3.「女教師 凌辱할려다 殺害, 進永事件 主謀者의 거듭한 犯行」

21) 김두식, 『법률가들』, 창비, 2018, 245-246; 249-256.

22) 김태청, 『법복과 군복의 사이』, 원경, 2001, 246.

23) 한성훈, 「진영지역 학살과 진실규명: 역사의 법정과 희생자 복원」, 90. 각주 51.

24) 헌법제정 70주년 반헌법행위자열전 편찬 1차 보고회, 「헌정사 적폐청산과 정의로운 대한민국」, 2018.7.12, 123.

25) 채백, 『부산언론사 연구』, 산지니, 2012, 299.

26) 『국제신보』1950.10.5.「進永殺人事件 高等軍法會議 開幕」

27) 『국제신보』1950.10.6.「民主的審問 繼續, 追加審問에 計劃的犯行 瀝然, 進永事件 軍裁 續報」

28) 『국제신보』1950.10.7.「進永事件 軍裁 三日, 依然 證人訊問」

29) 『민주신보』1950.10.5.「進永殺人事件 第一回 軍法會議開廷」

30) 『민주신보』1950.10.7.「進永殺人事件 四日 第二回公判」

31) 『부산일보』1950.10.4.「進永殺人事件 第一回公判!」

32) 『국제신보』1950.10.8.「進永事件 結審公判. 主犯 金炳義엔 死刑, 有罪五名 無罪七名을 言渡」

33) 『민주신보』1950.10.8.「金昞義에 死刑, 進永殺人事件 言渡」

34) 『민주신보』1950.10.9.「職權濫用의 民弊, 共産黨을 만든다. 進永事件 金裁判長 談話」

35) 『부산일보』1950.10.8.「進永殺人事件 主犯者 金病義에 死刑言渡」

36) 「군법회의 판결문(고특 군법회의 제20호)」1950.10.6.

37) 판결문에서 언급하고 있는 강성갑의 국기배례 거부는 다른 증언들에서 확인되지 않는다.

38) 『국제신보』1950.10.8.「進永事件 結審公判. 主犯 金炳義엔 死刑, 有罪五名 無罪七名을 言渡」

39) 채백, 『부산언론사 연구』, 344.

40) 채백, 『부산언론사 연구』, 335-336.

41) 채백, 『부산언론사 연구』, 358-363.

42) 채백, 『부산언론사 연구』, 363-369.

43) 채백, 『부산언론사 연구』, 345.

44) 채백, 『부산언론사 연구』, 358-363.

45) 전희구, 『피어오를 새날』, 삶과 꿈, 2004, 38-48.

46) 이광우, 『이광우 회고와 추억』, 미출간 도서, 2003, 113-114.

47) 국제연합한국부흥위원회(United Nations Commission for the Unification and Rehabilitation of Korea, UNCURK)는 1950년 10월, 국제연합 총회의 결의에 의해, 국제연합한국위원회(United Nations Commission on Korea, UNCOK)의 임무를 이어받아 대한민국의 통일, 독립, 민주 정부 수립과 경제재건 및 평화회복을 위해 설치된 기관이다.

48) 한성훈, 「진영지역 학살과 진실규명: 역사의 법정과 희생자 복원」, 87-88. 최태육은 국사편찬위원회 2010년도 수집 구술자료 「한국전쟁후 희생자 유가족의 전후 생활과 활동(사료계열 COH007_20), 김광호 구술」에서 각주로 "당시 이 사건을 신고한 이는 강성갑 목사와 함께 한얼중학교에서 교사를 했던 이춘우 전도사와 이춘실 전도사, 그리고 전쟁을 피해 피난해 있던 이상철 목사다. 이들은 강성갑 목사가 2차로 연행 된 후, 위협을 느끼고 부산으로 피난해 있었다. 강성갑 목사와 함께 처형 현장에 있었던 최갑시는 구사일생으로 살아 나와, 이 사실을 위 3명에게 알렸고, 세 명 중 1인이 당시 부산지구 계엄사령관인 김종원 헌병사령관에게 이상의 사실을 알렸다. 따라서 구술인의 주장처럼 강성갑 목사 사건을 비롯한 진영 보도연맹원 사건이 미국에 먼저 알려졌다는 구술은 구술인의 추정에 불과하다."라고 주장하였다. 이 주장은 이상철의 주장(이상철, 『열린 세계를 가진 나그네』, 한국기독교장로회출판사, 2010, 100-105.)을 참고한 것이지만, 이춘우 등 다른 이들의 증언을 종합해 볼 때 받아들이기가 어렵다.

49) 연세대학교 신과대학 동문회, 『인물로 보는 연세신학 100년』, 동연, 2015, 229.

50) 『국제신보』 1950.12.26. 「死刑執行에 協議, 韓國復興委서 聲明」

51) 『국제신보』 1950.12.28. 「大統領令으로 特赦」

52) 이광우, 『이광우 회고와 추억』, 114-116.

53) 한성훈, 「진영지역 학살과 진실규명: 역사의 법정과 희생자 복원」, 89-90.

54) 전갑생, 「1960년 국회 '양민학살사건 조사특별위원회'자료-경남을 중심으로」, 246-247.

55) 심진구, 「향토교육의 선구자 강성갑에 관한 사례연구」, 269.

56) 윤효중(1917-1967)은 경기도 장단출신으로 동경미술학교 조각과에서 목조를 전공하였으며 홍익대학 교수를 역임하였고 예술원 회원으로 뽑혔다. 4.19 혁명 때 파괴된 이승만 동상, 민충정공상, 최제우상 등의 동상과 해병대충혼탑, 우장춘기념비 등을 제작하였다.

57) 조향록, 『팔십자술: 내 한몸 바칠 제단을 찾아서』, 선교문화사, 2009, 205.

58) 이상철, 『열린 세계를 가진 나그네』, 114.

59) 『동아일보』 1954.5.29. 「銅像除幕式 擧行」 "당지 한얼학교 설립자인 고 강성갑목사의 동상제막식은 지난 二십七일 상오十시 때마침 내도중인 함 부통령을 비롯하여 이 경남지사 등 요인 다수 참석하에 엄숙히 거행되었다."
『조선일보』 1954.6.1. 「한얼中學校 設立者 銅像 除幕式을 擧行」 "당지에 있는 「한얼」중학교 설립자 고 강성갑(姜成甲) 목사의 동상 제막식이 지난 二十七일 상오 十시三十분 동교 교정에서 함(咸) 부통령을 비롯하여 경남도지사와 내외귀빈 다수 참석한 가운데 해군 군악대의 주악리에 성대히 거행되었다."

60) 『마산일보』 1954.5.18. 「한얼校의 姜校長, 27日 銅像除幕式」

61) 『마산일보』 1954.5.28. 「故人追慕의 感懷속에 한얼校 姜校長 銅像除幕式 嚴修」

62) 『마산일보』 1954.5.30. 「한얼校에서 藝術祭開催」

63) 「강홍철 진술서」 2012.12.11.

64) 전갑생, 「1960년 국회 '양민학살사건 조사특별위원회'자료-경남을 중심으로」, 『제노사이드연구』 2007.2, 227-228.

65) 전갑생, 「1960년 국회 '양민학살사건 조사특별위원회'자료-경남을 중심으로」, 246-247.

66) 심진구, 「향토교육의 선구자 강성갑에 관한 사례연구」, 266-268. 그 내용은 다음과 같다. 첫째로, 그 때 강성갑 씨는 목사이고 교장이었는데 민주진영의 모임이 아닌 공산당 모임 [각주로 당시의 농민조합 모임을 지칭한다고 설명하고 있다]에서 강연을 자주 하였다. 둘째로, 강성갑 씨는 학교 건립 후 국기를 계양하지 않았다. 셋째로, 학교재단에서 운영하는 성냥공장에서 나오는 상표에 마치 쏘련 국기와 비슷하게 괭이를 그려 넣었다. 넷째로, 5.30 선거에 남로당원이며 민주주의민족전선 김해군 사무국장이었던 안창득의 국회의원 출마

를 위해 교장직을 사표내고 선거 사무장이 된 점. 다섯째로, 한얼중학교 학생들은 행사 [각주로 기념식 행사를 뜻한다고 설명하였다]때 항상 삽이나 괭이를 매고 머리에 수건을 동여매고 시가행진을 하였다. 여섯째로, 졸업식을 밤에 하고 써 붙인 표어는 전부 빨간 글씨었다. 일곱째로, 그는 왜 지금 중공의 인민공사처럼 전 교직원과 가족을 공동 기숙사에서 집단적 공동생활을 하게 했는가? 여덟째로, 6.25동란 중 북괴의 정예가 영산(靈山)쪽의 낙동강 돌출부-마산 근교-대구와 밀양간의 국도-부산 근교에 총집결하여 부산 교두보를 공략하려는 8월 공세를 준비하고 있을 무렵인 1950년 8월 2일, 김해경찰서에서 진영지서에 전공(電公)[각주에 전화로 공문전달을 하는 것을 의미한다고 설명하였다]으로 '학도병을 모집하게 아무 날 몇 시까지 진영농고와 한얼고의 학생을 소집하라.'란 시달이 되었기 때문에 지서장이 공문을 작성하여 이 두 학교에 보냈는데, 그는 교감이 전한 이 공문을 보더니 찢어 버리면서 '나는 대전교 [각주로 강성갑의 형댁(兄宅)이 있는 마을 이름임을 설명하였다]에 가니 교감 선생님 마음대로 하시오.'하였으나 교감은 중대한 일이라 결정을 못하고 찢겨진 공문을 가지고 지서에 가서 지서장에게 교장의 행동을 사실대로 고(告) 하였다. 이로 인하여 지서장도 그를 의심하고 있는데, 때마침 진영에 주둔하고 있던 현역군 9연대장 임 대위가 지서에 와서 회색분자의 명단을 요구하므로 지서장은 강성갑, 최갑시 등의 10인의 명단을 제시하였다. 그래서 그날 밤 그 부대의 정보과의 군인과 지서의 순경이 합동하여 추력으로 그 10인을 잡으러 다녔으나 진짜의 공산주의자들은 미리 피신하고 그와 최갑시란 사람만 붙잡혀 수산교에서 총살을 당하였다.

67) 심진구, 「향토교육의 선구자 강성갑에 관한 사례연구」, 266-269. 그 내용은 다음과 같다. 첫째, 민주진영이 아닌 공산당 모임에서 강연을 자주 했다는 주장에 대하여는 "좌도 우도 있을 수 없는」 그였으니까 좌의 모임에서나 우의 모임에서나 단지 사랑하는 내 겨레에게 강연을 하였을 따름"이었으며, 둘째, 학교를 건립한 후 국기를 게양하지 않았다는 주장에 대하여는 재단 이사장 등 학교 관계자들은 그럴 리가 없다고 부인하지만 게양했다는 증거도 확인되지 않으므로 자신의 생각에는 국기 게양대를 미처 만들지 못했던 것이 아닌가 생각한다고 해명하였다. 셋째, 학교 재단에서 운영하는 성냥공장에서 나오는 상표에 소련 국기와 비슷한 괭이를 그려 넣었다는 주장에 대하여는 "기술과 노동을 상징하는 상표였던 모양인데, 20년이란 긴 세월이 흘렀기 때문에 그의 측근자나 졸업생의 기억에도 남아 있지 않았다"고 해명하였다. 넷째, 좌익인사 안창득의 선거 사무장이 된 점에 대하여는 "오중은 여사의 말에 의하면 안창득은 과거 기독교 집사였고 똑똑한 인물이었는데 일시적으로 그런 유혹에 빠졌으나 법의 절차에 따라 재판을 받고 복권된 사람이며, 입후보할 당시 한얼중학교의 현직 이사로써 그의 일을 적극적으로 돕고 있었으며 또 학교

에 관련하는 여러 사람들의 권유도 있고 하여 사무장이 되었다고 한다."는 증언을 소개하였다. 다섯째, 학생들의 행사 때 항상 삽이나 괭이를 메고 머리에 수건을 동여매고 시가행진을 했다는 주장에 대하여는 "어윤강 이사장의 말에 의하면 삽과 괭이 뿐만 아니라 비까지 매게 했는데 그것은 근로정신을 복돋기 위한 것 이었으며, 단순한 시가행진에 그친 것이 아니고 그런 도구로 시가의 청소를 하게 했다고 한다."는 증언을 소개하였다. 여섯째, 졸업식을 밤에 하고 써 붙인 표어가 전부 빨간 글씨였다는 주장에 대하여는 "오중은 여사의 말에 의하면 졸업식을 밤에 한 것은 초기의 야간학교 때의 일이며 야간학교이기 때문에 야간에 졸업식을 한 것"이라는 증언을 소개하였고, "빨간 글씨로 표어를 썼다는 것은 강백수 씨가 그에게 질문하였을 때 그가 직접 답한 것처럼 '성경에 있는 하나님의 말씀'이고 '시각적 효과'를 위함이었으리라고 생각"된다는 반론을 제기하였다. 일곱째, 중공의 인민공사처럼 전 교직원과 가족들이 왜 집단적 공동생활을 했는가 하는 의문에 대하여는 "어윤강 씨의 말에 의하면 당시 학교를 건립한다는 유일한 목적 달성을 위해서 그와 전 교직원은 그들이 가진 전 재산을 학교에 투입하여 버렸고 또 한 푼이라도 절약을 하여 학교를 위해서 쓰려고 합의에 의하여 집단적 공동생활을 한 것이며 이것은 어디까지나 학교 건립을 위한 잠정적 수단이었다고 한다."는 증언을 소개하였다. 마지막으로 학생들을 학도병으로 소집하라는 공문을 찢어버리고 응하지 않았다는 주장에 대하여는 "이 사건만은 가족도 당시의 측근자도 잘 모르고 있었다."고 전제하고 당시에 학도병 모집대상은 중학생이 아닌 고등학생들이었으며, 한얼고등학교는 설립되기도 전이었음을 지적하는 등 반론을 제기하였다.

68) 진실·화해를 위한 과거사정리위원회, 『2008년 하반기조사보고서 03』, 895.

69) 심진구, 「향토교육의 선구자 강성갑에 관한 사례연구」, 269.

70) 한얼중고등학교 동문회, 『위대한 스승 강성갑 교장(그 생애와 사상)』, 44.

71) 서울특별시 교육연구원 편, 『스승의 길』, 276.

72) 문희봉, 『두무산 민들레』, 88.

73) 서울특별시 교육연구원 편, 『스승의 길』, 280.

74) 이이화, 『한국사, 나는 이렇게 본다』, 길, 2005, 93

75) 최태욱, 「한국전쟁후 희생자 유가족의 전후 생활과 활동(사료계열 COH007_20), 김광호 구술」

76) 제2대 국회의원 선거 김해군 을구 후보 및 득표현황

기호	소속	이름	나이	직업	학력	경력	득표수(득표율)
1	무소속	조용환	55	농업	국민교졸	면장5년	3,298(10.12)
2	무소속	박태현	36	무직	일본중앙대 법학과	중학교장	3,646(11.19)
3	무소속	안창득	32	무직	소졸	경남성냥공업조합 상무이사	1,962(6.02)
4	무소속	이철민	34	무직	명치대학	신문기자	1,432(4.39)
5	무소속	이종수	30	농업	일본중앙대 법학과	농업종사	6,102(18.73)
6	무소속	김도현	52	농업	중졸	국민학교장	2,616(8.03)
7	무소속	최필호	52	농업	중졸	지유민부사 이사	4,088(12.55)
8	무소속	노해용	50	농업	중학중퇴	회사 취체역	0(0.00)
9	무소속	엄귀현	36	교수	대졸	교원 5년	2,468(7.57)
10	무소속	노재건	37	농업	중졸	국민회 면부지부장	0(0.00)
11	무소속	조귀갑	46	농업	한수15년	제헌국회의원	4,254(13.06)
12	무소속	송기대	56	농업	전문교중퇴	경찰서장	1,874(5.75)
13	무소속	송세우	44	농업	중졸	면농회장	0(0.00)
14	무소속	김정실	38	농업	대학중퇴	육군호국중위	822(2.52)

출전: 중앙선거관리위원회 선거통계시스템(http://info.nec.go.kr/electioninfo/electionInfo_report.xhtml)

77) 「심사수 진술서」 2012.3.29.

78) 「심사수 진술서」 2012.3.29. 심사수에 의하면 "강성갑 목사는 왜 5·30선거에서 안창덕씨의 선거참모장이 되었던가. 안창덕씨의 국회의원 출마를 강목사님이 권유했던 것인가? 안창덕 씨가 강목사님에게 선거지원을 요구했던 것인가? 안창덕씨는 국회의원 후보 출마를 위한 조직이나 금력이 없었고, 강목사님은 정치적·정책적 지원을 요청할 만큼의 학교의 기반이 성숙되지도 않았었다. 그렇다면 강목사님이 안창덕씨에게 이용당했던 것인가? 그것은 더욱 아니다. 강목사님은 자기가 원하지 않는 일을 위해 이용당할 그런 사람은 아니다. 그렇다면, 강목사님은 1년 이내에 고등학교 설립을 해야 하는 필요성에(학생들의 요구에) 몰려 있었다고 생각해 볼 때, 그리고 또 한편으로 한얼중학교의 교육이념, 교육철학의 전국적인 확산이 시급하다고 생각하셨다면, 중앙정부로부터의 지지와 정책적 지원이 있는 것이 효과적일 것이라고 생각하시지 않았을까?"라고 증언하였다.

79) 진실·화해를 위한 과거사정리위원회, 『2008년 하반기조사보고서 03』, 873.

80) 진실·화해를 위한 과거사정리위원회, 『2008년 하반기조사보고서 03』, 778.

81) 진실·화해를 위한 과거사정리위원회, 『2008년 하반기조사보고서 03』, 781.

82) 진실·화해를 위한 과거사정리위원회, 『2008년 하반기조사보고서 03』, 782-783.

83) 진실·화해를 위한 과거사정리위원회, 『2008년 하반기조사보고서 03』, 787.

84) 진실·화해를 위한 과거사정리위원회, 『2008년 하반기조사보고서 03』, 801. 강성갑의 사망 사실이 기록된 「행방불명된 보련맹원 및 그 가족조사명부」(이하 「행불 보련원명부」)의 내용은 다음과 같다. ㉮1951년 9월 5일 김해경찰서장 명의의 「김경사(金警査)-제3610호」문서를 통해 전쟁 직후 행방불명된(처형자 포함) 보련맹원 및 그 가족에 대해 일제 조사하여 보고하라는 지시가 하달됨에 따라 각 지서 및 출장소에서 조사하여 보고한 명부로 13개 읍·면의 명부가 모두 있다. ㉯행방불명자를 조사한 시점이 사건이 발생한 지 불과 1년 뒤라는 점과, 김해경찰서의 지시에 의거해 지서별로 담당 조사 직원을 정하여 이들이 관할 면을 직접 조사한 후 작성한 자료인 점을 감안했을 때 자료의 신뢰도가 매우 높다. ㉰특히, 김해 국민보도연맹 사건으로 희생되었다고 신청된 진실규명대상자 76명 중 45명이 이 명부에서 확인되었고, 이 명부에 행방불명자로 기재된 사람들이 용공혁신대상자명부에서 '6·25 당시 처형자'로 확인되었음. 또한, 명부에 기재된 행방불명일을 진실규명대상자의 사망일과 비교해봤을 때, 일치하거나 대체로 비슷함. 따라서 이 명부에 기재된 사람 중 다수가 살해되었을 것으로 추정되며, 명부의 '행방불명일'은 사망일로 추정됨. ㉱명부의 내용은 크게 피해자 정보와 가족 정보로 나눠지는데, 피해자 정보에는 성명, 직업, 생년월일, 본적, 주소, 소속 정당·단체 및 담당부서, 자산 정도, 학력 및 경력, 행방불명 연월일 및 피검기관명 등이 기재되어 있고, 가족 정보에는 가족 이름, 연령, 관계, 가족 중 입대자 유무, 공무원 유무, 전과 유무, 가족이 포지한 사상, 조사 당시의 동향 및 시찰 상황 등이 포함되어 있음. ㉲작성일자 및 조사자: 진영읍은 1951.09.17. 조사자 이○○

85) 진실·화해를 위한 과거사정리위원회, 『2008년 하반기조사보고서 03』, 802. 위원회가 강성갑 사건과 관련하여 조사한 신문자료는 부산일보 1950년 10월 1일자~10월 31일자(진영읍 비상시국대책위원회의 가해내용과 재판과정), 경남매일신문 1968년 7월 1일자~12월 31일자(진실규명대상자 강성갑의 경력과 활동내용, 희생사실) 등이었으며, 보고서의 각주 17에 "진실화해위원회는 김해 국민보도연맹 사건과 관련하여 1949년, 1950년, 1960년도 영남지역 신문자료 조사를 실시하였다. 그중 현재 한국언론재단·국립중앙도서관·경남신문

사에서 보유하고 있는 부산일보, 민주중보, 자유민보, 경남매일신문에 대한 조사를 2008년 4월 14~19일, 10월 9일, 10월 13일, 10월 24일에 실시하였다."고 기록되어 있다.

86) 진실·화해를 위한 과거사정리위원회, 『2008년 하반기조사보고서 03』, 803.

87) 진실·화해를 위한 과거사정리위원회, 『2008년 하반기조사보고서 03』, 804.

88) 비상시국대책위원회는 경남계엄사 발표문에서 '사설단체'로 규정했던 것이다.

89) 당시 한얼중학교 이사장은 '어윤강'이었다.

90) 진실·화해를 위한 과거사정리위원회, 『2008년 하반기조사보고서 03』, 844-845.

91) 진실·화해를 위한 과거사정리위원회, 『2008년 하반기조사보고서 03』, 845. 각주 239.

92) 강성현, 「한국전쟁기 유엔군의 피난민 인식과 정책」, 『사림』33, 2009, 83-90.

93) 진실·화해를 위한 과거사정리위원회, 『2008년 하반기조사보고서 03』, 866. 보고서가 정리한 내용은 다음과 같다. "희생자 강성갑의 희생사실은 1950년 10월 1일자 부산일보에 기록되어 있다. '7월 27일경 진영지서 주임 김○○와 진영읍 청년방위대 대장 하○○은 평소에 사감이 있던 한얼중학교 교장 강성갑과 과수업자 최갑시를 살해할 것을 모의한 후, 8월 1일 창원군 대산면 일동리 수산교 인근 낙동강변에서 칼빈총으로 살해하였다.' 또한, 강성갑의 제적등본을 확인한 결과 '서기 1950년 8월 1일, 창원군 대산면 일동리 낙동강변에서 사망'으로 기록되어 있다. 신청인 강흥철의 진술에 따르면, 희생자 강성갑이 희생되고 1주일 뒤 낙동강변 모래사장으로 시신이 떠밀려와 어머니와 신청인이 직접 가서 희생자가 입고 있던 속옷을 보고 시신을 확인한 후, 화장하여 진영읍 한얼중학교 교정에 안장하였다. 신청인 강흥철 진술조서(2008.4.4.) ; 부산일보, 1950.10.1일자; 「제적등본(강성갑)」"

94) 진실·화해를 위한 과거사정리위원회, 『2008년 하반기조사보고서 03』, 902-903.

95) 진실·화해를 위한 과거사정리위원회, 『2008년 하반기조사보고서 03』, 915.

96) 한성훈, 「진영지역 학살과 진실규명: 역사의 법정과 희생자 복원」, 97.

97) 「서울중앙지방법원 판결문(2012가합501252)」 2012.11.15.

98) 「서울고등법원 판결문(2012나100205)」 2013.7.11.

99) 「대법원 판결문(2013다210220)」 2013.12.12.

100) 「서울고등법원 판결문(2014카키20125)」 2014.6.12.

101) 「헌법재판소 결정문[2014헌바148·162·219·466, 2015헌바50·440(병합); 2014헌바223·290, 2016헌바419(병합)]」 2018.8.30.

102) 「서울고등법원 판결문(2018재나20316)」 2019.3.15.

103) 「대법원 판결(2019다225309)」 2020.5.11.

104) 진실·화해를 위한 과거사정리위원회, 『진실화해위원회 종합보고서 I』, 76.

▶ 참고문헌

1. 1차 자료

강성갑의 「제적등본」.

강성갑의 「마산상업학교 학적부」.

강성갑의 「연희전문학교 문과 학적부」.

강성갑의 「연희전문학교 졸업앨범」.

강성갑의 「동지사대학 문학부 신학과 학적부」, 「성적표」, 「졸업논문」.

일본기독교단 조선장로교 「경남교구 부산지교구 보고 건」 1944.11.14.

진영교회 『당회록』 1932~1952.

진영교회 『제직회 회록』 1938~1949.

진영살인 사건 관련 판결문 「고특 군법회의 제20호」 1950.10.6.

「재단법인 삼일학원 설립인가신청서」 1947.12.

「한얼초급중학교 설립인가신청서」 1947.12.20.

「재단법인 삼일학원 단기4281년도 사업보고서」 1950.2.1.

「한얼고등학교 설립인가신청서」 1951.8.28.

「재단법인 삼일학원 자산증자에 대한 보고서」 1951.8.28.

「복음중등공민학교 학생회 명부」 1947년 1, 2학기.

「폐쇄된 부동산 등기부(경상남도 김해군 가락면 제도리 48-14 외 24건)」

2. 구술 및 진술서

2012년 국가배상재판 재판부 제출 유족 등의 진술서

「강흥철 진술서(강성갑의 장남)」 2012.12.11.

「강영철 진술서(강성갑의 차남)」 2011.12.15.

「강옥선 진술서(강성갑의 차녀)」 2012.12.16.

「강혜선 진술서(강성갑의 삼녀)」 2012.1.9.

「강영희 진술서(강성갑의 사녀)」 2012.12.23.

「박형규 진술서」 2012.3.29.

「김동길 진술서」 2012.4.11.

「심사수 진술서」 2012.3.29.

「최갑시 구술」 1982.1.31.

「김동길 구술」 2015.8.16.

「정원식 구술」 2016.4.11.

「심사수 구술」 2015.2.2 ; 2016.3.12 ; 2016.4.19 ; 2016.5.2.

「최재건 구술」 2016.8.30.

3. 언론 기고

강병원. 「선구자낙동강의 혈맥을 찾는 특별연재강성갑 목사」, 『경남매일신문』 1968. 7. 3.

곽병찬. 「학살자를 향한 기도저들을 용서하소서」, 『한겨레신문』 2015.11. 3.

김동길. 「같이 살기 운동의 강성갑 목사」, 『신동아』 1973. 5.

_____. 「그리운 사람강성갑 목사 이야기」, 『새가정』 1965. 9.

김영목. 「흙의 순교자강성갑 목사의 순교진상」, 『새가정』 1969. 5.

김정환. 「외솔선생의 민족적 교육학」, 『나라사랑』 1973. 3.

김활란. 「예루살넴大會와 今後 基督敎」, 『청년』 1928.11.

원한경. 「페스탈롯지의 일생」, 『현대평론』 1927. 3.

유 영. 「연희전문 시절의 윤동주」, 『나라사랑』23, 1976.

이용주. 「연세혈맥강성갑과 한얼정신」, 『연세춘추』 1977. 4. 4; 4. 12.

이원수. 「나의 문학 나의 청춘」, 『월간문학』 1974. 2.

이윤숙. 「한얼중학교 강성갑 교장」, 『중등우리교육』 1993. 11.

_____. 「분단시대를 외롭게 살다간 진보적 교육사상가 허현」, 『중등우리교육』 1993. 4.

장덕순. 「윤동주와 나」, 『나라사랑』 23, 1976.

정병욱. 「잊지못할 윤동주의 일들」, 『나라사랑』 23, 1976.

최현배. 「페스탈롯지 교육학」, 『현대평론』 1927. 3.

허   현. 「잊을 수 없는 인간상」, 『국민보』 1960. 3. 30; 4. 6; 4. 13.

_____. 「지역사회학교」, 『새교육』 1956. 1 - 6.

홍병선. 「丁抹을 向하면서」, 『청년』 1927. 7·8.

4. 단행본

강영택. 『공교육과 기독교』, 좋은교사, 2014.

강원룡. 『歷史의 한 가운데서:해방 40년간의 증언』, 종로서적, 1985.

강정택, 박동성 역. 『식민지조선의 농촌사회와 농업경제』, YBM Si-sa, 2008.

경남(법통)노회100년사 편찬위원회 편. 『경남(법통)노회100년사』, 경남(법통)노회, 2016.

고범서 외. 『姜元龍과의 對話:한국사회 한국교회』, 평민사, 1987.

국사편찬위원회. 『한국교육 정책자료: 실록 대한민국사 자료집.1』, 국사편찬위원회, 2011.

김교신, 노평구 편. 『김교신전집 1:인생론』, 부키, 2001.

김경학 외. 『전쟁과 기억』, 한울, 2005.

김광현. 『이 풍랑 인연하여서: 나의 목회 일생』, 성서교재사, 1993.

김권정. 『한국기독교 민족운동론과 민족운동』. 국학자료원, 2015.

김기진. 『끝나지 않은 전쟁, 국민보도연맹: 부산·경남지역』. 역사비평사, 2002.

김도형 편. 『연희전문학교의 학문과 동아시아 대학』. 혜안, 2016.

_____. 『일제하 연세학풍과 민족교육』. 혜안, 2015.

_____. 『해방 후 연세학풍의 전개와 신학문 개척』. 혜안, 2015.

김동춘. 『이것은 기억과의 전쟁이다』. 사계절, 2013.

김두식. 『법률가들』. 창비, 2018.

김상숙. 『10월 항쟁』. 돌베개, 2016.

김석득. 『외솔 최현배 학문과 사상』. 연세대학교 출판부, 2000.

김승태. 『식민권력과 종교』. 한국기독교역사연구소, 2012.

김영환. 『한 민족의 가슴에 타는 불』. 보이스사, 1985.

김용기. 『가나안으로 가는 길』. 창조사, 1968.

김용달. 『농민운동』. 독립기념관 한국독립운동사연구소, 2009.

김예림, 김성연 편. 『한국의 근대성과 기독교의 문화정치』. 혜안, 2016.

김정환. 『인간화 교육 어떻게 할 것인가』. 내일을여는책, 1995.

김태청. 『법복과 군복의 사이』. 원경, 2001.

김학은. 『연세대학교 상경대학 백년사. 1』. 연세대학교 대학출판문화원, 2015.

김형석. 『인생의 길, 믿음이 있어 행복했습니다―김형석 교수의 신앙 에세이』. 이와우, 2017.

김형윤. 『마산야화: 김형윤 유고집』. 태화출판사, 1973.

김혜련. 『일제 강점기 조선어과 교과서와 조선인』. 역락, 2011.

김희보. 『사랑을 받느니보다 사랑을 주게 하소서』. 종로서적, 2000.

김활란. 『그 빛 속의 작은 생명』. 이화여자대학교 출판부, 1999.

나일성 편.『서양 과학의 도입과 연희전문학교』. 연세대학교 출판부, 2004.

농업협동조합중앙회.『한국 농업금융사』. 농업협동조합중앙회, 1963.

대광 50년사 편찬위원회.『대광 50년사』. 대광학원, 1997.

라익진.『어머님을 그리면서: 각당 라익진 자서전』. 성지기획, 2010.

마산창원지역사연구회.『마산·창원 역사읽기』. 불휘, 2003.

문교부.『文敎行政槪況』. 文敎部, [1946?].

_____.『文敎行政統計:4293.4.30.』. 文敎部, [檀紀]4293[1960].

문창교회 100년사 편찬위원회.『문창교회 100년사』. 한국장로교출판사,
     2001.

문희봉.『두무산 민들레』. 형설출판사, 1980.

민경배.『한국민족교회형성사론』. 연세대학교출판부, 2008.

박명수 외.『대한민국 건국과 기독교』. 북코리아, 2014.

박영신.『외솔과 한결의 사상:겨레 학문의 선구자』. 연세대학교 출판부,
     2002.

박형규.『나의 믿음은 길 위에 있다』. 창비, 2010.

박혜진.『일제하 한국기독교와 미션스쿨』. 경인문화사, 2015.

방기중.『배민수의 농촌운동과 기독교사상』. 연세대학교 출판부, 1999.

방태영.『農村의 丁抹』. 京城:東洋書院, 昭和3[1928].

백낙준.『백낙준 전집.3:연세 교육의 이상』. 연세대학교 출판부, 1995.

_____.『백낙준 전집.9:회고록 종강록』. 연세대학교 출판부, 1995.

백승종.『그 나라의 역사와 말: 일제 시기 한 평민 지식인의 세계관』. 궁리,
     2002.

부경역사연구소.『(시민을 위한) 부산의 역사』. 선인, 2003.

부산대학교.『부산대학교 60년사: 1946-2006』. 부산대학교, 2006.

서울특별시 교육연구원 편.『스승의 길』. 서울특별시 교육연구원, 1984.

손인수. 『원한경의 삶과 교육사상: H.H.언더우드의 선교교육과 한국학연구』. 연세대학교 출판부, 1992.

손정목. 『한국 근대화 100년:풍속의 형성, 도시의 탄생, 정치의 작동』. 한울, 2015.

송우혜. 『윤동주 평전』. 서정시학, 2014.

신창호. 『교육철학 : 존 듀이의 일상교육 구상』. 우물이 있는 집, 2016.

양주삼. 『양주삼총리사 저작전집 1:전기』. 한국감리교회사학회, 1991.

양현혜. 『빛과 소망의 숨결을 찾아:이화여자대학교 대학교회 70년사』. 이화여자대학교 출판부, 2005.

연세 창립80주년 기념사업연구회 편. 『연세대학교사:1885-1965』. 연세대학교 출판부, 1969.

연세대 국학연구원 편. 『근대학문의 형성과 연희전문』. 연세대학교 출판부, 2005.

＿＿＿＿＿＿＿＿＿＿. 『근현대 한국의 지성과 연세』. 혜안, 2016.

연세대학교 국학연구원 연세학풍연구소. 『연·세전 교장 에비슨 자료집(Ⅲ)』. 선인, 2018.

연세대학교 문과대학. 『연세대학교 문과대학 100년. 1, 2』. 연세대학교 문과대학, 2015.

연세대학교 박물관 편. 『연희전문학교 운영보고서. 上, 下』. 선인, 2013.

연세대학교백년사편찬위원회 편. 『연세대학교백년사: 1885-1985. 1-4』. 연세대학교 출판부, 1985.

연세학풍연구소. 『내일을 걷는 연세역사』. 연세대학교 대학출판문화원, 2017.

오성철 외. 『대한민국 교육70년』. 대한민국역사박물관, 2016.

오연호. 『우리도 행복할 수 있을까』. 오마이북, 2014.

오영식 편. 『해방기 간행도서 총목록:1945~1950』. 소명, 2009.

오욱환 외. 『미군점령시대의 한국교육:사실과 해석』. 지식산업사, 1993.

오천석. 『외로운 城主』. 광명출판사, 1975.

오혁진. 『한국사회교육사상사』. 학지사, 2016.

우월문집 편집위원회 편. 『우월문집, 1』. 이화여자대학교 출판부, 1979.

이경란. 『일제하 금융조합 연구』. 혜안, 2002.

이광우. 『이광우 회고와 추억』. 미출간, 2003.

이규호, 윤재흥 편. 『삶의 철학』. 연세대학교 출판부, 2005.

이돈희 외. 『한국의 교육 70년』. 한국학중앙연구원출판부, 2015.

이문원. 『한국의 교육사상가』. 문음사, 2002.

이상규. 『교회쇄신운동과 고신교회의 형성』. 생명의 양식, 2016.

이상철. 『블라디보스토크에서 토론토까지열린 세계를 가진 나그네』. 한국기
　　　독교장로회 출판사, 2010.

이신철 외. 『동북아 한인 언론의 발자취:1945~1949』. 성균관대학교 출판
　　　부, 2013.

이영덕 외. 『11인의 교육수상』. 교육출판사, 1987.

이은선 외. 『한국근대화와 기독교의 역할』. 두란노아카데미, 2011.

이운형. 『백광일기』. 한국장로교출판사, 2006.

이이화. 『한국사, 나는 이렇게 본다』. 길, 2005.

이일선. 『理想村』. 農村文化社, 1947.

이춘우. 『율원록』. 한울, 1999.

이혜숙. 『미군정기 지배구조와 한국사회: 해방 이후 국가시민사회 관계의
　　　역사적 구조』. 선인, 2008.

임경석 편저. 『동아시아 언론매체 사전:1815-1945』. 논형, 2010.

장원동. 『최현배의 교육철학: 외솔의 생애와 사상』. 형지사, 2010.

장유면지편찬위원회 편. 『장유면지』. 장유면지편찬위원회, 2013.

전희구. 『피어오를 새날』. 삶과꿈, 2004.

정대위. 『노닥다리 초록 두루마기』. 종로서적, 1987.

정병욱. 『일제강점기의 교육』. 국사편찬위원회, 2010.

정연태. 『식민권력과 한국농업:일제 식민농정의 동역학』. 서울대학교출판
　　　문화원, 2014.

정연희. 『내 잔이 넘치나이다』. 홍성사, 1996.

정원식. 『변혁의 시대에서: 정원식 회고록』. 기파랑, 2010.

정희상. 『이대로는 눈을 감을 수 업소』. 돌베개, 1990.

조동걸. 『일제하 한국농민운동사』. 한길사, 1983.

조승제. 『목회여화: 나의 목회생활 40년의 백서』. 향린사, 1965.

조향록. 『팔십자술: 내 한몸 바칠 제단을 찾아서』. 선교문화사, 2009.

지수걸. 『일제하 농민조합 연구:1930년대 혁명적 농민조합운동』. 역사비평
　　　사, 1993.

진영읍지편찬위원회 편. 『진영읍지』. 진영읍지편찬위원회, 2004.

진실·화해를 위한 과거사정리위원회. 『진실화해위원회 종합보고서 I 』. 진
　　　실·화해를 위한 과거사정리위원회, 2010.

　　　　　　　　　　　　　　　　. 『2008년 하반기조사보고서 03』. 진
　　　실·화해를 위한 과거사정리위원회, 2009.

창신중·공업고등학교. 『창신 60년사』. 창신중·공업고등학교, 1969.

창신중·고등학교. 『창신 90년사』. 창신중·고등학교, 1998.

채　백. 『부산언론사 연구』. 산지니, 2012.

초량교회. 『초량교회 100년사: 1892~1992』. 대한예수교장로회 초량교회,
　　　1994.

초량교회 80년사 편찬위원회. 『초량교회 80년사:1893~1972』. 대한예수교

장로회 초량교회, 1972.

최재성.『식민지 조선의 사회경제와 금융조합』. 경인문화사, 2006.

최현배.『나라건지는 교육: 구국적 교육』. 정음사, 1963.

_____.『조선민족갱생의 도』. 정음사, 1971.

한국 교육문제연구소.『문교사: 1945~1973』. 중앙대학교 출판국, 1974.

한국교육십년사간행회 편.『한국교육십년사』. 풍문사, 단기4293[1960].

한국기독교역사학회 편.『한국기독교의 역사 2』. 기독교문사, 2012.

한국기독교학교연합회.『한국기독교학교연합회 60년사』. 한국기독교학교
연합회: 한국장로교출판사, 2014.

한국농촌경제연구원 편.『한국 농업·농촌 100년사. 上:1901~1945』. 농림
부; 한국농촌경제연구원, 2003.

_____.『한국 농업·농촌 100년사. 下:1945~2000』. 농림
부; 한국농촌경제연구원, 2003.

한규무.『일제하 한국기독교농촌운동:1925~1937』. 한국기독교역사연구
소, 1997.

한석정.『만주 모던: 60년대 한국 개발 체제의 기원』. 문학과지성사, 2016.

한성훈.『가면권력: 한국전쟁과 학살』. 후마니타스, 2014.

한얼중고등학교 동문회 편.『위대한 스승 강성갑 교장(그 생애와 사상)』. 한
얼중고등학교 동문회, 2000.

한정협회 편.『그룬드비傳』. 조알사, 단기4289[1956].

허 현.『인간의 第四革命: 허현교수 논집』. 허현교수 유고문집간행회, 1967.

홍병선.『정말농민과 조선』. 광문출판사, 단기4282[1949].

그레고리 헨더슨, 박행웅 외 역.『소용돌이의 한국정치』. 한울, 2000 (Henderson,
Gregory, *Korea, the politics of the vortex*, Harvard University Press,
1968).

폴 담, 김장생 역.『덴마크의 아버지 그룬트비』. 누멘, 2009 (Poul Dam, *Nikolaj Frederik Severin Grundtvig (1783–1872)*, Royal Danish Ministry of Foreign Affairs, 1983).

홀거 베그트룹 외, 이기백 역.『새 역사의 창조:덴마크 국민고등학교와 농촌사회의 발전』.동양사, 1959 (Holger Begtrup, Hans Lund, Peter Manniche, *The folk high school of Eenmark development of a farming community*, Oxford University Press, 1926).

Horace H. Underwood. *Modern education in Korea*, 한빛문고, 1984 printing, c1926.

水野直樹, 정선태 역.『창씨개명: 일본의 조선지배와 이름의 정치학』. 산처럼, 2008.

東亞經濟時報社.『朝鮮銀行會社組合要錄』. 東亞經濟時報社, 昭和八年 (1933).

藤澤淸次郎.『朝鮮金融組合と人物』. 大陸民友社, 昭和12[1937].

5. 논문

강명숙.「H.H.언더우드의『Modern Education in Korea』와 일제시기 한국교육사연구」,『동방학지』165, 2014.

강성현.「한국전쟁기 유엔군의 피난민 인식과 정책」,『사림』33, 2009.

김동노.「미 군정기의 농민조직과 농민운동–민중의 사회세력화와 그 좌절」,『사회와 역사』54, 1998.

김 승.「한말·일제하 김해지역 민족운동과 사회운동」,『지방사와 지방문화』17(2), 2014.

신재의.「맹의순의 삶과 포로수용소에서의 선교」,『한국기독교와 역사』41, 2014.

심진구. 「향토교육의 선구자 강성갑에 관한 사례연구」, 『인천교대논문집』3, 1968.

오혁진. 「그룬트비히 교육사상에 기초한 한국사회교육의 전개과정과 의의」, 『평생교육학연구』14(4), 2008.

유장근. 「일제시대 마산 창신학교 관련 신문기사의 유형과 특징」, 『가라문화』26, 2014.

윤소영. 「일제강점 말기 송산고등농사학원과 김두혁의 독립운동」, 『한국독립운동사연구』62, 2018.

윤지은. 「경계인으로서의 윤동주와 본향의 자리」, 『한국근대문학연구』18(2), 2017.

이경숙. 「모범인간의 탄생과 유통: 일제 강점기 학적부 분석」, 『한국교육』34(2), 2007.

이덕주. 「초기 일본 도시샤(同志社)대학 신학부 한국인 유학생에 관한 연구(1908-1945년)」, 『신학과 세계』71(0), 2011.

이준식. 「일제침략기 김해지방의 농민운동」, 『역사와 현실』7, 1992.

이혜숙. 「미군정기 농민운동의 성격과 전개과정」, 『사회와 역사』13, 1988.

장규식. 「1920년대 개조론의 확산과 기독교사회주의의 수용·정착」, 『역사문제연구』21, 2009.

전갑생. 「1960년 국회'양민학살사건조사특별위원회'자료 - 경남을 중심으로」, 『제노사이드연구』1, 2007.

정해진. 「풀무학교의 근대 교육사적 의의」, 『한국교육학연구』19(3), 2013.

최재건. 「1928년 예루살렘 국제선교협의회와 한국교회」, 『신학논단』45, 2006.

최태육. 「6.25전쟁 시기 기독교인 희생사건 기록 문제」, 『한국기독교와 역사』37, 2012.

한규무. 「1950년대 기독교연합봉사회의 농민학원 설립과 운영」, 『한국기독
          교와 역사』33, 2010.

한성훈. 「진영지역 학살과 진실규명: 역사의 법정과 희생자 복원」, 『역사연
          구』21, 2011.

허 은. 「5.16군정기 재건국민운동의 성격」, 『역사문제연구』11, 2003.

홍성표. 「해방공간 강성갑의 기독교 사회운동 연구」, 『한국기독교와 역사』
          45, 2016.

_____. 「연희전문학교의 학생자치단체와 간행물」, 『동방학지』184, 2018.

_____. 「송몽규의 민족의식 형성과 기독교」, 『동방학지』180, 2017.

_____. 「기독교 학교 학생들의 민족운동과 사회주의-연희전문학교 학생
          회를 중심으로」, 『한국독립운동사연구』68, 2019.

홍순권,배병욱. 「한국전쟁 전후 김해지역 민간인학살의 실태와 성격」, 『제
          노사이드연구』4, 2008.

6. 학위논문

김기대. 「일제하 개신교 종파운동 연구」, 한국정신문화연구원 한국학대학
          원 박사학위논문, 1997.

김병희. 「유재기의 예수촌사상과 농촌운동」, 계명대학교 박사학위논문,
          2008.

류호진. 「1950-60년대 한국의 덴마크 담론에 관한 연구: 약소국, 황무지,
          문화농민」, 한양대학교 석사학위논문, 2015.

박희준. 「1920-1930년대 한국교회의 덴마크 농촌운동 이해」, 감리교신학
          대학교 석사학위논문, 2013.

정해진. 「그룬트비의 평민교육사상」, 고려대학교 박사학위논문, 2015.

최태육. 「남북분단과 6.25전쟁 시기(1945-1953) 민간인 집단희생과 한국

기독교의 관계연구」, 목원대학교 박사학위논문, 2015.

홍이표. 「일제하 한국 기독교의 일본인식 연구: 「內地」개념을 중심으로」,
연세대학교 박사학위논문, 2014.

7. 기타 자료

동지사대학교 신학과. 『기독교연구』17권2호(1940)−21권2호(1944).

감리교신학대학·일본 도시샤대학 학술교류 세미나 자료집『초기 일본 도
시샤대학출신 한국인 유학생에 관한 연구』2010.3.

도시샤대학 신학부·감리교신학대학 학술교류 심포지움 자료집『도시샤 신
학부의 한국인 유학생에 관한 종합적 연구』2010.11.

『동아일보』아카이브.

『조선일보』아카이브.

『국제신보』1950.10.1− 12.31.

『민주신보』1950.10.1− 10.30.

『부산일보』1950.10.1− 10.30.

『민주중보』1945.10.15; 1949.5.25; 1949.7.15.

『마산일보』1954.5.18; 1954.5.28; 1954.5.30.

『남조선 민보』1948.12.11.; 1948.12.12.; 1948.12.15; 1949.1.22.

『자유민보』1950.4.18.

『별건곤』1930.12.「六 專門學校 學生論評」

『삼천리』1930.11.「新進學者 總評(一), 延禧專門學校 教授層」

『연희전문학교 졸업앨범』1941.2.

독립유공자 공훈록 http://e-gonghun.mpva.go.kr/user/Contribu-
MeritList.do?goTocode=20002

한국민족문화대백과사전 http://encykorea.aks.ac.kr/

부록

學生會名簿

福音中學校

檀紀一九四七年

　　月　　日現在

부록의 설명

1. 「설립취지서」는 1947년 12월 미군정 문교부에 제출한 「재단법인 삼일학원 설립인가신청서」에 포함되어있는 설립취지서의 원본 이미지로, 국가기록원 역사기록관(관리번호 BA0236472)에 실물로 보관되어 있다.

2. 「법인사업보고서」는 1950년 2월 문교부에 보고한 재단법인 삼일학원의 「1948년도 사업보고서」 원본 이미지로, 1948년 1월 설립된 재단법인 삼일학원과 한얼중학교의 초창기 현황을 파악할 수 있는 중요한 자료이며, 국가기록원 역사기록관(관리번호 BA0236472)에 실물로 보관되어 있다.

3. 『국제신보』는 현재 국제신문사 정보자료부에 실물로 보관되어 있다. 1950년 10월부터 12월까지 군법회의 관련 기사가 보도된 『국제신보』의 원본 이미지를 참고자료로 수록하였으며, 관련 기사는 박스로 표시하였다.

4. 추모동상 제막식 추모곡 악보는 1954년 5월 27일 함태영 부통령과 이상룡 경남도지사 등이 참석한 가운데 거행되었던 강성갑 추모 동상 제막식에서 한얼중·고등학교 학생들이 불렀던 추모 합창곡이다. 이 곡은 당시 영어 교사로 재직하고 있던 이규호가 가사를 쓰고, 음악 교사로 재직 중이던 이삼은이 작곡하였다. 그 이후 오랫동안 잊혀졌으나 강성갑의 아들이 당시의 기억을 되살려 채보(採譜)한 것으로, 역사성 등을 감안하여 참고자료로 수록하였다.

5. 화보에는 관련 연구에 참고할 수 있도록, 유가족과 제자들이 제공한 사진을 따로 정리하여 수록하였다.

設立趣旨書

"밀알 하나이 땅에 떨어져 주지 아니하면 않
그대로 있고 죽 으면 많은 열매가 맺나니라 이것
운 예수의 말이다, 自己만은 爲하는 自己本位
의 思想과 行動은 그 民族이나 國家를 滅亡
으로 이끌고 가므야만다, 오늘 朝鮮은 祖國을
爲하여 自己의 利益을 抛棄하고 한 알의
밀알이 되여 그 몸과 生命을 바쳐 犧牲의
祭物이 되려는 人物을 要求한다, 이러한 사람
이 되기 爲하여는 첫째로 다음에 말하는 個

條件은 具有하여야 할 것이다,
첫째, 한 가지 以上의 學問 知識이나 事門
技術을 가져야 할것이다, 이것은 너무나
當然한 일이언만 이에對한 明確한 信念
을 가지고 敎育에 臨하는 者 그 얼마나
되랴, 莫然한 敎育 觀에서 그저 가르치고
배우면 되는 줄은 크게 危險한 일
이 아닐 수 없다, 쓸데없는 高等遊民을
만드는 것은 큰 罪惡이다, 이러한
서 被敎育者이 個性이 그 가 타고난 天賦를

充分히 살릴 수 있는 敎育方針을 確立
시켜야 할 것으로 믿는다, 여기에 科學敎
育이 要請되는 것은 빤한 일이다,
둘째, 愛土의 精神을 가져야 한다 여기
에 말하는 흙 이라는 것은 朝鮮民族의 固有
한 歷史, 固有한 文化, 固有한 傳統을 意
味한다 또는 勞働을 뜻함이니 勞
働을 神聖視하고 일하기 싫어하면서
도 밥야 한다는 뜻이다, 愛土의 精神이
한마디로 말하자면 朝鮮民族의 이흙

을 사랑하고 애끼고 世界人類에 貢
獻하는 바를 찾아야 할것이요,
여기에는 새로운 獨創이 나을 것이다,
愛土에는 丁抹的인 意味도 들어 있는
것은 勿論이다,
세째 愛隣의 精神을 가져야 한다,
愛隣이란 이웃을 爲하여 나의 最善
의 것을 바친다는 것이다, 남을 위
하여 犧牲한다는 것이다, 내 民族을,
히, 여 祖國을 사랑한다는 말이다, 나라를

사랑한다는 것은 具体的인 내 이웃에

兄弟를 사랑한다는 것이다、兄弟의

한사람이 도움을 要求할때、自己의

利益을 버리고 그에게 사랑의 奉仕를

한다는 것이다、萬一 이러한 具体的인

行動을떠난 愛國이 있다면、그것은

觀念的인 遊戲에 그치고 말것이다、이러

한 愛隣、곧 남을 사랑하는 精神에

對立되는 思想을 우리는 利己라고

부른다、이는 곧 自己中心이다、人間

社會에 모든 罪惡인 이 自我中心 곧

利己에서 出發한다、個人的인 罪惡이나

社會的인 罪惡이나 國家的인 罪惡의

모든 것이 이 自己中心의 言行에

起因한다、이 思想을 利己的個全義

라 불을수 있다면 過去 日帝時代에

우리는 이러한 教育에 奴隸가 되었던

것이다、그結果 우리들은 民族

도國家도 社會上 없고 내만이 있었든

것이다、說惑 그러한 美名을 쓰는

일이 있드라도 形式뿐이요 그 內容

은 나를 爲하는 것이 있다、萬一 愛

隣의 精神이 없는 사람에게 知識

이나 어떤 技術을 授與하는 것은

을 갈아 强盜에게 주는 結果를

지고 오고 말것이다、우리는 가는곳마

다 그들이 가진 知識이나 技術을

武器 삼아 自己의 利益을 꾀하는

賣國奴를 發見하지 않는가、

비째 愛國이다 愛天의 精神이다 위에 말한

愛上나 愛隣의 精神을 根本的으로

살니는 길은 愛天의 信仰에서만 可

能하다 人間은 타고 날때부터 自我

中心的 存在이신 이것을 教育의 힘

으로 改造하지는 못한다 教育은 우리

에게 길을 가르치고 道德은 우리

命令은 한다 그러나 그렇게 가고 그

렇게 行할 能力은 주지않는다 여

기에 教育과 道德의 無力이 있는 것이

다、이에 이 人間性에 새로운 創造的

변경을 要求한다 이것은 人間自身의 內部的 能力으로는 不可能하다 이것은 絕對者의 힘으로만 可能하다 이것은 하나님을 사랑하는 信仰으로 通하여야만 成就되는 것이다 그러므로 이 信仰의 土台 위에 서지않는 人間의 行事는 모래 위에 지은 집과 같이 비가 오고 바람이 불면 넘어지고 만다

上述한바 愛土는 民族의 文化를 이룸이요 愛隣은 國民道德을 이룸이요 愛天은 國民信仰을 이룸이니 이 三者의 調和를 指向하는 三愛主義를 敎育理念을 삼고 이 土台 위에서 한가지 以上의 專門知識과 專門技術을 얻어 祖國에 이바지 할수있고 人類文化에 貢獻할수있는 人材를 養成하려 함에 本校의 設立의 趣旨가 있으것이다 이것이 곧 基督敎的 敎育觀이다

부록 2 법인사업보고서

단기 4283년 2월 1일

재단 법인 ㄷ ㅡ 학원
이사장 어윤강

문교부 장관 좌하
　　사립 중등 교육 기관 운영과 보고서류 제출에 관한 일
위의 일 중 단기 4281 년도 사업 보고서를 별지와
같이 보고함

556

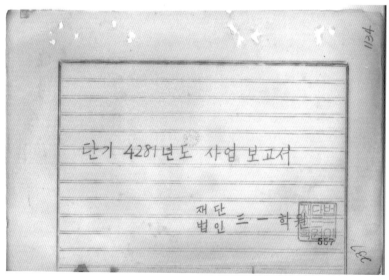

단기 4281년도 사업 보고서

재 단
법 인 ㄷ ㅡ 학원

557

단기 4281년도 말 사업 보고
재단 법인 三一학원

보고서 목차

1. 재산 목록
   1. 기본 재산
      ㄱ. 건물 ㄴ. 토지 ㄷ. 여금
   2. 보통 재산
      ㄱ. 비품 ㄴ. 일반교구 ㄷ. 교수용 교구

2. 한얼 초급 중학교의 상항
   1. 교육 방침
   2. 교직원 조서   558
   3. 생도 조서

   4. 최근 삼년간의 입학 상항 조서
   5. 최근 삼년간의 졸업 상항 조서
   6. 교내 단체의 상항 조서
   7. 당해 년도 중의 학교 중요 행사 및 시설
   8. 학교 후원회 상항 조서

3. 법인의 처무 요목
   1. 허가 인가등에 부래한 조건 기타 통첩의 이행 사항
   2. 임 직원 조서
   3. 회의록 사본
   4. 법인의 경영 사업 상항

4. 예산 결산서
5. 당해 년도 예산서

단기 4281년도 말 사업 보고 재단 법인 =-학원

1、재산 목록

1. 기본 재산

ㄱ. 건 물

구조	건 평	종 별	동 수	시 가	비 고
목조 기와 집 평가제	164.9 평	교사 사택	8		

ㄴ. 토 지

토지 소재지	지 번	지 목	지 적	시 가	비 고
김해군 가락면 제561	48의 44	논	6256 평	541.205.60 원	이전 수속 중
〃	48의 54	〃	10661	820.569.50	〃 559
〃	48의 56	〃	8737	754.432.10	〃
〃	48의 115	논	589	50.852.30	〃
〃	48의 58	〃	9501	1.044.159.90	〃
〃	48의 60	〃	8134	893.926.60	〃
〃	48의 61	〃	940	103.306.+	〃
〃	48의 64	〃	7936	872.166.40	〃
〃	48의 67	〃	12604	1.385.179.60	〃
〃	48의 73	〃	8799	759.785.80	〃
〃	48의 77	〃	5980	309.823.80	〃
〃	48의 117	〃	137	3.438.30	〃
〃	48의 80	〃	7751	401.574.60	〃
〃	48의 120	〃	1094	98.643.10	〃
〃	48의 121	〃	2240	56.268.80	〃

〃	48의 82	논	9173	475,239 —	〃
〃	48의 51	〃	2940	253,869 —	
〃	48의 70	〃	17179	1,483,398 —	애국의 공민
〃	48의 83	〃	8031	416,081 40	
〃	48의 88	〃	16288	409,142 —	여러 교육
〃	48의 14	〃	7024	771,937 60	
〃	48의 69	대	157	12,560 —	〃
〃	48의 75	〃	67	5,360 —	〃
계			15,028	12,022,920 20	

　　ㄷ. 여 금

　　　　없 음　　　　　　　　　　　　　　　560

　2. 보 통 재산

　　1. 비품 및 교구

　　　ㄱ. 비품 100 점　환산금 200,000 원

　　　ㄴ. 일반교구 10 〃　〃 50,000 원

　　　ㄷ. 교수용교구 10 〃　〃 100,000 원

　　　ㄹ. 도 서 50 〃　〃 50,000 원

2. 한영 초급 중학교의 상황

　1. 교육 방침

　　중학 교령에 의거 하여 기독교적인 애천 애린 애토의

　　삼애 주의를 교육 이념으로서 남녀 학생에게 중등교육

　　을 시켜 양심 적이고 희생적인 인격있는 애국의 공민

　　을 교육 양성 함

　2. 교직원 조서

담당과목	분담사무	직명	이 름	본적	성별	연령	자격	출신학교	봉급	취직년월	재직년수	이동년월,이유
성서국어		교장	강성갑	경남	남	38		동지사대학	3,000	4279 8.15	3.5	현지점
영어	총무	교감	이수조	〃	〃	30		명치학	〃	4281 4.1	2	청산중 가사
사화생활	도서	교사	이강우	충남	〃	35			〃		2	농감중 가사
일반과학	교무	〃	송맹동	경남	〃	29		교원양성소	〃		2	결복중
음악	위생	〃	오중은	〃	여	35		보육전문	〃	4279 8.15	3.5	현자중
체육	훈육	준교사	천덕봉	〃	남	28		대단의전	〃	4281 3.1	1.1	자가농
수학	〃	강사	이만회	평북	〃	22		동중	2,500	4281 4.10	1.5	서울
일반과학	위생	〃	주병갑	경남	〃	25		동래중		4281N 7.1	.7	자가농
국어		〃	어윤강	〃	〃	15		합학		4279 8.15	3.5	현작중

3. 생도 조서 (4282년 8월 말 현재) 561

학년	학급	학생수	학년초원수	학년말	이동상황	이동 이유
1	2	125	135	125	퇴학26 입학16	가정 형편
2	2	114	141	114	퇴학32 입학5	〃
3	1	59	59	59	퇴학2 입학2	
계	5	298	335	298		

4. 최근 3년간의 입학 상황 조서

모집인원	지원자수	수험자수	합격자수	지원자자/모집원의 비례	년 도
140	160	153	135	초과	4281 년 도
180	302	295	180	초과	4282 년 도
계 320	462	448	315	100%	

5. 최근 3년간의 졸업 상황 조서

입학당시 수	졸업자수	졸업자 진로	비 고
59	59	진학 3명 취직 1명	

6. 교내 단체의 상항 조서

　　　없　음

7. 당해 년도 중의 학교의 중요 행사 시설

행사	단기 4281년 8월 15일 개교 기념 교내 웅변 대회
	단기 4282년 8월 20일 수료식
	단기 4281년 11월 교사 신축
시설	단기 4282년 6월 교무실 수리 시설
	단기 4282년 7월 전화 가설

8. 학교 후원회 상항 조서

　ㄱ. 조직 --- 본교 재학생의 부형 또는 보호자 및
　　　　　본교 교육이념에 찬동하는 분으로서 562인

　ㄴ. 원한 행사 시설

　　　학교 교육상 필요한 시설 원조
　　　교 직원 생활 보조에 관한 원조
　　　학교와 가정의 연락에 관한 시설 원조

　ㄷ. 경리 기요
　　　입회비. 회비. 회원의 거출금 독지가의 찬조
　　　금으로 충당 함

　　　기타 사항 없음

3. 법인의 처무 요목

　1. 허가 인가등에 따르는 조건 기타 통첩의 이행 사항
　　단기 4281년 1월 26일 날자로 재단 법인 ㅌ-학원
　　허가 하부 기본 재산 이전 수속 중
　　단기 4281년 1월 26일 한얼 초급 중학교 허가 하부

2. 임직원 조서

직명	이름	본적	연령	취직날자	재직 년수	이동상항	이동이유
이사장	어윤강	경남	54	4281 1.26	1	없음	
이사	강성갑	〃	39	〃	1	〃	
〃	지천홍	〃	30	〃	1	〃	
〃	김봉훈	〃	46	〃	1	〃	
〃	윤철장	〃	36	〃	1	〃	
〃	박병호	〃	32	〃	1	〃	
〃	윤봉술	〃	40	〃	1	〃	
감사	손상률	〃	40	〃	1	〃	
〃	김운도	〃	24	〃	1	〃	

563

3. 회의록 사본 별지 천부

4. 법인의 경영 사업 상항 없음

4. 예산 결산서

단기 4281년도 예산 결산서

수 입

款 項 目			예산액	결산액	부 기
재산수입			₩		
	기본 해산		660.000.—		토지 이전수속 중 수입됨
학교수입					
	수업료		143.000.—	574.800.—	260명 매인당 50원
	입학금		12.500.—	15.000.—	
	수험료		5.000.—	21.700.—	이를 이상
잡수입					

			예산액	결산액	부기
보조수입	잡수입		60,000 —	239,000 —	유지자 기부금
	교회보조		32,000 —	32,000 —	진명기독교회 보조
제			912,500 —	882,500 —	

지 출

款	項	目	예산액	결산액	부 기
회의비					
	수용비		15,000 —	17,000 —	비품 소모품, 인쇄비 기 타
	접대비		7,000 —	5,000 —	본 법인 관계 접대
사무비					
	봉급		96,000 —	148,000 —	564
	잡급		54,000 —	34,000 —	
	수용비				
		비품비	20,000 —	25,900 —	
		소모품비	2,000 —	15,300 —	
		인쇄비	5,000 —	4,200 —	
		통신운반비	2,000 —	1,100 —	
	수선비		5,000 —	4,300 —	법인 사무소 수선
	잡비		2,000 —	3,670 —	
학교비					
	봉급		300,000 —	357,000 —	
	잡급				
		용인급	20,000 —	13,000 —	
		여비	5,000 —	2,600 —	교직원 여비

		육사보조	12,000—	8,900—	
		위로금	30,000—	13,000—	교직원 년말 위로
수용비	비품비	비품비	100,000—	83,700—	예산비)
		소모품비	20,000	18,370—	
		도서인쇄비	25,000	22,360—	
		통신운반비	2,000—	1,143—	
	수선비		30,000—	43,700—	
	잡비	견포외운동회기타	15,000—	4,000—	
		장학비	10,000—	13,000—	
		위생비	5,000—	3,850—	
		잡비	3,000—	5,780—	565
재산비	관리비	정수및제방비	5,000—	2,900—	
		제세금및공과금	50,000—	28,300—	
	축저금		20,000—		
	잡비		1,500—	5,300—	
잡지출	과년도수입		5,000—		
	잡지출		6,000—	2,700—	
예비비			40,000—		
계			912,500—	883,073—	

5. 당해 년도 예산서 (단기 4282년도 예산서)

수 입

호수	과목	目	예산액	부	기

재산수입			520,000	
	기본재산수입		720,000.—	논 소작료 수입
학교수입				
	수업료		165,000.—	학생 300명 매인당 50원씩 11개월
	입학금		15,000.—	
	수험료		6,000.—	
잡수입				
	잡수입		170,000.—	유지자 기부금
보조수입				
	교회보조		66,500.—	진영 기독교회 보조
계			1,142,500.—	566

지 출

款	項	目	예산액	부 기
회의비				
	수용비		15,000.—	비품,소모품비 인쇄비 기타
	접대비		10,000.—	본 법인 관계 접대비
사무비				
	봉급		96,000.—	전무이사 서기 월액 각 4,000원
	잡급		54,000.—	용인 1인 년 24,000원 여비 30,000원
	수용비			
		비품비	10,000.—	
		소모품비	2,000.—	
		인쇄비	5,000.—	
		통신 운반비	2,000.—	

항목		금액	비고
	수선비	5,000 —	법인 사무소 수선
	잡 비	2,000 —	
학교비			
	봉 급	510,000 —	교장 1인 교사 15인 서기 1인 월 평균 42,500원
	잡 급		
	용인급	20,000 —	1인 년 20,000
	여 비	5,000 —	교직원 여비
	숙사보조	12,000 —	학교 숙사 보조비
	위로금	40,000 —	교직원 년 말 위로금
수용비			
	비품비	100,000 —	
	소모품비	30,000 —	

567

항목		금액	비고
	도서인쇄비	30,000 —	
	통신운반비	2,000 —	
수선비		30,000 —	
잡 비			
	개교기념 운동회기타	15,000 —	
	장학비	10,000 —	
	위생비	5,000 —	
	잡 비	5,000 —	
재산비			
관리비			
	정수 및 제방비	5,000 —	
	제세금 공과금	50,000 —	

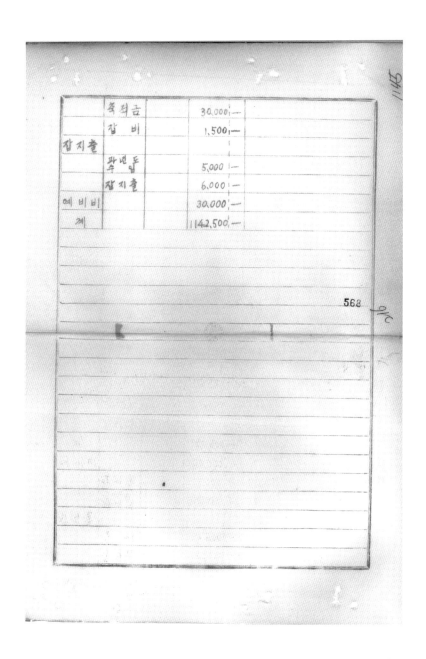

	적립금	30,000 —	
잡지출	잡 비	1,500 —	
	과년도 수 입	5,000 —	
	잡지출	6,000 —	
예비비		30,000 —	
계		1,142,500 —	

568

재단 법인 ㄷ─학원 이사회 결의록   (사본)

1. 개회 일시   단기 4282년 1월 10일 상오 11시
2. 개회 장소   한얼 초급 중학교 사무실
3. 출   석   이사장 어윤강 이사 강성갑 이사 윤철장
            이사 윤봉율 이사 박병호

         참석 감사 김운도

         의안 재단의 경과한 학교 운영에 관한 일
이사장 어윤강씨 발언 하되 본 재단의 재정이 빈약하여
학교 운영이 곤란하니 재단에서 어떤 사업을 하느냐
또는 재단을 확충시키어 나가는것이 어떻겠읍니까
강 이사 답 재단 사업과 확충시키는 것도 문제 이지만
기히 기부 받은 재단을 완전히 수속 완료치 못 하였으니

선결 문제가 아닌가 생각 됩니다
윤 이사 말씀 하되 기부 받은 토지 이전 수속을 급속히
완료 하기로 찬동 함
박 이사 말씀 하되 예산은 부족하여 학부형회에서 보조
하고 왔고 앞으로 경제가 어떻게 변동될지 우려되니
예산은 허가 신청때 그대로 두고 재단에서 사업 또는 확충
될때 까지 부족액은 학부형께서 보조 하기로 하고 위선
기부 받은 토지를 급속히 이전 하기로 졍정 하는것이 좋을까
생각 합니다
어 이사장 기부 받은 토지 이전 수속을 급속히 완료 하기로
하고 수속 완료 후에 다시 의논 하기로 찬성 함
전 원 찬성 가결 하다

1950년 10월 1일, 앞면

1950년 10월 4일, 앞면

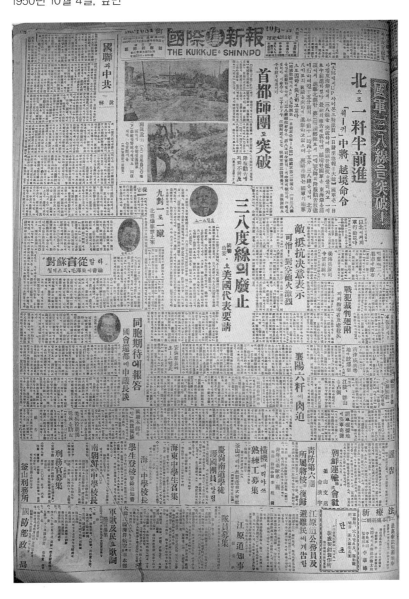

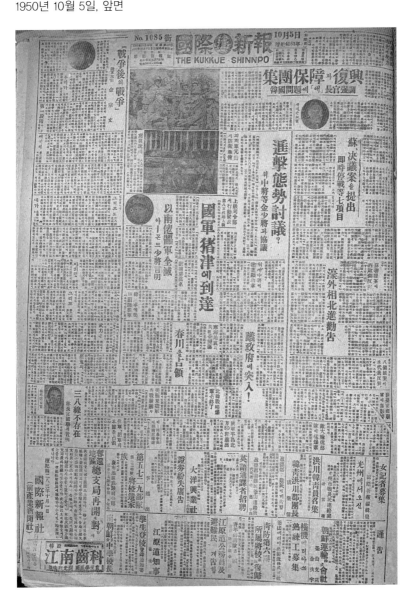

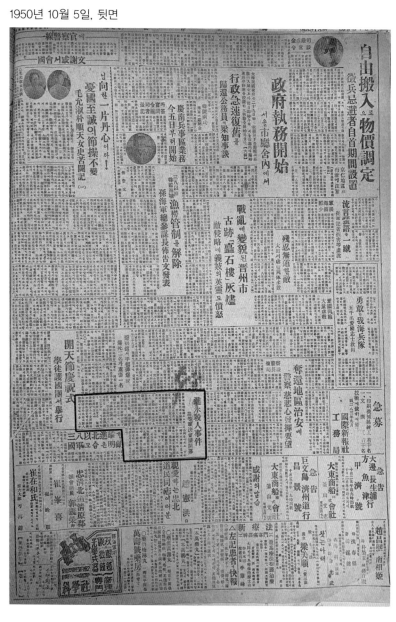

1950년 10월 6일, 앞면

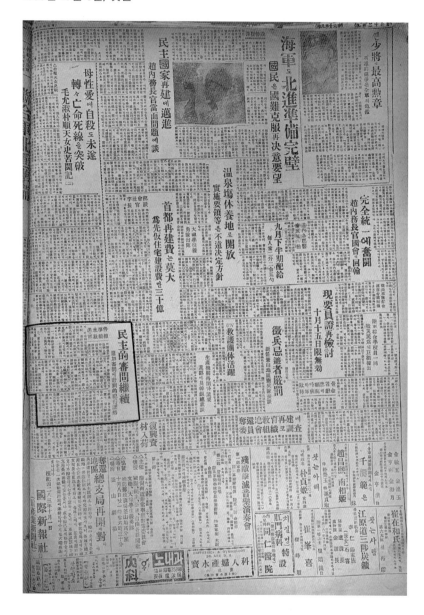

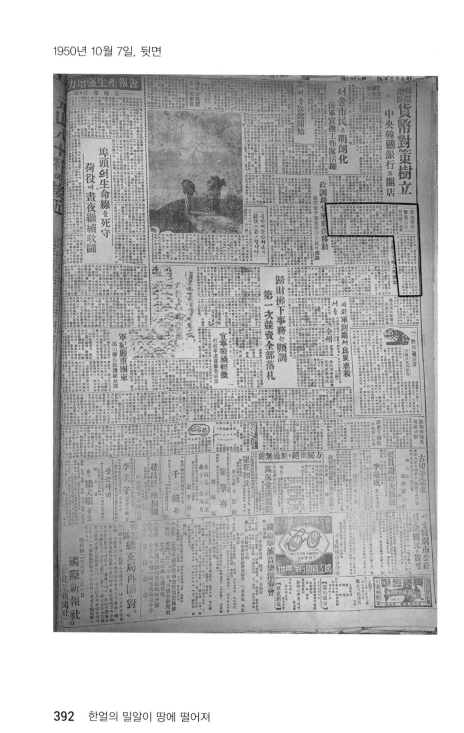

1950년 10월 8일, 앞면

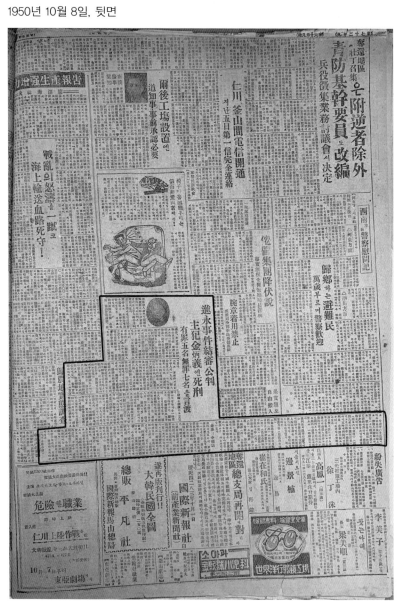

1950년 12월 26일, 앞면

1950년 12월 26일, 뒷면

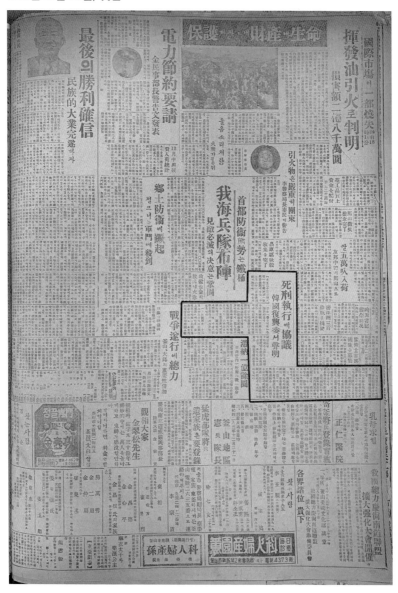

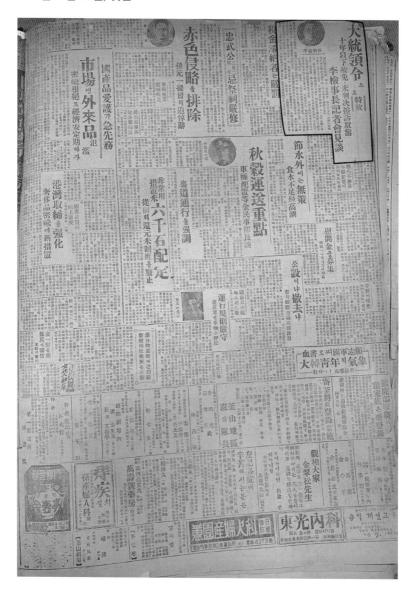

부록 4 추모동상 제막식 추모곡 악보

스승의 길

이규호 작사
이상은 작곡

▲ 연희전문학교 1941년 2월 졸업앨범(연세대학교 박물관 소장)

▲ 한얼중학교 교장 재직 중

▲ 한얼중학교 교장 재직 중

▲ 자취기념(1932년 6월 4일)

▲ 장유금융조합 재직 중 가족과 함께

▲ 청년시절 친구들과 함께(뒷면에는 친구들의
이름, 주소 등이 기록되어 있다)

▲ 강성갑과 오중은의 결혼식

▲ 경성보육학교 재학 중의
오중은

▲ 강성갑과 오중은

▲ 고흥유치원 보모시절의
오중은

▲ 고흥유치원 보모시절의 오중은(오중은은 오른쪽 끝)

▲ 오중은의 가족들(오중은은 왼쪽 끝)

▲ 협성교회 영어 성서반(촬영년도 미상. 강성갑은 왼쪽 첫 번째)

▲ 협성교회 영어 성서반(1938년 11월 27일, 강성갑은 오른쪽 첫 번째)

▲ 협성교회 영어 성서반(1940년경, 강성갑은 첫 번째줄 오른쪽에서 세 번째)

▲ 연희전문YMCA 신입회원 환영회(1939년 4월 24일, 강성갑은 오른쪽 끝에서 두 번째)

▲ 원한경 교장과 함께(강성갑은 두 번째 줄 왼쪽 첫 번째)

▲ 연희전문 재학 중 교련수업을 받고 있는 강성갑(첫 번째줄 왼쪽에서 네 번째)

▲ 1941년 2월 연희전문 문과 졸업생(강성갑은 첫 번째줄 왼쪽에서 두 번째)

▲ 도시샤대학 신학과 재학 중의 강성갑(두 번째줄 왼쪽에서 네 번째)

▲ 도시샤대학 신학과 재학 중의 강성갑(마지막줄 왼쪽에서 세 번째)

▲ 청년시절의 강성갑(촬영년도 미상)

▲ 연희전문 상과 졸업생 라익진과 함께
  (미군정기에 촬영한 것으로 추정)

▲ 경남교원양성소 교사 시절의 강성갑(1945–46년 전후로 추정)

▲ 경남교원양성소 교사 시절의 강성갑(1945–46년 전후로 추정)

▲ 경남교원양성소 교사 시절의 강성갑(1945~46년 전후로 추정)

▲ 경남교원양성소 교사 시절의 강성갑(1945~46년 전후로 추정)

▲ 1947년 경남 남녀 성경학원

▲ 복음중등공민학교 제2회 입학식(1947년 8월 15일)

412 한얼의 밀알이 땅에 떨어져

▲ 한얼중학교 제1회 졸업식(연수과 졸업생들, 1950년 5월)

▲ 흙벽돌 교사 건축을 돕고 있는 학생들

▲ 완공된 교실에서의 외부인사 강의
(1950년 5월)

강성갑(1912-1950)

경남 의령에서 출생하여 마산 사립창신학교, 마산 공립상업학교를 졸업하고 경남 김해 장유금융조합에 재직하면서 농촌운동에 참여하였다. 금융조합을 사임한 후 연희전문학교 문과, 도시샤대학 문학부 신학과를 다니며 민족운동의 실천을 준비했다. 해방공간에 경남 진영에서 일제의 잔재를 청산하고 모두가 행복한 새나라를 만들기 위해, 해방된 새나라 교육개혁의 모델로 한얼중학교를 설립하고, 이웃과 함께 하는 주체적 인재를 양성하여 지역사회와 교육계, 청년·학생들에게 큰 영향을 끼쳤다. 한국전쟁 중에 공산주의자로 몰려 희생당했으나, 전쟁 중이었음에도 지역의 많은 사람이 함께 한 장례식이 열렸고, 이례적인 군법회의가 개최되어 가해자가 처벌되었으며, 추모동상 제막식이 성대하게 거행되었다.

홍성표

연세대학교 대학원 신학과에서 강성갑 선생에 대한 연구로 박사학위를 받았으며, 현재 연세대학교 객원교수, 연세학풍연구소 전문연구원으로 있다. 「기독교학교 학생들의 민족운동과 사회주의」, 「연희전문학교의 학생자치단체와 간행물」, 「송몽규의 민족의식 형성과 기독교」 등의 논문을 발표했으며, 윤동주에 대한 역사적 접근의 연구를 진행하고 있다.

한얼의 밀알이 땅에 떨어져
- 강성갑의 꿈과 실천, 새나라가 선다 -

초판 1쇄 발행 2020년 8월 2일

지은이	홍성표
펴낸이	윤관백
펴낸곳	도서출판 선인
등 록	제5-77호(1998.11.4)
주 소	서울시 마포구 마포대로 4다길 4 곳마루빌딩 1층
전 화	02)718-6252/6257
팩 스	02)718-6253
E-mail	sunin72@chol.com

정가 31,000원
ISBN 979-11-6068-391-2 93990